藉口混论,脱手成篇,将这些文字付小女陆霁和她可爱的孩子们收执留念;并手赠苦学而依然好学的弟子们,读或不读,完全随意。

余墨二集

Yu Mo Er Ji

陆谷孙 著

复旦大学出版社

目 录

序（朱绩崧） 1
自序 1

虚 论 篇

学位论文：一次智力探索之旅（A Degree Thesis: An Intellectual Odyssey） 3
"哈姆雷特"的问题
　　——张沛《哈姆雷特的"问题"》代序 24
莎翁生辰考证 32
埃及艳后打弹子？ 34
《英汉大词典》第二版主编感言 37
从八爪章鱼到行李带 39
新牛津，新英语
　　——《新牛津英语词典》（外教社版）代序 42
老蚌出新珠
　　——《牛津高阶英语词典》第六版·英语版序 46
涓涓不壅
　　——《牛津高阶英汉双解词典》第七版序 50
　　附录　严复　《英华大辞典》序 52

联词成组,方见功夫
　　——《牛津英语搭配词典》(英汉双解版)代序　　54
并非词义的简单相加
　　——英汉双解版《牛津英语习语词典》、《牛津短语
　　　动词词典》序　　57
《现代英语惯用法词典》序　　60
"易通"难通　　62
　附录　邓大任　葛传椝先生二三事　　65
关于英语教学的三点杂感　　73
英语挤压下的中文危机　　77
教,然后知困　　94
源文本的"征服者"?　　97
"老虎"下山!
　　——Earl Woods《高尔夫之王——泰格·伍兹传》
　　　中译本代序　　101
美国也有位"金大侠"
　　——《黑暗塔楼》中译本代序　　105
"回忆是实体的更高形式"
　　——Sandra Cisneros《芒果街小屋》中译本代序　　113
"梦回愁对一灯昏"
　　——Truman Capote《圣诞忆旧集》中译本代序　　116
小叙事,大颠覆
　　——评介2008年美国新书《人体烬余》　　119
真有这等"痴人"?
　　——一人一年读完21 730页的《大牛津》　　126

目 录

老记难为	
——《民国采访战》读后闲话	132
怯怯地问一声:"禁烟派人士一读,如何?"	137
"热,平,挤":三箭射地球	143
"坚持下去!苦日子差不多到头了!"	
——给布什送行	149

履豨篇

爆炸声余音绕梁	157
邪教主还是孺子牛?	159
"信息对称"就能平等?	162
宠物"去势"	165
签证有感	167
"因偷来个揪"	169
平安夜不平安	171
附录　朱绩崧　这个"本家"不好当	173
特色辨	175
题字落下笑柄	177
郎才女貌?	179
以小见大话"管理"	182
良辰吉日	186
过街老鼠的哀鸣	187
小题大做	190
最可爱的人?	193
有没有"硬道理"?	195

孩子，你咋不逃一次课？ 197
这儿都是天使？ 198
天哪，还"拳拳之心"！ 201
2008年国庆感言
　　——应《南方周末》邀约所撰 203
送扑满 204
敛财有术：校庆验钞 206
论文啊，论文！ 208

嘶凤篇

我的父亲
　　——Alphonse Daudet《星期一的故事》中译本代序 213
　　附：《星期一的故事》说明及鸣谢 227
　　附录　陆谷孙谈都德（盛韵） 230
说真话难 237
讲一点过去的事情 240
回忆的触媒 243
惊回首 245
饿过肚子吗？ 248
奋战"劳卫制" 251
交心？ 253
忘记意味背叛 256
"人之子"
　　——小小说 259
大年初一推粪车 262

目　录

遥想当年毕业分配	265
我曾替曹荻秋捏一把汗	268
"文革"中看电影	270
扑击，腾跃	274
卫星上天之夜	278
尼克松"添乱"	280
"天地翻覆"那一年	283
树欲静而风不止	288
追记里根大总统听课	291
寻找电灯开关	294
性情中人，又弱一个	
——纪念高邻贾植芳先生	296
初出国门	299
三十五年一贯制	302
提升及其他	305
可怕的反智主义	309
学好外国语，做好中国人	
——陆谷孙教授访谈录	313

序

2004年8月,《余墨集》刊行。

家师陆先生此后的文章,我都努力在第一时间存档。一晃眼,就到了2008年底。以这4.25年的蓄积,加上先前未收录的《新牛津,新英语》等3篇,便有了这本《余墨二集》。

《二集》是初集的延展,同时反映出一个现象:创作效率迅猛提高。首先,只需将两集的内容在篇幅和时间跨度上粗作比较,就能证明作者近年事文之勤、文事之盛:《余墨集》正文287页,跨约22.2年;《余墨二集》正文341页,跨约9.4年①。其次,就《二集》本身来看,宏观趋势是著述逐年倍增(请见次页折线图所示)。

一言以蔽之,正是钟仲伟《诗品》里的那句"陆才如海"。面对"海"的巨澜微波,我始终是心怀虔敬的观者,

---

① 《余墨集》上限为1982年5月的《美国生活另一面》等3篇,下限为2004年7月的《守住底线》。《余墨二集》上限为1999年7月的《关于英语教学的三点杂感》,下限为2008年12月的《"坚持下去!苦日子差不多到头了!"——给布什送行》等5篇。

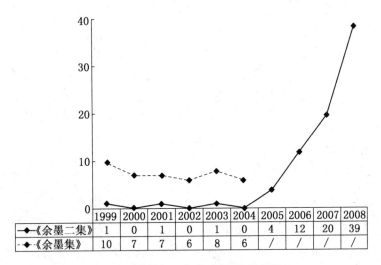

（折线图横轴标示年份，纵轴标示篇数）

长看潮起潮落，自诩摸索出一点规律来：每日19点左右给先生发去手机短信，如果久久没有回复，八成就是在写文章喽。往往等到20点敲过，我的Gmail就有"新货"进埠了，还会附带三两句客套话，如"Dear Boarhead, could you read it over and tidy up the format and return it to me? Yes, of course, suggestions are very welcome."①我得令后，调整完格式寄回，紧接着一浪又一浪向我打来的就是他老人家的名言："这回是改定了"——此话义歧，可有两说：（一）先生本意"此乃定稿"；（二）我理解为"还得接着改"。孰说为宜？诸位且看案例。这是一篇"废寝"（先生有睡两三小时午觉的积习）而成的新书代序：

---

① 2006年4月4日22点30分电邮。

《梦回愁对一灯昏》收稿情况一览

稿　次	收稿时间	附　　语
一稿	2008-11-17 15:48	无
二稿	2008-11-17 17:24	"改了两字。"
三稿	2008-11-18 11:29	"这回是改定了。"
四稿	2008-11-18 12:32	"这回是真正改定了。Am I wearing out your patience?"
五稿	2008-11-23 15:19	无 （我估摸着他老人家的意思是"这回是**的确**真正改定了。Am I wearing out your *saintly* patience?"）
六稿（校改《二集》）	2008-12-10	无

《二集》各篇，一般都是像这样经过五六稿的，有的多达十几稿。照我的总结，先生写稿，正是"仲宣举笔似宿构"，像《奋战"劳卫制"》、《提升及其他》等文，都是与友朋弟子偶然论及某事后立时三刻"新鲜出炉"的；先生改稿，好比"相如含管而腐毫"，锻文炼字，澡雪精神，不厌其烦，不亦乐乎。只是这边厢，身为文档管理员的我，忍受力不断遭遇挑战，渐从"稍不耐烦"沦为"彻底麻木"。

正因我这样"不幸"成了"未剪辑版"的第一位读者，故自感在"花絮"之余，应尽 insider 的义务，对《二集》略作陈说。

和细析九品的初集不同，《二集》简分三藏：《虚论》、《履豨》、《嘶凤》，不收录纯英语作品。部分已发表的文章，今番集结时有所修改。

《虚论》占全书近半分量，其内容大致划归四个主题:(一)莎士比亚、(二)词典与翻译、(三)教学、(四)通俗文学。这些"课"余之墨勾勒出一座无形的大讲台。名虽曰"虚",其"实"累累,足能满塞不少好学者的大嘴——他们总爱提"陆教授,您有无精通英语的秘技可授,捷径可指?"这类问题。先生每到一处演讲,都劳他们祭出录音笔、DC、DV各色法宝,蜂拥麇集,"听君一席话"后,还要签名题词,合影留念。对"老神仙"①的这些拥趸粉丝,我这看门的"道童"奉劝一语:"母鸡"自是好看,还须认真吃"蛋"。

陆先生宗风堪称"显教",读书治学的"三昧"一向爱和大家分享,不设表里亲疏的藩篱。其形其制全无"摘要"、"文献"、"图1"、"表2"的森严壁垒,都是薰风淡雨,流水行云,由觉知及于躬行,"好端端"、"活泼泼"地演化出来。按先生自己的说法,"学术这东西像爱情一样,是一把烈火,不能乱玩的"(《学好外国语,做好中国人》,331页),但玩起来就非酣畅,非洒逸,非豪纵不可。即便有多年的弟子"资历",我如今细味这27篇,如复聆谆谆教导一般,温故知新。相信久仰大名而无缘识荆的英语学习者们,必能从此不"虚"之"论"中,渔猎实益多多。

《履豨》和《嘶凤》则是"业"余之墨。先容我宕开一笔,从这今朝十人九不识的"豨"字下喙,谈谈对陆先生文风的印象。我搜检网上资料,整理出如下信息:

"豨"音"希",此谓猪也。"履豨"典出《庄子·知北

---

① 陆先生现在的绰号兼网名,为《英汉大词典》编纂处张颖女史所"赐"。

游》:"正获之问于监市履狶也,每下愈况。"王先谦《集解》引李颐曰:"市魁履豕,履其股脚狶难肥处,故知豕肥耳。"后以"监市履狶"喻善观物审事。而以"狶"为代表的难字、怪字、生僻字在《二集》中点缀琳琅——全书至少有10个汉字是我见所未见的。词句层面上,每每引经据典,时秦忽汉,先师亚圣隔十几页还要显一回灵;若逢到"学贯中西"起来,又夹点"赢个利息"(English);因常在上海译文出版社《英汉大词典》网络论坛上"灌水"、"拍砖",和各路"大虾"打成一片,所以偶尔还与时俱进地"弱问"、"的说"一把。如此这般,渐成一曲汇文融白、焕汉辉英、飞庄走谐的别致韵调,还得了个雅号,唤作"遗老体"①。吃惯了"文化快餐"的读者群大概对此不太适应,念着念着会被"雷"到——没被"雷"倒,那就继续吧,去饱览当代汉语疆域中那一大块易品《三国》、于悟《论语》之外的雄浑苍茫。至于啥是"蠹"②,甚为"囧",什么叫"锦挑对袴",何所谓"空睇风云",敬请自行"履狶"。

言归正传。《履狶》、《嘶凤》职司分明,前者是对当下的关注,后者是对往昔的怀顾,本质上皆是作者"圣贤书"课罢,多闻多见"窗外事"生发的严肃思考,"意在表达一名教师深深的忧虑而非浅薄的嗔怨"(《以小见大话"管理"》,185页)。这些文章绝大多数已在《南方周

---

① 此说版权属于上海世纪出版集团上海译文出版社编辑、对陆先生执"再传弟子"之礼的黄昱宁女史。

② 本书中,据我手工统计,"蠹"是出现最多的非常用字,凡3次;"鹰瞵鹗视"和"福至心灵"是出现最多的非常用成语,各3次。

末》、《新民晚报》、《东方早报》等媒体刊载,引起过一定的社会反响,也不乏争鸣:陆先生暮年变法,成了兼职的社会批评家,或曰"公共知识分子"①。

明里暗里,有人笑他迂腐,有人讥他空阔。他却越写越勇猛,越写越刚沉。"做好自己的事,让旁人说去吧",这是他秉持的理念,再质朴坦诚不过。一个倔强的老头儿吧?谁说不是呢,"我们是倔强的中国老百姓"啊!

正如吴中杰先生在初集序文《且蘸余墨写情怀》中指出的,陆先生似一匹"孤狼",傲世独行,成名后不惜"羽毛",耻为"乡愿",未甘神仙般的"晚年惟好静,万事不关心"。路见不平,必长嚎为快,"言虽至工,不离是非"。何以故?苏东坡《范文正公文集叙》里的这段话或可作一注脚:

其于仁义、礼乐、忠信、孝悌,盖如饥渴之于饮食,欲须臾忘而不可得。如火之热,如水之湿,盖其天性有不得不然者。虽弄翰戏语,率然而作,必归于此。

简言之,就是先生引过的那句放翁诗:"位卑未敢忘忧国"。并非看白戏,说风凉话,哗众邀名,之所以摛藻春华,驰辩涛波,为的是代"话语权"微弱的普罗大众,甚至包括素享"妇孺公敌"待遇的烟民们(恕我对此有所保留),一吐腷臆块垒。

陆先生驾前,我是勉强赶上"关山门"的晚辈,生在"改革开放"之初的上海,满目廛闬扑地,充耳歌吹沸天,

---

① 须符合三条标准:(一)是具有学术背景和专业素质的知识者,(二)是对社会进言并参与公共事务的行动者,(三)是具有批判精神和道义担当的理想者(见中文版《维基百科》〈http://zh.wikipedia.org/〉"公共知识分子"条)。

对曾经的国祚多舛、民生维艰毫无概念。读先生那些"沉思往事立残阳"的忆旧之作，始对那段书报忌录、父母讳言的岁月有所了解。"历史果然会在遗忘中失落殆尽吗？"(《奋战"劳卫制"》,252页)先生隐疑。而克利俄(Clio)缪斯终究没有走远，她在《二集》里找到了皂白朱紫的归宿。"尽量说真话，不说假话"(《学好外国语，做好中国人》,330页)：敢于讲，善于讲，乐于讲，亲历沧桑的先生履行着见证者的责任。归根结底，对中国社会旧病时弊的棒喝针砭，不是要搅局，不是要添乱，而是读书人难泯的天良所在，是他们两千多年来对上下穆穆棣棣、家国克臻和谐的无限歆望。

  陆先生乃理想主义者，他的口号是"用理想主义的血肉之躯撞击现实主义的铜墙铁壁"，誓与贵名重利的时气相抗。同时，又与那种"无事袖手谈心性"、只顾高唱"真善美"的蛋头书生有穹渊之别。面对弱势群体，但凡力所能及，从不坐视。以下内容是先生不许我"大嘴"的，托福他老人家坚持《二集》出版前不阅此序，我斗胆"八卦"：先生闻讯5·12汶川大地震，随即倾囊捐出在客校讲学所得；常以"压岁钱"、"购书费"的名义周济贫寒学生以及院系草根职工；家中保姆"胖阿姨"罹疾，动辄馈以千金……自己则不修廉隅，蔬食布衣，旧信封背面的草稿都打得密密层层。

  我对陆先生的景慕，可以追溯到1994年初中二年级时在南京东路新华书店购得《英汉大词典》第一版。忝列先生门下末位，从本科到研究生，再到留校当"青椒"①，已

---

① "青年教师"的网语戏称。

逾七个寒暑。先生道德文章的亮节高风,我大致可用徐横山序其师王阳明《传习录》中一语来概括:

> 但见先生之道,即之若易而仰之愈高,见之若粗而探之愈精,就之若近而造之愈益无穷。

今春某日,《二集》酝酿出版,先生竟命我作序,实在是给受宠若惊的我布置了一道最难最难的作文题:以我与作者的关系,恰是 Familiarity breeds respect①,字里行间的礼敬赞叹在广大读者乃至作者本人看来,或许就成了公开的谄媚阿谀。其实,古云观人以文,夫子如何,岂需后生末学词费滔滔,取书读来便是。至于先生这回再三鞭策我"多写学生眼中老师的缺点和弱点",我倒还真有一言可进:有做过街老鼠"吞云吐雾"和一边看中国男足一边生闷气的时间,何不再"多写些小品、杂感"(《学好外国语,做好中国人》,333 页)?

屈指算来,《二集》行世恰逢陆先生古稀寿庆。而在"眉寿万年,黄耇无疆"这类传统祝辞之外,我更想说:愿先生

雄文永传春海浩荡
余墨恒葆猗兰馨香

受业 朱绩崧 恭识
2008 年 12 月 28 日

---

① 即"交近生敬",反用莎翁 Familiarity breeds contempt 之意。

自　序

　　《余墨二集》篇幅比《一集》膨胀不少，原因之一是老之已至，敝帚自珍，巴不得把写过的文字，包括与正业有关而并非余墨的，及早盘点搜辑；原因之二是我生朱绩崧老弟是个有心人，又善于利用电脑为我划定文档格式储存，免去寻检之劳，及至编辑成书，比之《一集》要容易得多；原因之三是老友陈麦青不嫌弊车羸马，愿意再次出任责编玉成。人和相趋，同情相成，这个集子得见天日，作者感激不尽。

　　这个集子如有什么创新之处，那就是作者未去请出一位长辈来赐序，而是烦劳学生动笔，而且师生约定：序文付梓前一定不要作者过目，一定不要满篇谀辞，倒是希望多写学生眼中老师的缺点和弱点。气同则从，声比则应，师生切偲，老幼怡怡。我觉得这很有意义。

　　这个集子内容较多，自然也与近年来动笔较勤有关。动笔勤显然是因为感受多，但另一方面，我觉得人越上年纪，对文字越有一种亲切的依恋和专注的痴迷，在天远月孤的伶俜时分尤其如此。但愿我的这点体悟会传染给我的学生，使他们也会热爱文字，热爱写作。

陆谷孙

2008 年 12 月 13 日

虚论篇

学位论文:一次智力探索之旅
(A Degree Thesis: An Intellectual Odyssey)

一、论文写作的精神状态

(一) 一次智力探索之旅

奥德修斯(Odysseus)是希腊神话里的人物,他是伊塞卡的国王,参与了特洛伊战争,然后设计了木马计,如果看过"The Trojan War"就会晓得这个故事。奥德修斯在希腊军队攻下特洛伊城以后,回国途中历经各种磨难,这个过程当中他就不断探索,最后还是战胜艰险回到了故乡。同样,你们经过了探索以后,也会回到你们应该去的地方,所以我用了 odyssey 这个词。说到写论文,我最害怕的是我的学生一听见说要写论文,马上头就胀了,觉得"我现在开始要过苦日子了,我现在开始要'咬子弹'(to bite the bullet),太难受了"。我说,对你们来讲,论文是非写不可的,不然的话,就不能毕业,就没有学位,而学位对你今后的职业又是如此重要,所以你非写不可,这是一个不可不逾越的障碍。所以我现在比较怕我们在座的同学有这么一种思想:我好不容易在电大念了这么几年,要毕业了,这个无非就是我满师的时候必须做的事情,算是满师汇报。如果是这样,你的态势离写论文的要求就太远了。

(二) 一次精神狂欢

我现在要求各位的是什么,提得高一点说,希望大家把自己所写的这篇论文看作是一次精神狂欢的机会。做得到吗?精神狂欢。就像希腊神话里面的酒神,酒神节来了,就该狂欢了。要觉得"我有一次精神狂欢,不但把我自己所学到的东西好好地理一理,而且要像奥德修斯一样,回到应该去的地方,把这条路给勾勒出来"。还要有一个里程碑意识:"这是我大学毕业时的论文,我写完以后要一生保存它,虽然今后我可能会屡次搬迁,生活会发生这样那样的变化,但是有一样东西将伴随我终生,那就是这篇论文。"所以我说大家一定要高屋建瓴,要有展示意识,要有孔雀开屏的那种心态:"好不容易我学了这四年五年的,这次我要把我最好的东西拿出来开个屏给你看看。"就是要有这种表达欲,这个就是高屋建瓴,而不是畏缩不前,觉得太难太难。我们现在的同学,相对来说不像我们当年那样吃得起苦,遇到一点点小的挫折就会畏缩。所以在这个背景下,我就觉得你要有这么个精神状态是很不容易的,虽然我也不期望你们每位都有高屋建瓴、孔雀开屏这样的精神状态,但是我还是希望至少有几位会有这么个态势。

二、论文写作的选题

要讲这个题目很难,因为对你们不了解。所以我把可能的题目都罗列一下,你们不妨根据今天讲的——其实很多都是常识——对照你这几年学习的内容、自己的兴趣所在、你将来大致的发展方向来选定一个题目。我有个学生最近从哈佛和麻省理工学语言学回来,她跟我讲语言学这个东西很枯燥,很难学,也很难教,但是她在亲炙乔姆斯基(Noam Chomsky)以后,深有体会地说:"我现在感觉到,做教师最重要的一点就是要把我对语言学的激情'传染'给学生。"我觉得她这句话讲得很好,于是推荐我其他学生去听听这位学长的课,看看她怎么"传染"。所以我今天要做的,第一是讲一些常识,第二是也想"传染"。希望我对写论文的一些感受能够部分地传染到在座的同学身上。我认为调整好精神状态以后,就要选定一个比较精当的文题,即我写什么文章?当然你可以写各种各样的文章,比如你可以写文化对比:为什么中国人见了面以后就要问"吃了没有?",外国人说"How are you?"、"How do you do?"?"吃了没有"是一种生存型的文化行为,一定要把肚子填饱,然后就可以继续活下去,吃是存活的根本条件。而西方人更着重于进展型的心理,所以招呼语就不同。从这么一个很小的例子可以引发开很多很多的思考。文化对比确实是一个很有意思的题目。下面我们先从语言学讲起吧。

(一)语言学方向的选题

1. 语言学综述

语言学现在是一种现象,是一种显学。好像谁都愿意搞语言学。语言学也是五花八门,流派纷呈。如果你写语言学的论文,我建议你不妨从语言学综述写起。语言这个东西太奇妙了,你说对不对?人类最奇妙的东西我想就是语言,所以从古印度、古希腊开始就有人研究语言学。柏拉图、亚里士多德都谈过语言学的问题。柏拉图用拆字法,比如说有一个字,现在英文还在用,其实是从希腊文来的,叫"catastrophe(灾难)"。他把"catastrophe"拆开来,原来"cata"是"turning(转折)",然后"strophe"是"over"的意思,就是一个大变动。昨天不是又来了个灾难嘛,印尼摔了一架飞机,那就叫"catastrophe"。他就从词源、拆字开始研究,来搞语言学。然后到了罗马时代就是拉丁语法,理性的语法,绝对的语法,世界上唯拉丁独尊。拉丁的统治有很长的一段时间,唯理语法。然后到了中世纪,尽管有宗教审判庭,尽管你有异端的思想要被绑上火刑柱烧死,但是在语言的研究方面,从来没有停止过。对小孩怎么学语言,怎么学母语这个东西的研究从古希腊到现在,乃至今后,一直都在研究。如怎么开发左脑?小孩的左脑,也就是语言机能的那些神经元,从3岁到5岁就特别地发育起来,对外国语又如何呢?成年人又如何?人脑的开发至今不过百分之十几,今后继续开发往何处着手?对语言学的综述,我觉得也能写出一篇很好的论文。到了文艺复兴时期(现在西方多称"早现代"——early modern),拉丁语分裂成很多的地域方言:西班牙语、意大利语、法语等等。以后一直到19世纪,语言学家们就开始有一种历史比较,就是要看看这个语言究竟怎么会形成这个样子。这是历史比较语言学。比如有人研究中文跟英文有没有亲缘关系,结果找来找去找不到,最后找到梵文跟欧洲的语系有共同之处:pater,就是/p/音打头的,就代表父亲;mater,/m/音开始的就代表母亲——发现梵文跟欧洲语系都一样,所以就形成了印欧语系。历史比较语言学是在19世纪开始的。后来的研究认为人类的哲学经历了三个阶段,第一个阶段叫本体论,就是哪一个是第一性,究竟是上帝创造人还是从猿演变到人的;第二是认识论;第三就是语言学。到20世纪,语言学发展成为一门显学,那是因为它研究的东西跟人类的关系太密切了。它研究跟人脑的关系,跟认知的关系,跟人的行为的关系,跟文化的关系,所以语言学的确是引出了很多很多的研究来。语言本身的结构当然是形式至上,于是有了形式主义的语言学。也有功能主义的语言学,就是每讲一句话,每说一个字,都有它的社会功能。比如我说"热",就意味着希望你们开空调;我说"渴",就希望你们给我斟水,所以都有它的语用功能。那么语言学跟人的认知又有什么关系呢?就像我刚刚讲的,儿童是怎么学母语的?而成人又是怎么学外语的?成人怎么能把外语学好?这些方面的研究越来越深入,所以你从古印度、古希腊开始一直到今天,来一个综论,不也是一篇很好的论文吗?当然你不能把我今天讲的记下来就算作一篇论文。你要寻找很多很多的文献,你得有很翔实的资料,来说明梵语跟欧洲语言有很多相通之处,然后论证印欧原来是同一个语系,跟蒙藏是不一样的。我们属于蒙藏语系。由于语系的不一样,所以系谱论也是很有趣的。但是不管怎么样,语言学的综论是一个提纲,然后你可以把语言学再分作句法、语义、语用,这是现在最流行的三种分法。

2. 句法

下面说句法。什么叫句法?关于怎么造句的语法就叫句法。syntax 是一个可以做很多很多论文的题目。特别是因为 Chomsky 的所谓生成转换语法引起了语言上很大的革命,因为在他以前,结构主义认为语言本身是个习惯,而他认为不是习惯,语言本身是个创新,语言是个生成过程,语言的规律是有限的,但是这些有限的规律会生成无限的语料来,所以叫生成转换语法。生成转换语法对于句法而论,我觉得的确有很多文章可以做。一讲到句法,可以讨论主要的、次要的、高级的、低级的、内向的、外向的、还有隐性的、显性的。怎么来切分句子?有的是线性的,线性组合链,可以把它切分;有的可以画框,然后来进行切分;也可以用方括号的方法来进行切分。所以句法简直是一个做不尽的题目。我讲一个例子:上海市申办世博会的报告,第一句话中文叫作"新世纪赋予我们新的希望;新世纪激励我们为人类的福祉做出更大的努力。"写这话的人肯定感觉到很有气派:新世纪如何如何,新世纪如何如何。翻译的人就把它译作"The new century fills us with new hopes; the new century inspires us to make a greater effort towards the well-being of mankind."从翻译的角度来讲是一点错误也没有,但从句法的角度来讲,英语的句法就不会这样。在英语的句法中,同样一个主语,在那么接近的上下文里头不可能出现两次,所以我们就把它改成"The new century fills us with new hopes, inspiring us to make a new effort towards the well-being of humankind."(不用 mankind,mankind 有男权的意味。)这实际上就是句法的应用。为什么英语里面有那么多非谓语形式的动词,这跟它的句法是有很大关系的。所以你可以从这些方面,从比较实用的角度来看英语的句法,得出几个结论来。我觉得一篇论文能够得出六到七个结论就相当不错了。

3. 语义

第二就是语义。语义现在也是非常流行的,因为它是符号学的一个门类。语义有语义场。你们不是经常看见树形图吗?金字塔的最上端是 animals,然后来一个 mammals——哺乳类动物,然后再来其他的——爬行类动物,等等。哺乳类动物下面再来个方括号,包括人类、猿猴。人类下面再来个方括号,包括男人、女人、孩子,等等。色彩也一样,冷色调、暖色调。这个就是语义场,叫作"field of semantics"。语义实际上是符号学的一部分,有绝对意义和相对意义,有能指和所指,这些都是 20 世纪初的语言学先行者索绪尔(Ferdinand de Saussure)提出来的。索绪尔这个语言学家很奇怪,他生平没有写过很长的论文、很厚的著作,但是死后他的讲稿被弟子们收集起来发表了,结果索绪尔成了语言学当中结构主义一派的代表人物。原来他在课堂上讲到的问题实在是太多太多了。他讲的东西没有什么系统,不像现在的语言学家们动不动就是煌煌巨著;他的讲稿就像我们孔夫子的语录《论语》,所以我把他的教程称为"语言学论语"。他讲语言包括两个内容,一个是符号,一个是声音,当然声音也是符号。一个符号必然有它的"所指"和"能指"两个东西。"能指"是什么?指它的物理形式,比如说 book,这个词的音和形就是它的能指。什么叫"所指"?看到这个符号,我头脑里马上形成了341页装订在一起的硬封面或者软封皮的这么一个对象,里面的东西是可以供你阅读的,读了以后可能是有好处的——也可能有坏处,对不对?反正就是这样。它表示的语义就叫作"所指"。他认为语言只不过是行为的一种模式。后来美国的一些语言学家反对欧洲大陆那些语言学家的看法,认为语言除了是一种习惯行为模式以外,还是一种思想模具,就是说人的思想和语言是同时发生的,这是没有问题的。但是欧洲大陆的语言学家认为人的语言实际上就是人的思维由话语说出了而已,思维决定了他的语言。美国人说:不,语言反过来也影响思维。亚里士多德因为是古希腊人,所以他会用出 mimesis、catharsis 这些词,他的逻辑学范畴是跟古希腊语是他母语的事实是分不开的。如果亚里士多德有幸说中文的话,或是说印第安语的话,他的范畴就不是今天我们看到的这些了。所以从这个意义上来讲,语言又是思想模具,这其实是一个很重要的观点。为什么要学外语?人家说:我学外语就是为了多赚几个钱。我说:不,学外语开辟了你新的思想、新的天地,因为它是思维模具。学了一门外语,不但多了一条舌头,多了一对耳朵,多了一双眼睛,而且多了一个脑袋,"Language shapes your thoughts."这些东西都是在语义学里面讨论的。我怕大家觉得我讲得太抽象了,那么就具体一点来讲。语义是在悠久的历史长河中一直变化着的。我举一个汉语的例子:汉语的"江河",现在是什么都可以指,黄浦江、苏州河;当年却不行,以前"江"只能指长江,"河"只能指黄河,是特指的。所以你看多少年以来,它的意义就泛化了。同样,意义泛化的例子在英语里面也不可胜数。这样的词,你有兴趣的话就去查一查,在你的语料里面专门寻找意义泛化的词。我举个例子 feedback,我现在很希望得到你们听众的 feedback,你们能不能脸上有点笑容啊,或者有点愁苦的表情啊?让我看看我是不是这里讲得比较没趣味,那里讲得还可以,这个就是"I need your feedback." feedback 本来是电学上的反馈,现在我们用得广了。汉语也讲了:"我们需要听众的反馈","对超级女声,听众的反馈非常活跃",这就是泛化。本来是专业的,现在泛化了。再比如说"斗争"的"斗",我这次到郑州去知道,甲骨文里面就有"斗争"的"斗"这个字。这个字繁体很难写,先是像个"門"一样的两个框子,但不是"門","門"上面是关闭的,它是开的。是开放型的框子,下面左边是个"亚洲"的"亚",右边是个"一斗两斗"的"斗",原先这个字是指地名的,跟斗争没有关系。但是你看从甲骨文到现在,多少年过去了,"斗"的意义就狭化了,就变成了你我两个人或两群人打斗。还有语义狭化的词,就像我上次在复旦讲的,现在编词典的人很难处理一个词,叫作 gay。gay 过去第一个意义都是"愉快的、欢快的",现在你却不可以说"欢快的、愉快的"。现在任何一个对当代英语有所了解的人一看到 gay 首先想到一个所指,就是男同性恋。gay 现在其他的意义都被排斥得差不多了。所以语义的变化实际上是一个故事,非常有趣的故事。再比如说 villain:大家都知道,莎士比亚剧本里面的恶人叫 villain,但 villain 过去不是坏人,好得很,田庄里面一般的 farmer 都叫 villain,这些都是历史长河把词的意义改变了。又如 revolution:我查 OED(*Oxford English Dictionary*)《牛津英语大词典》,revolution 14 世纪开始进入英语,只指天象。你想嘛,金星既可以叫 morning star 又可以叫 evening star,为什么?它一个 revolution 过来啊。所以 revolution 本来是打圈、转圈的意思,这是天象上的解释。一直要到 16、17 世纪的英国革命开始,Charles Ⅰ 被 Cromwell 砍了头,被清教徒砍了头,清教革命才解释政治上的大变动,制度的大变动。然后有 French Revolution,有 American Revolution。American Revolution 就是 War of Independence,独立战争,所以又跟政治搭上关系。然后到20世纪以后,revolution好像又带上了另外一层意思,凡是revolution都是跟共产主义的革命有关了。那是从上世纪初的 Bolshevik Revolution 开始,我们叫作 October Revolution,十月革命;西方叫作 Bolshevik Revolution,布尔什维克革命。以后又有中国革命,有古巴革命,然后革命就好像必然跟共产主义有关系。由于它的左倾含义,所以到了20世纪60年代,revolution 在美国遍地开花。在美国英语里面有 black revolution 黑色革命,就是黑人的革命;有 red revolution,红色革命,不是共产党革命,而是指印第安人的革命,印第安人不就是红人嘛;有 blue revolution,蓝色革命,争取性自由;有 green revolution,绿色革命,保护环境。所以革命一下子就跟这些激进运动联系起来了。但是打那以后,revolution 慢慢地就少见了,好像变成一个和新产品有关的词了。比如说耐克最近又出了一款新式的产品,这个叫作 revolutionary new line of products,耐克鞋跟技术革新与突破——breakthrough 联系在一起了。最近,revolution 又有了新的意思,那就是跟苏联、东欧变色以后的 velvet revolution,天鹅绒革命有关的,叫作颜色革命了。所以 revolution 的意思是不是一个很好的故事?我建议你们找10个这样的词,就能写成一篇很好的、有意思的文章。"Change of Meaning As Is Seen in Ten English Words",我觉得会是一篇蛮好的文章。

4. 语用

语用学,用一句最简单的话来讲,就是 common sense,就是对着特定的人在特定的场合说特定的话。不是有人举过一个语用学的经典的例子吗?有个美国人到了中国,他要去问路,问到一个北京人。那个北京人特别喜欢英语,所以就跟他扯英语,说"Where do you come from?"你从哪儿来?"Where are you going?"你到哪儿去?"What business do you have in China?"你到中国来干吗的?""How old are you?"你几岁啦?那个美国人马上逃之夭夭,以为碰上便衣警察了,这就是语用学没学好。你去问那么多问题干吗呀?人家问你到天坛怎么走,你告诉他不就得了嘛。这里还有一个很好的例子。我有一个学生要离开北京了,他要把原来的家具卖掉,其中有一个冰箱。这冰箱不怎么地,但是他走了总要把自己的东西处理掉,那么就请一个老师傅来替他搬一搬。老师傅往那个冰箱很不屑地瞟上一眼说:"这种冰箱您还卖,您就慢慢儿卖吧。"你看,"您就慢慢儿卖吧"。这个用得多好啊,这个语用学学得多好。就是说 As far as I see it, your ice-box will not sell easily, because it's old, because it's worn out, and so on and so forth. 所以语用学说穿了就是这样。关于语用学可以写出很多好的论文来,为什么呢?这里面有很多文化参数,我刚刚讲的就是文化参数。中国人那么好奇干吗?打破砂锅问到底,是不是因为有人种基因?语用学里面绝对有人种基因,还有文化参数。文化差异也有显性和隐性之别,有礼貌原则,有合作原则。两个人对话的时候,一定有一个说出来或者没说出来的合作原则,不然的话就形不成对话。比如我问:"今天各位可好?"你们回答我:"里根死了。"这能形成对话吗?这当然不能形成对话。所以有一个 cooperation principle。这些原则都是很有意思的,你可以就这些原则补充大量的例子,形成一篇文章,也可以多找一些这种"您就慢慢儿卖吧!"的例子。鄙人当年毕业的时候写过一篇论文,实际上也是学位论文,只是那时候我们不授学位,我写的就是"Peculiarities of Journalistic English",英语新闻体语言的特征。文章里我举了一个例子,这个例子以后成了我的经典例子,差不多每一届学生我都要考他们。这是一个广告语,广告是语用非常特别的区域。这个广告语怎么讲呢?我念出来你们听听:"Realistic Budget Fashions for Dignified Maturity","realistic"是现实主义的,"budget"是预算,"fashions"是服装,特别是时装。那么肯定这个广告是关于衣服的。那么衣服卖给谁呢?"for dignified maturity"。那是什么样的人?先看这个衣服是便宜还是贵啊?便宜。何以见得?"realistic budget"就是这个东西完全是在你的预算之内的,很便宜。但不会讲自己这东西很便宜,廉价。就像好多小旅馆也从来不会讲自己是小旅馆。英国有很多的小旅馆,B&B(breakfast and bed),它实际上只给你一张床,再给你吃顿早饭,就是一个家庭开一个旅馆,但是它自称是个"adorable hotel",非常有家庭味的,非常可爱的,亲切的旅馆。你看,同样的理由,它不讲"cheap",讲"realistic budget fashions",原来是卖便宜的衣服。卖给谁呢?"for dignified maturity",给老人还是给小孩?猜猜看,"mature",成熟的,所以一定是卖给大人、老人的。怎么样的大人、老人?不是一般的大人、老人,这个大人、老人一定是非常"dignified",什么叫"dignified"?肥胖的。你们说:"我这些衣服是卖给又胖又老的女人的便宜货",还有人来买吗?"您就慢慢儿卖吧"。但是他把它花里胡哨地包装一番,哦,好听多了,"dignified"看上去非常庄重的。同样,我一头白发,碰到个几年不见的外国朋友,就问,"Do I look much grayer than before?"我是不是白头发又多了很多啊?人家要说"是的"。但是人家不说"是的"两个字,人家说"You look dignified!""You look more dignified!"你看上去更有派头了,中国话就是这个意思。所以这个就是语用学。

(二)应用语言学方面的选题

应用语言学方面可以讲的东西更多了。二语习得,如果在座的有年轻的妈妈的话,最好是有一个婴孩,一岁左右的,然后从现在开始,你就每天做笔记,看你孩子怎么样慢慢地开始学话,这是一个非常有意思的科学实验,看看他怎么慢慢地从"妈妈"、"爸爸"开始学语言的。二语习得里面的英汉对比,比如我上次讲的,我们中国同学讲英语,最大的一个毛病在什么地方呢?就是我们缺少一个"tense consciousness",缺少一个时态意识,特别缺少过去式意识。为什么?因为中文里面没有过去式。这几天我们都在讲抗日战争胜利60周年。我叫我的同学讲个过去的故事,这个同学第一句话讲得非常对:"In the year 1945, Japan finally surrendered."第二句"On August 15 the Japanese Emperor issued an edict to order surrender to the Allies."也是对的,好,第三句、第四句、第五句开始慢慢就没有时态意识了。"And then the allies decide to put up a tribunal to try all these war criminals."然后盟国决定组成一个审判委员会来审判那些战犯。这第三句、第四句开始没有-ed了。为什么?就是我们的过去式意识很差。这个就是二语习得。二语习得里面你不妨找几个中国人说些英语,看看哪些地方出问题最大最多,要用例子。这将是一篇非常有实用价值的文章。我还想到一个数词意识,中国人有"万",现代英文里没有"万",用"ten thousand"来表达。所以"三十万"我们讲起来很容易,在现代英文里要讲"三百千","three hundred thousand"。现在居然有很多美国到中国来学汉语的人都讲"三百千",而他自己一点不觉得奇怪。所以我简直要建议今后汉英词典的编者们把"百千"作为一个词放进去。现在英语里没有"万",也没有"亿"。我最近发现韩语里也一样,也没有"万",所以也得用这个办法。这个也是二语习得里面的很大的障碍。当然还有很多其他方面的问题,如he、she不分,因为中文里面只有一个"tā"的声音,所以潜意识、下意识很厉害。我们的下意识里面第三人称单数就是一个"他"字,所以he、she我们不大分的。一讲出来经常是she变he,大男子主义了。

教学法研究也是非常有意思的,教学法可能离开你们远一点,因为这只对老师有用,所以我也不细讲了。还有翻译理论和实践,也绝对是非常有"油水"的题目。你可以翻译一篇文章,但是你一定要附上一篇有一点理论性的东西。现在翻译是我们理论和实践脱节得最厉害的一个领域。有个翻译理论家说,你根本用不着搞任何一个字的翻译,就可以成为一个翻译理论家。另外一个极端就像我这种人。我的观点是什么呢?你没有翻过100万字你别去讨论翻译。那么他的论点和我的论点正好相反。而且这位先生有来头,他跟美国人 Eugene Nida 两个人联合主张建立一个单独的中国的翻译学学科,人家 Eugene Nida 还有过翻译《圣经》的体会,你老兄有过几个字的翻译吗?我没有见过。这个人提出来要建立一个独立的翻译学,纯讲理论,我反对这样做。如果你们对翻译有兴趣,我是希望你们不妨实践一下翻译,甚至于翻译一篇比较短的,或者几段比较短的东西。例如你可以翻译几段不同的信件,一封是写给你爱人的,一封是写给你老师的,一封是写给张德明校长的,一封是婚礼请柬,然后来看看在各种不同的东西中,你的语用怎么样,再从语用学角度来谈翻译。我觉得这挺有意思的。比如说写信,有时候你写得非常直截了当,"I want to tell you ...",但是有时候就不是这样啦,有时候讲"Please be informed that ..."。再如婚宴将于几月几号在某处举行,这个翻译也可完全不一样,如"兹定于几月几号在某某地方为小女和小婿或什么什么人举行婚宴,敬请大驾光临"就是一种翻译法。所以你可以做不同的风格、文体的翻译,然后来几条体会,谈谈"解码"、"编码"、"形式对等"、"动态对等"之类的理论。

再说关于词典和教材。其实词典你们都得用吧?用词典的过程当中有体会把它写出来也是一篇很好的论文。有人讲我们的《英汉大词典》比较好,为什么好?你写篇文章出来给我看看。这就是评论文章,书评。《英汉大词典》是一种案头词典,是大型词典,集百科和语词的功能于一体。还有比较小的词典,如 learner's dictionary,"学生词典",专门给学生用的,你要找例句就得靠这种词典。这两种词典的区别在哪里?词典的功能是什么?理想的词典应该如何?我理想的词典是网上在线的,实时的,互动的,我使用词典,同时参与编撰和修订,好不容易找到一句好的书证例句,我可以输入进去。词典既有它编的内容,又有我贡献的内容,对不对?所以就词典也可以写很多不同的文章。

教材也是。现在是教材大战,特别是大学英语,全国教材大战,为什么呢?因为作者都希望学生用自己的教材,这一用就是几百上千本,一下子就赚钱了,所以我觉得现在的教材虽然都讲究科学的方法,如是用交际法还是功能法、结构法,你的 grading 如何?你的单元怎么划分?然而唯一缺少了一条,就是缺了对我们学生的情感打动,我称之 affective index,不是 effective,而是 affective。我就想我当年做学生的时候,我们读的不一定都是英国文学,也读很多的法国文学、俄国文学。我读过的有《卖火柴的小女孩》,有《万尼亚舅舅》,有《拉封丹寓言》,有《最后一课》,这些东西都让我感情激动起来。现在一本教材从头到尾念完,或从头到尾教完,可以不掉一滴眼泪,我认为这不是好教材。我就希望教材里面有一点能使人大喜大悲的东西,这样对于我们学生的全面培养大有好处。现在我们的学生为什么那么无动于衷呢?复旦大学有很多女学生养了很多的猫,在宿舍里养宠物,那是很"小资"的标志。然后毕业了,走了,那你也继续"小资"一把呀,这时候她不"小资"了,她就把猫扔了,所以复旦大学有特多的弃猫。我在复旦大学校园里散步的时候经常看到那些弃猫,很奇怪,就像庞贝城的维苏威火山那里野狗特别多一样(有同学反驳说这些是"解放猫",有什么不好?)。所以教材怎么编?我理想的教材最好什么样?我说把各种各样不同的教材拿来给本教师看看,本教师决定从甲教材选三篇,从乙教材选两篇,选我觉得最能教的、最有"油水"的来上课。而且这个教材不能封死,尾端给我开放着。为什么呢?尾端开放着,我以后再看到好的教材可以再加进去,这样选出来的我才觉得是"本教师的精华教材"。精华教学必须是人文教育,人文教育离不开爱的教育。所以教材问题也可以写。

(三) 文学及其他方面的选题

除了文学,其他的有叙事学、文体学、修辞学,等等。修辞学、文体学我们还懂,什么叫叙事学?现在文章里你们不是经常看见嘛,什么"历史的大叙事",这个叫 macronarrative,这是西方翻译过来的。说到叙事,你是从第一人称角度还是第三人称角度出发的,各有什么不同?第一人称有 immediacy(直接感)。其他还有很多很多的元素决定,这个我想不一定讲了。

下面讲讲文学。我希望你们写论文时一定要根据自己看过的书,不要完全从无到有,因为你毕竟学了4年,没有必要完全从无到有地来决定一个论文题目。比如讲到文学,你可以写的东西太多了:作品、作家、流派、母题、样式、比较都可以写。

什么叫"流派"?"意识流"、"垮了的一代"、"迷惘的一代",那都是流派。什么叫"母题"?这是从英文的 motif 译过来的,母题好像是比主题更笼统、更有概括性的一个东西。本来是绘画、音乐、艺术上的一个用词。音乐有母题,比如说你听《新大陆交响曲》,你就不断地听到同样的乐调一再地响起,这个就是它的母题。看绘画,某个色调一再地浮现,不论是阴暗的色调还是明快的色调,一再浮现的就是母题。"出走"是个母题,"流放"是个母题,对米兰·昆德拉这些人来说,"流放"是个很重要的母题。"寻觅"是个母题,寻找金羊毛,从这个开始。"回家"是个母题，Odysseus 的回家，在外面流浪了十年，终于回家了，摸索了十年，回家后把追求他老婆的人全部杀死，Penelope 最后还是归了他了。最近我觉得很有意思的一个母题就是"出走"。很多作家到了西方，跟祖国有千丝万缕割不断的联系，写成的作品，那是非常动人的。有的人是靠作品，有的人是靠翻译，比如翻译中国的古诗词。我的一个朋友就是这样，他翻译了一百八十多首中国古诗词，完全是因为出走的母题起了作用。他想家了嘛。我们用语用学的通俗说法来讲，就是他想家了，他想故乡，所以这个母题很有意思。至于样式，有自传体、日记体、书信体，等等。这些东西写的人还不多，为什么？看的人不多。书信体、日记体里面有很多有名的文学作品。当年伦敦发生了一场大火。这场伦敦大火简直有点像这几天的新奥尔良水灾一样，是个大灾，catastrophe。结果有个叫 Pepys 的人每天写日记，这个日记是完全可以作为一个看 17 世纪伦敦众生相的非常好的材料。写作家当然更多了，像莎士比亚，你可以写莎士比亚的某一种剧，如历史剧，你可以写他的三部罗马剧。你还可以写莎士比亚作品里面的"变形"，那个是母题了，为什么这些人老是要女扮男装？这些人女扮男装的时候是不是跟我们的祝英台一样？很不一样。我告诉你，这是文化比较、文学比较、中外比较。我曾反对越剧演《第十二夜》，演得简直像《十八相送》一样。一个祝英台在旁边挑逗，梁山伯懵然不知，"呆头鹅"嘛不是？结果演得非常轻松的那个样子，而其实《第十二夜》里面"变形"是个很沉重的母题，正常的女孩子谁愿意变成一个男儿身啊？没人愿意这样。除了花木兰，替父从军，非这样不可。这个又是比较。所以从文学的角度来讲，我觉得可以写的东西的确是太多太多了。有一个题目现在做的人还比较少的，就是中国旅美作家的作品，所谓 diaspora。有时候走偏锋比较容易讨巧，因为做的人不多嘛，这个就是我要讲的第二个方面。其实还有很多，包括文学评论。文学评论也可以写出很多的学位论文，比如你可以从阐释学的角度，即 hermeneutics 这个角度，非常科学地来解读一部作品。你也可以用西方马克思主义，这是现在很流行的。西方马克思主义，简称"西马"，西马的特点就是将马克思主义朝着剩余价值、阶级斗争这些东西之外的文学、哲学、认识论、语言学这个角度靠拢，这是西方马克思主义的特点。西方马克思主义哲学的特点是意识形态化、理论化，但是它提出了文学里面的很多重大命题。比如说"异化"，异化实际上就是变形，就是西方古已有之的变形。这个异化是个重要的内容，你们中可能相当一部分人读过 Animal Farm，就是乔治·奥威尔写的《动物庄园》，书中说猪觉得不堪受人的压迫，于是猪们就起来造反了，把人赶出庄园，然后庄园改名，叫猪的庄园。猪成了统治者以后异化了，开始不劳动了，也不吃那种糠菜了，要驴子们替它们打工了。然后驴子们也起来造反了，造反成功后蹈了猪的覆辙，到最后还是人回来了。乔治·奥威尔写的这么一篇寓言体的小说，的确写得很深刻，把异化讲到了极致了。我建议你至少念一两本西方马克思主义的著作，然后来分析一两部文学作品，那将是一篇非常有意思的毕业论文。与此同时，西方也有一派人主张不要阐释，阐释学是一种太枯燥的东西，容易意识形态化，而且是一种太客观的东西，没有把你的主观放进去，你完全站在作品外面。所以有一批悟真派强调要有悟性，他们反对这种把很多理论用来解读作品，反对以解读为名，以解构为名，把很多理论的因子强加（或称"挪用"）到作品里面去。我是比较倾向于后面这种。一个作品你一看就喜欢的，人家问你，你为什么喜欢？你却讲不出来。然后慢慢地讲得出来一点了。再经过一段时间以后，又讲得出来一点，越讲越多。但是第一个感觉，第一次爱发生的时候是没有理由的，完全是缘分。

持这种观点的也不少,并不只是 Susan Sontag 一个。我们知道 Susan 是最近死的一个美国人,她就强调悟性,强调 erotics,五官的感觉,官能的感受,不是意识形态的分析。

还有女权主义的批评。我们中国还没有任何一个人用女权主义批评《红楼梦》,至少我还没看到过。如果你能写一篇英文的"An Initial Attempt(或 A Crude Attempt) at Analyzing The Dream of the Red Chambers from a Feministic Point of View",从女权主义的角度评《红楼梦》,可以说是一种开创性的工作。当然这是一个太大的题目!我讲这些话的意思是文学评论实际上也是一个非常肥沃的领域,从中你可以衍发出很多不同论文来。我讲的语言学、应用语言学、文体学、修辞学、文学、文学评论等方面的内容,其实都是常识,我把这些常识在你们面前展示一番,然后请各位根据你们自己的学养、自己的兴趣,在某一个领域里头寻找一番。

三、论文写作的步骤

(一) 文献检索

最后我想讲一讲写论文的步骤。我感到最重要的步骤就是做好文献检索。比如你用女权主义评《红楼梦》,那么你至少要 google 两个东西,一个是"《红楼梦》",一个是"女权主义"。这个文献检索工作是很重要的。有的人这方面的准备工作做得非常好,图书馆借阅、复印或者自己购置不少图书资料,形成一个小小的文献库,这个就是我们平时讲的"仓里有粮,心中不慌"。文献检索工作一定要做得周到,缜密,系统,这个是做到规范性的第一条。写论文,不是我拿起笔就可以写出来的,文献检索工作是很重要。像我现在这个年龄,尽管我肚子里有那么点货色了,倘使某个人叫我写某个作家,尽管对这个作家我肚子里有点货色,但还是不行,我肯定第一步要做检索,我要把这个人的 homepage 看一看。不但是看,看的过程当中,要摘录很多的内容,我还看人家骂他的话。如果他这个 homepage 上帖子很多,就要看人家怎么评论他的。比如有个 8 岁的小孩说,我从今年开始看你的书,我认为你的书如何如何,这就是一条很重要的信息:原来这个作家已经拥有 8 岁的幼年读者了。这个东西你不去检索肯定不知道,所以看来以为是没有关系的东西,里面却隐藏着很多关系。所以做文献检索工作一定要踏踏实实地、耐心地、有乐趣地去做。假如我一天发现了三四条有意思的信息已经相当不错了。所以这个文献检索工作从时间的长度而论,可能不亚于你成文的时间。

(二) 专业性、权威性、规范性与创新

关于专业性和权威性,这里我要提出一点,就是人文社会科学文献的半衰期。根据国外的统计,这个半衰期现在是越来越短。过去是 5 年,现在有了信息高速公路以后是 6 个月。也就是说 6 个月以后你对于这个作家的所有认知可能都已经老化了,可能都已经陈旧了,你要讲的话人家早已讲过了,你必须再重新来一番文献检索。这当然也只不过是国外的一家之言,仅供参考。但是有一条是肯定的,这些东西的半衰期,或者说变得衰老的过程在加快。所以你在写论文的时候,要讲规范性、专业性、权威性,三性兼备,脑子里面始终要有一个创新。这个创新有时候是观点方面的,就是你提出的观点其他人没有说过,是你一个人独有的;有的是材料方面的创新,比如说莎士比亚的这个剧本,这个材料从来没有人用过,我第一个用,这也是一种创新。所以考虑权威性、专业性、规范性的同时,都要有两个字在脑子里面,就是"创新"。说到规范性,我叫我的一个学生做了一个文献引述规范,发给大家了,这里就不用仔细地讲了,这实际上是一个最起码的要求。

(三) 诚信至上

论文必须有详尽的注释,言必有据。照西方的习惯,你引用一段引文只要超过 10 个单词,你就一定要出注释(重要的词组甚至单词,只要是人家的,就得加注)。我们中国同学有时也太不严肃了,有的同学现在的一大本领就是 downloading。你们笑了吧! 这个是不是有点自责的笑? 所以请注意,10 个单词以上就老老实实把你的出处注出来。一开始养成这个习惯,对于你今后做学术工作是很重要的,这就是诚信至上。你的材料要翔实,你的结论要基于你的材料,你的行文要像论文,而不是写杂感,写小品,这些都是要求。但是最重要的,就是老老实实,千万不要去下载,去抄袭!

四、苦中作乐

最后要讲一点就是苦中作乐,我看你们多数人认为写论文是件苦事。是苦的,我告诉你,今年八月份我过得非常苦。第一,复旦大学出版社要庆祝百年校庆,说是要我出一个《莎士比亚十讲》,我凑来凑去凑了九讲。那么不是还要写篇文章嘛,这篇文章得写。与此同时,又来了老朋友,就是我刚刚讲的,翻译了一百八十余首古诗文的那位朋友,一定要我给写篇序;然后又来一个朋友说是我们要出某某人的七部煌煌巨著,需要一个总序言,他说这个美国作家你以前写文章介绍过的,所以我们希望你来写。就这样,事儿一桩接一桩,一件接一件对付过去。这个就是苦中作乐。我感到苦中作乐更多的意思就是吸收知识。我经常跟人讲,一个人看书一定要达到自虐狂的程度,这个我是屡有体会。好比今天早上我一早要讲课,当然昨天我是很早就睡了,吃了一颗安眠药很早就睡了。平时我在学校的时候,前一夜如果恰好有一本好看的书在手里;怎么办? 我就跟自己说,我看到 12 点吧。结果看到 12 点还是放不下,再延长 1 小时,到第二天的 1 点。结果到 1 点还是不行,到 2 点。如到 2 点再不睡,明天大概是要倒在讲台上了。这不是自虐吗? 生理上讲就是自虐! 看书一定要到这种程度。我不知道你们有没有到这个程度。做什么事情都要有这个程度,唱"超级女声"有这个程度我也佩服,打电子游戏到这个程度我也佩服。不管做什么事情,你总归要投入再投入,欲罢不能,不能浅尝辄止。即使你做的不是读书这个事,但是你是认真的,你的确是投入的,你的确是不能自拔的,我也佩服你。只不过我的兴趣是在读书上。有几个学生也被我带得非常喜欢看书,然后我们一本书看完叫作"Another book ticked off."我一边在打手机短信的时候,一边脑子里就在想我们真像那些守财奴在那边数钱。守财奴是数钱,今天 200 万了,明天 220 万了,后天 300 万了,他是记账,他是记他的金钱收入账,我们是记我们的精神旅游账。我觉得很有意思的,只不过我们算的账跟他记财富的账不同而已,这个就是苦中作乐。至于你说这个乐有多大吧,也很难说,因为我说的这个乐不会变成金钱、豪宅或 BMW。我希望你们不妨试着尝尝精神之乐。现在外面书店里的书多得很,现在市区里面又开了一家新的英文书店,所以我希望你们把书店用起来。假如你从写论文开始,在日记本上写道从某年某月某日开始,鄙人的第一块里程碑建筑破土动工,我开始就某一个问题搜索 Google。然后你把你的过程详细地记录在那里,那是个非常好的 journal,以后把这个作为你学位论文的附件陪伴你一生会很有意义。以后你可能会开完"奔驰"开"宝马",但是这篇论文不会再写第二次了,它将陪伴你一生。从这个意义上来讲,是不是有点神圣感?我真希望你们觉得有点神圣感,因为这是你们的 odyssey,是一次智力探索之旅。

(原为 2005 年 8 月在上海电视大学的演讲)

"哈姆雷特"的问题
——张沛《哈姆雷特的"问题"》代序

张沛同志敏而好学,在复旦攻读硕士期间,我已发现此人审问慎思的特点。士过三日当刮目相看。近读他的新著《哈姆雷特的"问题"》,深感张去北大攻博学成,复做博士后研究,素心焚膏,笃志穷道,融会中西,视界大开,器识已远非昔日可比。承他尚记当年在复旦莎士比亚课上逐字逐句精读《哈姆雷特》的心得,并以此剧为标本,从一曲审全貌,徜徉恣肆,既邃深商量旧学,又反复详玩新知,落笔十数万言,虽未必箭箭中鹄,但多洞见的论,我自叹弗如也。

张著取题《哈姆雷特的"问题"》,重点落在主人公身上,问题二字加引号,想来当是对应剧中"That is the *question*"(italics mine)一语,着重在哲理的探究。这篇代序试以《"哈姆雷特"的问题》为题,改以考察剧本而非主人公切入;"问题"二字去引号,则是拟根据文本罗列一些有趣问题(不局限于社会、哲学方面,当然也不展开求解),意不在质疑折冲,倒是想提供多方面的视角,以冀扩大全书容量。有幽默感的读者,不妨把这篇序文,看作当年的老师在此与当年的学生唱一出双簧可也。

先从问题剧说起。

《牛津英语大词典》收录的"problem play"首例见于19

"哈姆雷特"的问题

世纪末期,严格说来,"问题剧"是一种晚近的戏剧样式,所谓"问题"者,专指某个社会关注问题。如萧伯纳在《论戏剧》①中提到的自 Mary Wollstonecraft Shelley(英国诗人雪莱之妻,《弗兰肯斯坦》的作者)以还,社会普遍关心的妇女问题,直到挪威的易卜生写出《玩偶之家》,才算是一部真正意义上的问题剧。萧本人也是写此类问题剧的好手,如《芭芭拉少校》,不但着墨讨论"救世军"等宗教问题,还涉及军火工业乃至战争与和平问题。

不过,萧伯纳又说,就任何剧作都或多或少提出社会问题的意义上说——如莎士比亚笔下的哈姆雷特琢磨自杀问题和卡西奥反省酗酒问题(后者见《奥赛罗》)——每一部戏又可被视作问题剧。而早在萧之前一个多世纪,就已有评家从更宽泛的意义上,用"问题剧"一词来指称莎士比亚在17世纪初年写成的几部剧作,即《终成眷属》、《哈姆雷特》、《一报还一报》和《特洛伊罗斯和克瑞西达》,理由是剧中有"反常的心智状态"和"复杂的良知问题",到最后只能"采用没有先例的方法去解决"②。当然,还有宽泛无边因而不免舛讹的说法,即把全部莎剧,不管是喜剧、悲剧、历史剧或传奇剧,一网打尽,统称之为"问题剧",即如莎士比亚出生地托管基金会主席 Levi Fox 之所言③。

《哈姆雷特》乃全部莎剧中篇幅最长的一部,主人公丹麦王子一人台词共 1 506 行,占全剧台词的 39%,名列所有说台词的 1 378 名莎剧角色之首。130 年来,前身为莎士比亚纪念

---

① West, E. J. (ed.). 1968. *Shaw on Theatre*. New York: Hill and Wang.

② Boas, Frederick S. 1896. *Shakespeare and His Predecessors*. Reprinted 1969, New York: Greenwood Press, 14—15.

③ Salzma, L. F. (ed.). 1947. Levi Fox in *The Victoria History of the County of Warwick* (Ⅳ). Oxford: Oxford University Press. 218.

剧院的英国皇家莎士比亚剧团(RSC)演出频度最高的是《哈姆雷特》,共82次(场数更多),而百年以来根据剧中故事拍成的影片有75部(仅次于《罗密欧与朱丽叶》),两种媒体相加,受众无计,从而使故事在全世界家喻户晓。从这样一部剧作和这样一个角色入手来诠释莎士比亚的各种问题,无论从文本本身的代表性,或从接受主义的广度来说,都无疑是有的放矢的。

就挖掘并提出问题而论,《哈姆雷特》不啻是座"富矿"。问题中荦荦大端者如"生与死"、"明与昧"、"知与行"、"虚与实"、"盈与冲"、"貌似与本真"、"表演/化妆与自然"、"朝夕与永恒"、"樊笼与无垠"、"计谋与宿命"、"奸佞与仁义"、"牺牲与保全"、"吁天与亵渎"等等。此类问题中有不少正是张著论述的重点,小序不赘。但犹有许多与文本或舞台演出有关的问题,至今尚阙圆满的答案,有的可能成为永远的谜团,窃以为相当一部分的莎士比亚魅力正在于此。

譬如说,已为后世耳熟能详的独白"To be, or not to be,..."(Ⅲ, i, 58—92)。究竟本来行文面貌如何?《哈姆雷特》第一次印成文字是在1603年,形式是一剧一册的四开本(quarto)。这第一四开本史称"讹本",是由几位甚至某一位演员(一说系扮演次要角色军官马西勒斯的那位)凭记忆拼凑而成的。必须注意,为防剧本外流到票房竞争者手里,当年的演员一般都只拿到自己饰演的角色的台词文本,全剧文本则掌握在舞台监督(时称 book-keeper)手中,所以依靠演员回忆拼凑,准确性自然较差。但另一方面,按照当代某些莎学家的看法,这样的文本倒是可能更接近于"实时"(real-time)的莎士比亚①。第一个四开"讹本"的那则独白开篇是这么几句:

---

① Garber, Marjorie. 2004. *Shakespeare after All*. New York: Anchor Books. 467—68.

"哈姆雷特"的问题

> To be, or not to be, I [=ay] there's the point,
> To Die, to sleepe, is that all? I all:
> No, to sleepe, to dreame, I mary [=marry] there it goes,
> For in that dreame of death, when wee awake,
> And borne before an euerlasting Iudge,
> From whence no passenger euer retur'nd
> The vndiscouered country, at whose sight
> The happy smile, and the accursed damn'd.

拿这8行与流传至今并引发学者们诠释不尽的文本作一比较,主要区别似在语速和用词;至于意象,"长眠"、"做梦"、"未被发现的天地,旅人不曾回归"都无变化;失落的是"命运的矢石"等大量的隐喻和对现世苦难的罗列,从而剥夺了后世学人阐释、解码破译、解构—重构的无穷乐趣;The happy smile 一语更是破坏了整段的基调。第一四开本是个"讹本"已有定论,但文本极为浓缩,长度仅及吾人今日所见文本之半,动作性和可演性强,不像今日所见文本前半部王子"延宕"复"延宕"(前四幕每一幕都有一大段独白),直到第3幕第2场的"戏中戏"开始,思考转向动作,剧情急遽推进,而"讹本"被认为没有这种结构上的瑕疵。因此专门研究"文字莎士比亚"(Shakespeare on the page)的学者,似也应注意"舞台莎士比亚"(Shakespeare on the stage),特别是英国伊丽莎白一世时代的"实时"莎士比亚。

我是个称铢度寸的微观型学人,兼之教过几轮《哈姆雷特》,脑子里还存有不少其他的琐屑问题,诸如幕启之时喝问口令的何以不是值班哨兵,反倒是行近的换岗人?这算不算文学中的一种"所指",从戏一开始便埋下乾坤颠倒的隐喻?(后又为"地上打雷"——earthly thunder 等意象反复强化。)第1幕第1场鬼魂的缄口与紧接其后第2场僭主的雄辩是不是奇崛的对照,出自剧作家有意的手笔? (谁说"意图"一定是"谬论"?)鉴于剧中反复出现因应时事的内容,僭主口中"our sometime sister, now our queen"会不会激发当年观众对伊丽莎白一世女王身世的联想? ——其父亨利八世曾违背《旧约·利未记》训诫,占嫂为妻。同样,波洛涅斯的原型是伊后的某位宠臣抑或波兰使节,他在Ⅱ,ⅱ,379—382对巡回剧团剧目的饶舌介绍(悲剧、喜剧、历史剧、田园剧、田园喜剧、田园史剧、历史悲剧、历史田园悲喜剧)是否对戏剧学术化的讥讽? ——特别是"历史田园悲喜剧"颇使人联想到今日里我称之为 pigeonholing 的学术细分,如 bio－＋x＋y＋...。剧中众哨兵追看鬼魂,观众看演员;哈姆雷特冷眼看僭主,观众看王子;还有"戏中戏",众演员看戏子,观众看演员——这是不是一种"大娃套小娃"的"俄罗斯套娃"式的戏剧效应? 有使用电脑专事莎剧中意象复现统计的学者发现,"ear"一词在《哈姆雷特》剧中使用最频,疑与施毒于耳及全剧多偷听刺探的剧情有关。基于同理,我们是否可分别统计关于"腐败"(rotten、cankerous、contagion、ulcer 等)以及关于"伪装"(show、play、stage、face-painting、plast'ing art 等)的意象,以期更接近全剧主旨? 关于 thou/you 的换用,如幕启时两哨兵的对话(勃那多先说"Get *thee* to bed, Francisco"继问"Have *you* had quiet guard?"[italics mine]前者以私交身份,用亲切语气,后者则事关军务,语气自然涉公)以及Ⅲ,ⅳ母后寝宫的母子唇枪舌剑,是否可解今日读者之疑以利其他莎剧的阅读理解? 莎翁创作《哈姆雷特》,除去已知的12世纪拉丁文《丹麦史话》、16世纪的法文《历史悲剧》和早些时候的佚失剧《元始哈姆雷特》(*Ur-Hamlet*)之外,还读过些什么古书? 已有的考证指出,莎士比亚的"To be, or not to be"名段明显受了从古希腊普罗塔克和古罗马西塞罗到法国蒙田等人著作的影响,那么剧中的其他内容是否也有所本呢? 如墓地郁利克骷髅背后有无第一部人体解剖教科书《人体构造》(*De humani corproris fabrica*, Andreas Vesalius 著,1543 年)的影响？溯源莎剧过去有 Geoffrey Bullough 的八卷巨制可供参阅,如今又出了一位苏格兰格拉斯哥大学的年轻教授,断言莎翁读过郝林希特、普罗塔克、奥维德、贺拉斯、《圣经》、英国国教《祈祷书》、《伊索寓言》等二百多种参考书①,其结论可靠性如何？出现鬼魂的莎剧不只《哈姆雷特》一部(读者可比照《麦克白》、《理查三世》等),但惟有先王老哈姆雷特用词丽靡,且有塞涅卡古风,形容惨遭谋杀一段颇有伊甸园神话的意味,加上对忏悔、炼狱的描写,是否足见天主教教义对作者的影响？对于新历史主义宣称的莎氏在清教主义英国阴奉旧教的结论,算不算又是一证？剧中"globe"一词倘若兼有"脑袋"、"地球"、"环球剧场"的三重意义,"union"有"宝珠"和"联姻"两重意思,那么"nunnery"(Ⅲ,i,122)除了"尼姑庵"以外有无伊丽莎白一世时代俚语中"妓院"的暗指？鬼魂出现于暗夜,闻鸡鸣急遁,随后就是笔者吟玩不倦的关于旭日、朝露、青嶂的两句,由霍拉旭说出：

> But look, the morn in russet mantle clad
> Walks o'er the dew of yon high eastward hill. ②

可以想像现当代演出中此时舞台照明由暗转亮,正如紧接其后的Ⅰ,ii 中,在富丽堂皇的宫廷,在远离金灿灿的王冠和珠光宝气的一隅,孤独地站着一身黑色丧服的王子。此类灯光和戏装的现当代常技,以伊丽莎白一世时代的标准衡

---

① Gillespie, Stuart. 2001. *Shakespeare's Books: A Dictionary of Shakespeare Sources*. London: Ahlone Press/Continuum.

② 在人民文学出版社 1978 年版《莎士比亚全集》中,朱生豪译作："可是瞧,清晨披着赤褐色的外衣/已经踏着那边东方高山上的露水走过来了。"

量,是否迹近 melodrama 反会导致莎剧诗之美趣(如上引两句)的失落? 说到演出,还有一个有趣的问题:莎剧在伊丽莎白时代由全男班演出——女角由男童饰演——乃习俗使然,不足为奇(这一技术性障碍可能也是莎剧女角常常无母的原因之一,像《哈姆雷特》中似乎就缺了一个波洛涅斯夫人!),然而由全女班演出《哈姆雷特》就匪夷所思了。据记载,自 1775 年 Sarah Siddons 起,至少有五六名女士饰演丹麦王子,20 世纪的 Judith Anderson 更是以 73 岁的高龄扮演哈姆雷特,一时传为佳话①。派定女角演哈姆雷特的用意是什么? 难道有导演在王子身上发掘出了女性的细腻和阴柔?

奥菲丽娅是投水自杀还是意外溺水? 王子给巡回剧团的戏文中加上 dozen or sixteen lines(实指"几句台词",与"一打"或"十六"无关)究竟是哪些?……如此这般,关于《哈姆雷特》的问题诚如丝麻纷乱,要解开有的谜团可能是曲学多辩,钻奇凿诡,只会治丝愈棼。另一方面,如同其他学问一样,力至则入,钻研一下上述问题也可能不是没有好处的。

哈佛女教授 Marjorie Garber 说,阅读或观看《哈姆雷特》的功效之一在于唤起认同和回忆②。诚哉斯言! 给张沛老弟这部专著撰写序言时,我仿佛又回到了当年"Shakespeare In-Depth"的课堂。在张沛他们,是"学,然后知不足";在我,是"教,然后知困"。我还记得曾与学生分享自己认为极其重要的两个看法:一是搞文学的必须熟读第一手的作品,且要做到手披目视,熟诵其言,心惟其义,切不可丢下原著,盲目躁进,急急效模第二手文评,玩弄术语唬人,结果把学问做

---

① Crystal, David and Ben. 2005. *The Shakespeare Miscellany*. Woodstock and New York: The Overlook Press.

② Garber, Marjorie. 2004. *Shakespeare after All*. New York: Anchor Books. 467—68.

"僵";二是搞外国文学的不可完全抛弃中国文人重性灵、机趣、兴会的传统,一味皮附欧美分析哲学的高论,即便是穿上了后者的"紧身衣",写文章也还须挥洒自如,元气淋漓。我还提出,学生应向中国的钱锺书和外国的本雅明学习(后者自称是 *homme de lettres*,即 man of letters,类乎中国的"文人"之谓,嗜写随笔、杂感之类,少泡沫,有深度),最好达到 Wonderlander 加 Wastelander 的学术境界。

张沛老弟从严格的意义上说,非我弟子。除了复旦的一段因缘,他去北大之后,由于两人都不存学校之町畦,兼之时下电话和电邮又极方便,切磋反倒更频。尼采讲过宗师与弟子的关系,称"子将背其师,盖渠亦必自成大宗师也"。张年而立,可不勉欤!

(原载 2006 年 4 月 7 日《文汇报》;张沛著《哈姆雷特的"问题"》,北京大学出版社 2006 年 11 月版)

莎翁生辰考证

刚刚出版了一本关于莎士比亚的小集子,闲读中旋又发掘到一则关于莎翁出生日的信息,特此刊布,与读者共享。既是对出笼不久的拙著的补正,又可佐证围绕莎士比亚其人其事的各种疑案和谜团。

根据莎翁故乡"圣三一"教堂的记录,莎士比亚受洗于1564年4月26日星期三。民俗学者按这个日子倒回三天,得出莎氏当出生于4月23日的推论。4月23日恰好是纪念英格兰主保圣徒的"圣乔治节",把英国最伟大的诗人和剧作家定在这天出生,应是神人共喜的大吉隐合。18世纪以来,随着莎翁文名日隆,诞漫之说渐成法语信言,时至今日鲜有质疑了。

其实定论也可置疑。1559年英国国教的《祈祷书》明示:"除非有重大充分理由并向堂区牧师公开陈述并经允准,婴儿施洗不得先于出生后的第一个星期日或其他宗教节日。"1564年的4月23日是个星期天,若莎士比亚确实诞生在这天,那么最可能受洗的日子当为两天后的"圣马可节"(即4月25日)或下一个星期天。23日(星期天)出生的小毛头在26日(星期三,又非宗教节日)受洗,看来是有什么"重大充分理由"有待新历史主义的"侦探"大家去挖掘了。

设若4月23日这个日子不谬,那么当年的4月23日也不等于今日的 4 月 23 日,盖因 16 世纪中叶流行的所谓"儒略历"(因订立者古罗马统帅裘力乌斯·恺撒而得名)比之天文意义上的太阳年滞后了 10 天,直到 1582 年教皇格里高利十三世废旧立新,欧洲各国开始采用格氏的公历,沿袭至今。英国自亨利八世与教宗失和起,向来自立门户,称之为英国国教,抵制格氏公历凡一个半世纪之久。到了 1752 年眼看独木难支,只好翕然景从通例,闹出一个 9 月 2 日之后紧接着便是 9 月 14 日的历史笑话(英人就喜欢与欧陆拉开距离,续用英镑,拒绝欧元,可算近例)。有鉴于"儒略历"到格氏公历的转化,1564 年的 4 月 23 日,按今天的算法,应是 5 月 3 日了!顺便说一点文化八卦,一般认为莎士比亚的诞辰和忌日都是 4 月 23 日,这个日子因此特别受人注意。于是好事者发现,如美国童星秀兰·邓波儿、俄裔美国作家纳博科夫等都出生在这一天;英国大诗人华滋沃斯和暗杀马丁·路德·金的凶手等则皆死于这天。

有友人见我写此小文,哂曰:Big deal(小题大做)!我的回答是:君不见今日世界,历史修正主义盛行,对莎士比亚这个文化大图腾做点小考证,兴许还有些见端知末的作用呢。说到大图腾,《纽约时报》(2000 年 4 月 23 日)的标题措辞机巧:"虽然已是 436 岁的高龄,莎士比亚仍然前途无量。"

(原载 2006 年 2 月 2 日《新民晚报》)

埃及艳后打弹子？

世革言殊，物移名变，此乃语言铁则。只是写文章的人手滑笔快，难得永远严谨，于是用语不免时有倒错时光的舛谬。"时间误串"在英文里叫作 anachronism，拆字溯源，在希腊文里表示"backward＋time"的意思。《英汉大词典》在这一词条内配了一个例证，译成中文是："说莎士比亚骑自行车乃是把时代弄得大错特错了"，颇能说明问题。

既然提到了莎士比亚，我们不妨来看看这位西方剧坛圭臬兼诗圣是如何频玩"时间误串"游戏的。举例之前先须说明，在16至17世纪的英国文坛，倒错时空，融历史与时事于一炉，可称成规，只不过莎士比亚写作恣睢汪洋，对时空的约束比之他人更不耐烦罢了。

埃及艳后克莉奥佩特拉吩咐手下伺候，一起去打弹子（见《安东尼与克莉奥佩特拉》第2幕第5场3行），便是"时间误串"的一个显例，盖因戏文写的是公元前1世纪的事，而弹子这玩意儿要到中世纪末才由法国人率先玩起来。

"钟鸣三下。"说话的是要谋杀凯撒的古罗马叛党凯歇斯，时间又在元前（见《裘力乌斯·凯撒》第2幕第1场192行），殊不知时钟的发明须等到14世纪初叶。

《哈姆雷特》中提到王子回国奔丧后要回威登堡继续上学。University of Wittenberg 是德国易北河畔靠近莱比锡的一所大学,建于1502年,传说中的浮士德博士和德国宗教改革运动的旗手马丁·路德都曾在此研读。12世纪古丹麦的王子还有他的同窗霍拉旭,怎么可能跑到16世纪的德国去上学呢?

"要是那上面没有什么,我不需要戴眼镜,"葛罗斯特伯爵对庶子爱德蒙说(见《李尔王》第1幕第2场36行)。据信眼镜是意大利人在13世纪发明的。古代英国人视力再差,也无由享用此种光学成果。

以公元前13世纪特洛伊战争为背景的剧中突兀提到公元前4世纪的亚里士多德(见《特洛伊罗斯与克瑞西达》第2幕第2场167行),时差达900年,真是误串极矣!

上述都是"时间误串"的显例。如果说莎剧中这种显例层出不穷,那么隐例也不在少数——只要你充分利用前人的各种版本,精深研读的话。而莎剧版本之多,想来世上决无其他作家的作品集可比。不说早期的四开本、对折本和八开本,光19世纪的百年中,平均每6周就有1种新的版本问世。现当代较受学界重视的计有"阿登"3种、"剑桥"3种、"牛津"2种、"企鹅"2种、"鹈鹕"1种以及"河畔"1种。

因为是隐例,一般都要求挖掘者有相当的"互文"知识储备。例如在《安东尼与克莉奥佩特拉》开场不久,就有一场山盟海誓戏,克要求安说出对方的爱至何极限,安答道:"Then must thou needs find out *new heaven, new earth*."("那你必得去发现新天,新地。"——原文斜体为笔者所改,意在强调)"新天,新地"可能是基督教《圣经·新约全书》末卷《启示录》21:1"我看见一片新天,一片新地"一句的移植。此外,这个剧本写成于1606—07年间,是时距"新大陆"的发现方满百年,又是英国在北美Virginia初建Jamestown殖民地之时,域外奇闻一直是公众意识中的兴奋点,"新天,新地"必然激发联想。莎士比亚写的是公元前的古罗马和古埃及,而剧中人口里吐出的是公元4—5世纪方始全部译成拉丁文的《圣经》语言,观众联想到的则是晚近15世纪开始的地理大发现,因此可以说是"时间错串"的隐例之一。

"时间错串"的例子同样可在汉语中寻见。日前看一部描写民国初年资产者残酷竞争的电视片,剧中一角尝问左右:"资金是否到位?"鄙人阅字有限,不敢妄断,但总觉得"到位"二字"字龄"尚浅,好像与1989那次风波中戒严部队的动作有关,之后才传用开的。民国初年人也说"到位"吗?同样,写此文时恰有友人来访,告我在某部描写解放前地下工作的影片中,曾见书架上赫然列有笔者参与编写的《新英汉词典》(1976年出版)。可见时间倒错,记性太好或太坏,并非莎士比亚"专利",而是带有普适性的。

(原载2006年3月25日《信报财经新闻》)

《英汉大词典》第二版主编感言

1991年9月29日下午4时许,一个朴素又简短的仪式在上海市教育会堂举行,发布了《英汉大词典》编成出版的消息。是时,就政治大气候而论,邓小平尚未"南巡",改革停滞,"左"焰复炽,国人压抑;就我个人而言,方跨入"知天命"之年,已是华发早生。作为主编,我在仪式上做了5分钟的应景发言,调子很低,甚至有些阴郁。

岁月不居,转眼者岁忽焉而至。再瞬间,到了西洋人所谓的"金龄"(golden age——在美国一般指65岁以上),本应退隐林泉,尤不宜重操词典劳役。但是《英汉大词典》问世以来,自己在使用过程中已不时发现"硬伤",出错率(包括不易为外人察觉的技术性失误)已超出原定的每5页允有1处的容忍指标。而经读者指谬,错误缺憾败露更多,一番败露,一次憬悟,愧恧弥增。此外,凭着一部作品揽来多个奖项,反证学殖浅薄,不任荣惧,衷心不安,兼之昔日齐心戮力的同仁或老或殁,大半星散,不类之子附得虚名,殊深内讼。就是在这种愧怍、自责、痛惜的情感交织之下,不自量力,战战兢兢,签下了编制《英汉大词典》第二版的合同。"果者,末之难矣",诚哉斯言!

谁知与计划经济时代的产物第一版迥然不同,第二版的编写和修订工作必须顺应市场经济的操作规律,非巧于应变者不可为。果然,事情或作或辍,拖泥带水,做得极不顺手。而从事词典工作的人又或多或少患有一种我称之为"赏由物召"的病态,就是设计时目标有限有度,真正着手做起来必枝节横生,务求巨细靡遗,于是工期又成旷日持久。但桑榆之年,疲驽下乘,壮心与身同退,精力毕竟不济。记得我在主编第一版时曾 from A to Z 通读全稿,最后还有雅兴加上一个鼾声符号条 zzz 为全书结尾,表示事竣归卧去也,而这次从事第二版的工作,深度审读的稿子只有5个字母部了。

好在这次参加第二版工作的,大多是骏迈少壮,其中几位除《英汉大词典》外,各有其他海内外重要学术承担,可以说是具备"囊括四海之意,并吞八荒之心"的远骛之材,且注意力早从纸质媒介转向电脑。参与第二版工作的译文出版社词典编辑们大多也是少年俊英,校对时心细如发,多向编者建言,还新编附录若干,皆功不可没。《英汉大词典》的后续工作,不管是纸面的还是在线的,非此新人团队不能依靠。如此人事两旺,前人可免恒悬。

向蒙读者厚爱,感言之最,当向他们表达由衷的敬意和谢忱,俯赐的评之余,凡遇查而不得或虽可查得但仍存疑费解的词语,多与编写出版一方互动响应,俾不断勘误补阙,以成全璧!

(原载 2007 年 5 月 26 日《新民晚报》)

从八爪章鱼到行李带

一位网友建议在《英汉大词典》(第二版)的 octopus(章鱼)条内增加义项"行李带",缘"五花大绑"航空箱的带子与章鱼八爪的形似。有人质疑,有人去查英法词典,证明在英国英语中确有此用法……

从 shuttle bus 条的释义,讨论到港台"接驳车"、"屋村巴士"、"穿梭巴士"等译法,又由此引发英汉直译等值问题的讨论:"红眼航班"、"双刃剑"、"跳蚤市场"、"处女航"、"梦之队",为"一汪清水"还是"一泓清水",斟酌再三……

National Hockey League 一条从原来的"美国曲棍球联盟"改作"美国冰球联盟",原以为万事大吉。巨料网友引用大量资料,证明冰球运动尤为加拿大人所好,是为加国国球,从上世纪初联盟成立的历史沿革考证,似应改作"北美冰球联盟",遂成对勘误之勘误……

从实例出发,从词的语用诠释或句的语法分析,展开讨论甚至争论,活学活用,使网友更透彻地理解自 Jesperson、Saussure 等到 Chomsky、Halliday 等欧美语言学界大家的理论;从社会语言学和二语习得的角度讨论中国人为什么学英语,又由此扩展到议论官方英语网站之讹误迭出……

交流淘书、读书或查阅经验;介绍英语界老前辈们的轶事趣闻；辗转报道新近投票选出的英语界"十佳"；做诗填词猜谜；读者批评，编者反省或自辩；提出疑难求助，援手如林；中英两种文字自由并自如使用，文质并茂……

这就是自《英汉大词典》(第二版)本年4月9日首发后翌日开始、延续至今的论坛（http://www.stph.com.cn/mybbs/Board/Board.asp?BoardID=18）大致内容。据说关于大词典的讨论，在译文出版社的网站上人气最旺；且三个月以来每日新帖数十，而非骤盈骤涸。

我本人曾做过几天版主，学会了"潜水"、"灌水"，也懂得了什么叫"马甲"，啥是"斑竹"，LP指老婆，TMD是国骂，以及一些稀奇古怪的网语，诸如："英文很好的说"（＝"英文很好"）、"弱（弱地）问一句"、"严重同意"。

最有意义的是，据我所知，这样的论坛可能迄今在全国是独一无二的。此种读者与编者的积极良性互动，不但使一部《英汉大词典》受益，更使一批《英汉大词典》之诤友、挚友渐渐形成，即便视作未来"参与式"词典编撰（即所谓 participatory lexicography）的雏形，也不为过。而这也正是我寄望于《英汉大词典》未来之所在。要是目前已上市的第二版在修订过程中，就有这种互动，那么词典的质量当有奇迹般的提升。

第二层意义在于网站上的民主。在这虚拟空间，不存在试图独霸话语空间的专断论者，也不讲年资，不计町畦，人人平等，追求的不是以己蔽人，哗众取宠，而是文字的真理（当然也不排除个别网友年轻气盛，表达欲过炽，排奡纵横，出言伤人，甚至捉对儿厮杀不止）。正因为有这虚拟空间的民主，多数网友间渐渐生发出一种排斥了私利的友谊。日前病倒卧床，可脑际不断萦绕着一串串熟悉的网友名字；友朋来探视，见我开着电脑，挂在网上，不时坐起查看有谁又发表了何种高论的见，深奇我沉迷之深。

西谚云:"厨下手杂,汤味必馊。"(Too many cooks spoil the broth.)我现在怀疑这个说法了。

(原载 2007 年 7 月 19 日《南方周末》)

新牛津,新英语
——《新牛津英语词典》(外教社版)代序

手捧1998年出版的《新牛津英语词典》(*The New Oxford Dictionary of English*),首先吸引我的不是护封上罗列的各种数据,而是墨绿背景前跃出的一小块鹅黄,菱形框里总结了这部词典的本质特征,即"新牛津"(New Oxford)和"新英语"(New English),本文就试从这"两新"说起。

使用英语词典的人都知道,牛津是老牌中的王牌,一百多年以来一直被视作英语词语的"终极权威"(the last word)。自从1928年第一版《牛津英语大词典》出齐问世以来,牛津系统的各种词典,包括简编(Shorter)、简明(Concise)、袖珍(Pocket),无不给人一种老成持重的传统感:义项的排列,正如最初的书名所述以历史沿革为根据(on historical principles),由远及近,往往是从中古英语的原义,跨越七八百年,始及于今;多数例证都是引自名著、学刊等的书证,读者可以从中找到乔叟的名言,也可了解莎士比亚率先创用了哪些词语;就权威性而言,固然欹欤盛哉,难有出其右者,但从例证鲜活的现实致用性衡量,则不足为训;英国以外的英语品类虽也有所顾及,但所占分量轻薄,而对各种"非主流"的用法往往是不屑一顾的。旧牛津多以废义或古义打头,而确有旺盛生命力的今义却被掩藏在大篇释文中,苦煞查阅人。新版牛津却是从当代英语的实际出发,对意群作了爬梳和整理,义项大大精简,实用性显然大增,更便利了查阅;与此同时,新版牛津的释文力求精练,措辞力求简易。试以 hub 一条为例,若将新版牛津与类似规模的新版《钱伯斯词典》作一比较,前者主次两义相加一共 33 个英文词,其中无一生僻,而后者的释文长达 63 词,且多 nave、quoits 之类的难词。即使对科技术语,新版牛津的编者宁可以瞽者为对象撰写明晰释文,最后加上拉丁学名、化学分子式等信息,以为识者所用。第三,从总的语言哲学指导思想看,新版牛津尊奉的是 whatever is is,是修正传统(revisionist),而不再强调语法学家、教书先生们提倡的用法,当然更不再是 King's English 或 Queen's English 了。读者不妨翻到 friend 条,看看此词用作动词时新版牛津所提供的黑人英语例证:The woman got married and you still used to friend with she. 应当说这种真实英语例证在当年的旧版牛津中是很难找到的。新版牛津的不少"用法须知"(usage notes)虽属"另类",却为真实的英语大开绿灯,诸如 Caribbean 和 harass 的重音偏移;纵是"独一无二"仍可说"very unique";"due to"只能引起表语是迂腐之见,实际使用时与"because of"无别,等等。无怪乎,《每日电讯报》指责新版牛津是老版牛津的"智力退化型"(dumbed down)变种;《卫报》在论及新版牛津对"分裂不定式"取容忍态度时,更是引用某权威的危言谠论:"要是我们继续这么干,我们将创造出一个特种阶层,这些人连求职信都不会写,因而将找不到职业"(见 http://www.worldwidewords.org)。在尊奉传统和修正传统的两派之间,争议依然存在,有人还是推崇新版《钱伯斯词典》。

说到"新英语",首先必须一提的自然就是新版牛津收录的约 2 000 条新词和新义,而这些新词和新义据称都是从字数逾亿的"英国国家语料库"(the British National Corpus)以及"牛津阅读项目组"(the Oxford Reading Programme)逾四千万词的引语文档中掇精而得的。因此如 Gulf War syndrome、human shield、netiquette、yuppie flu、no-brainer、zine等20世纪90年代出现的新词,在新版中有很高的查得率。其次,新版牛津对英国以外的英语品类采取了比以往容忍又开放得多的态度,按编者们的说法,新版是部真正意义上的国际词典,把英语作为一种全球通用的语言来描述。据统计,从英国以外不同品类的英语(主要是北美、澳新、印度、加勒比地区等)中撷取的词目共11 000余条,占全书的三十五分之一强。第三,所谓"新英语"在相当程度上表现为新科技、新工艺、新产品、新学科等的出现和大批新的专有名词的频用。有鉴于此,以前编词典时那种把"词"(words)和"事实"(facts)截然分开,只收语词,罔顾百科的做法,显然已经过时。新版牛津的编者们因而宣称:"像'莎士比亚'和'英格兰'之类的条目,与'戏剧'或'语言'一类实无不同,都应成为大词典收录的内容。"于是,科技术语和百科类条目两者相加,据称约有64 000条,占全部词目的六分之一左右。像美国"性感"歌星麦当娜和吸毒成瘾的阿根廷球星马拉多纳,既非爵妇或爵士,品行亦颇有争议,收录这样的人名在以前是难以想象的;不少中国地名(包括"枣庄"这样的中等城市)在词典中都以旧式拼法和拼音新法相并列,也是比较周到的做法。但是编者严重的政治偏见在"台湾"、"西藏"、"天安门"等条目中也是清晰可见的,对这些条目的释文不作技术处理,此书自然不可能在大陆出版(在出版《新牛津英语词典》之前,上海外语教育出版社已对该词典中所有带有政治偏见及谬误之处作了妥善处理)。第四,所谓"新英语"也反映在新版词典中500条左右用法须知的文字中,因为这类文字中有相当一部分涉及用语的价值观。是沿袭传统还是尊重今人的价值判断,新版牛津在这个问题上倾向于后者,因而指出-ess的女性化后缀有轻慢色彩，不可滥用；Christian name 也要慎用，盖因我们大家今天都生活在多元文化的社会中；要特别留意对少数族裔的称呼问题，应当用 Inuit 代替 Eskimo，正如应用 black 乃至 Afro-American 代替 Negro，用 Asian 代替 Oriental 一样。但是新版牛津并没有像现时鼓吹"政治正确"的那班人一样走火入魔。cripple 不宜多用，然而 disabled 应仍是表示残疾的最常见用语，英美皆然，远未被"政治正确"的异想天开的一类词，如 differently abled 或 physically challenged 等所取代。一方面，新版牛津从女权主义立场收入了 herstory 等新词，并指出 humankind 正逐步取代 mankind 的事实；另一方面又实事求是地指出，虽有"大男子主义"色彩，man-made 依然频用，而把 man 用作动词以及 manpower 这样的词至今尚无合适的词语可以替代。既是如实写真，又不走极端——这就是新版牛津编者对语词所承载的价值观的态度。

  30 位编者，加上 60 位分布全球各地的顾问，花了 6 年时间编成的《新牛津英语词典》在效率和速度方面，自然也有不少值得借鉴的地方；至于新版所采用的开放型版式，多分段，尽量少用括弧，以小黑方格、小黑三角、小黑圆点为主要分隔标志，使词典内容醒目而十分便于查阅，可以说是达到了 user-friendly 的要求。只是这些优点不涉词典内质，恕不在此展开详述了。

(原载《外国语》2001 年第 1 期；《新牛津英语词典》，
上海外语教育出版社 2001 年 5 月版)

老蚌出新珠
——《牛津高阶英语词典》第六版·英语版序

（一）

隙驷不留！对于我这般年龄的非英语国家,尤其像日本、印度等亚洲国家的英语教师来说,英人 A. S. Hornby 的名字可能是永远难忘的。个中缘由,容我由远及近道来。

我是 1957 年进的大学。由于中学连续六年"一边倒"学俄语,初入英文系从 ABC 学起,尤需合用的词典。当年人手一册的是老前辈郑易里先生根据英日辞书改编而成的《英华大词典》。我等的英文之所以能够达到今天这么一点水平,郑书功不可没。《英华大词典》内容赅通,对于第二次世界大战前后美语各种用法的记录尤为详备,查得率高,其主要功能集中在 receptive 方面,亦即帮助读者求解释疑,而由于对 productive（学用）功能兼顾不够,足观佳例无多,若要遣词造句作文而依靠郑书,那就难以得到多少帮助了。

这时,班上个别侨生和有海外关系的同学开始使用一本舶来品词典。借来一看,书题叫作 *The Oxford Advanced Learner's Dictionary*（以下用中文简称《牛津高阶》）,主要编者名叫 A. S. Hornby,是位久在日本教授英语的专家。用过几次便发现,这部词典主要是替英语为非本族语的读者设计的,不但例证丰赡,而且还把结构主义语言学和二语习得(虽说当时还不流行这种术语)的不少研究成果移植到了词典编纂中来,讲究"易简之理",对动词用法模式、名词可数抑或不可数的特征、名词和形容词后随补足成分的各种常见搭配关系(如 a decision to resign 和 be certain to need help)等分别以缩写字母或数码代号一一标出,对指导 production 极有帮助。后来,不知是哪家出版社在大陆翻印了这部词典,而词典的编者们似也以前瞻目光看到了巨大的中国市场,把一些大陆难以通过的政治色彩强烈的例证一一改去。如我记忆不谬,在 down with 这一短语之下原例为打倒某一政治派别,后被改为"无害的""打倒语法学家!"就这样,《牛津高阶》与郑易里的《英华大词典》如同锦挑对褓,或者说是一道成了我们这一代大学生学用英文的双拐!Hornby 其人在英国文化委员会同侪口中昵称"灰兄"(ash——A. S. H. 的连写,鉴于他活到八十,文坛尊宿,称之为兄,当不算过),在我们同学中间也有雅号,叫作"红皮",那是某位仁兄读他名字时发音不准,他人觉得滑稽,模仿着叫开了。《牛津高阶》就此成了"红皮",回想起来,还颇有一点亲切的意味。

(二)

老蚌出新珠!时过半个多世纪,《牛津高阶》今天已出到第六版了,而当年挂着这根拐棍的我去年应邀参与了第六版英汉双解本的部分审订工作,对于这部迭经更新的词典何以始终深受欢迎的道理,似乎有了进一步的体认。

首先,《牛津高阶》把学习词典普遍采用的以简释繁的原则贯彻得十分出色,在第六版中把原来用于释义的 3 500 词减至 3 000 词,删削幅度达七分之一。释义文字的削减符合我们中国人古话说的"辞尚体要,不惟好异"的道理;只求达意,不图妍巧,更是释文写作更高一层的境界。释义文字的削减还给非英语民族学生另一种启示,那就是学外语词汇量固然重要,但决非绝对的决定性因素。我常对学生说 Edgar Allan Poe 只用了 3 000 多词就写出了诸如 *Annabel Lee* 这样的全部诗歌作品(小说用词自然不在此列),如今《牛津高阶》第六版削减释义文字似又进一步说明 3 000 左右的词汇量,只要用得准确娴熟,用出创意,表达还是大有可为的。

　　第二,与 Hornby 时代不同,今日的学生词典在淋漓尽致发挥 production 功能的同时,越来越注意加强 reception 的功能,各大出版社的竞争往往也把学习词典的收词量——特别是新词数量——视作重要方面之一。《牛津高阶》第六版一方面继承传统,注意教会学生活用,如在 most 条内以实例 What did you enjoy (the) most? 指明两可用法的同时,强调非正式英语表达中通常省略 the 的事实,另一方面并不一味法故,而是根据语料库语言学最新的研究成果,遴选收录新词、新义 4 500 条,以致收词总数多达 8 万,是为《牛津高阶》问世以来之最。不少新词新义完全利用语料库的积累,连 1998 年出版的大型《新牛津英语词典》也未收录,如 control freak、call centre、feel-good factor、multi-skilling、stalking 等。察视新词、新义是件有趣的工作,如表示办公桌轮番使用而免空置的 hot-desking 一词已被包括《牛津高阶》的多种英语词典收录。近读外刊,说到南欧客籍工人去北欧或西欧打工,往往错开班头,以便两三人合租同一张床铺,减少开支,因称 hot bed,似与 hot-desking 有异曲同工之妙。试查《牛津高阶》hot bed 条未见此义,想来还是语料佐证不足之故吧。然而对一个词义衍生意识较强的学生来说,从此注意 hot 是否形成新的搭配表示"轮番使用而免空置"的意思,应该说是查词典的附带收获。

　　第三,今年,一名学生的学位论文写到辞书的美学问题——视觉美、工具美及其他。自 20 世纪 90 年代以来,不少学习词典都采用"夹心彩页"以求满目奇胜。彩页包含何种内容,反映编者的美学趣味和独特匠心。如以一组简图动人视觉,经由通感作用而刺激听觉(以挥鞭传 crack 声,碰杯传 clink 声,泡腾片溶于水传 fizz 声,等等)就是很有创意的做法。《牛津高阶》第六版除寻常衣食、游戏、动物、地图等插页外亦有佳思,那就是将实用美和观赏美相结合的 16 面"学习页",从词的连接、搭配到如何撰写文电、履历以及如何构成新词,给读者具体而细微的指导,披阅一遍,得益之多,时辈未见其比。

不揣鄙陋,谨以上述两段文字祝贺《牛津高阶英语词典》第六版·英语版在中国大陆出版!

(原载《外语教学与研究》2003 年第 6 期;《牛津高阶英语词典》第六版·英语版,商务印书馆、牛津大学出版社 2004 年 3 月版)

涓涓不壅
——《牛津高阶英汉双解词典》第七版序

又到作序时。

《牛津高阶英汉双解词典》出到第七版了。据我不很确切的估算，从第一版到第五版，修订周期较长，甚至有间隔15年之久的；1995年以降，也就是从第五版到第六版复至第七版，新陈代谢速度大大加快，每5年一修订，已是成例。善于从信息高速公路上下载资讯的文科学生，大概都会发现，今天人文社科文献的半衰期已从原来的5年剧减至半年左右，所以引用别人的东西时不可置时间因素于不顾，若非细心剪伐剔抉，难得新知。传统意义上以积微成大、稳重衡久为特征的辞书，也同样必须以后现代的速度更新，以顺应时势，特别是在竞争激烈的领域，更是谋先者昌。第七版不但依据语料库由一般到专用语域频现的实证，又按英语词汇专家对词的"应用重要性"（如 aunt 之类语料库实证不多，但应用性奇强——我宁愿称之为"潜在频用"）的判断，确定3 000个关键词，围绕每词把词典可做的文章做足，又是值得注意的新招，为此还专门注册商标。祖显裔清，却又不膀奇胜，此一例也。

再看印次。牛津高阶从第一版的12次印刷到第六版的116次印刷，累计售出总数已逾3 000万册，据说可称学习型英语词典销售之最。从重印次数之频增，可见除去新陈代谢的速度,词典受众的广度在今天亦已远非昔日可比。这速度和广度两方面的优势,应是牛津人的骄傲。

当然,还有一种历史贡献的自我意识,一种唯有开拓者才能体味的自豪:亦即牛津在上世纪中叶就开启了学习型英语词典之先河,后来跟上而未必一定居上的同类词典,据说要在约三十年后方始出现。把单语做成双解,嘉惠英语非母语世界的士林,也是牛津带的头。今日学生词典市场兴旺,百卉千葩,争红斗紫,牛津自然功不可没。至于牛津词典的家族式配套,大中小阵容齐整,更是古往今来辞书界的美谈。

作为在中国大陆编纂英汉词典的学人,尽管在选词、释义、择例各个环节都以包括牛津在内的英语母语词典为重要参考,我在作这篇序文时仍不免惭愧,因为由我出任主编的上海译文版《英汉大词典》时隔16年才出了第二版,这种更新速度类乎蜗行,倒是跟《牛津高阶》当年的"初级阶段"有得一比。当然,两部词典的类型和规模完全不同,修订的难度不可同日而语。但是令人感叹的是,这些年来,此间词典编纂领域的团队后继乏人,这又与学术界把词典编纂成果边缘化,出版界为词典付酬设限轻薄苛严有关。可以这么说,两大坚硬板块之间的夹缝,绝非发硎试新的词典人合适的生态环境。中国大陆并非没有经营辞书的老牌出版社,新锐更多,但是不管母语还是外语词典,真正能以品质上佳而胜出垂范的作品,实在罕见。就编辑宗旨而论,清末严复为商务版《英华大辞典》所作序文(见附录),若译作白话,照样可以冠冕今人作品。牛津大学出版社制作词典历两个半世纪而不衰,得以物色、训练并起用一批又一批熟悉又热爱词典、并由此而愿意献身语文事业的俊才,如此涓涓不壅,这当是最令人钦佩又艳羡的成功特色之一。

2007年11月

附录

《英华大辞典》序

严 复

夫西文辞典众矣,以言其卷帙,则自盈握小书,至于数十巨册;以言其说解,则自相标互训,至于历著异义引伸,与夫其国古今文家所用其字之世殊,乃至里巷谣俗。凡国民口之所道,耳之所闻,涉于其字,靡不详列。凡此皆以备学者之搜讨,而其国文字所以不待注解而无不可通也。今夫中国字书旧矣,自《尔雅》列诸群经,而考者谓为周公之作。降而中车府令之《爰历》,汉人《凡将》、《滂憙》,至于泫长《说文》、《五雅》、《三仓》、《玉篇》、《广韵》,代有纂辑,而国朝《康熙字典》、阮氏《经籍纂诂》,集二千余年字书天演之大成,所以著神州同文之盛。虽然其书释义定声,类属单行独字,而吾国名物习语,又不可以独字之名尽也,则于是有《佩文韵府》以济其穷。《字典》以部画相次,而《韵府》则以韵为分,此其嘉惠学者,使自得师,其用意皆可尚也。盖惟中古文字,制本六书,故二者难合。而自葱岭以西,南暨竺乾,西讫欧美,重译殊化,大抵切音。虽以埃及之鱼鸟画形,状若金石款识,而究其实,亦字母也。惟用字母切音,是以厥名易成。而所谓辞典者,于吾字典、韵府二者之制得以合。此其国名物所以降多,而辞典所以日富也。

十稔以还,吾国之民,习西文者日益众,而又以英文为独多。模略人数,今之习西文者,当数十百倍于前时,而英文者又数十百倍于余国。商务印书馆营业将十年矣,前者有《英文辞典》之编,尝属不佞序之矣。此在当日,固已首出冠时。乃近者以吾国西学之日进,旧有不足以餍学者之求,以与时偕进也,则益展闳规,广延名硕,而译科颜进士惠庆实总其成,凡再易寒暑,而《英华大辞典》出焉。蒐辑侈富,无美不收,持较旧作,犹海视河;至其图画精详,迻译审慎,则用是书者,将自得之,而无烦不佞之赘言也。

光绪卅四年正月侯官严复

联词成组,方见功夫
——《牛津英语搭配词典》(英汉双解版)代序

中国的英语学生最关注的学习策略之一是怎么背记英语单词,似乎掌握了单词加语法就有了用英语交流的本钱。权威机构发布的某级学生应掌握的数以千计的单词量,国外各种难度颇高的所谓 verbal tests,更加剧了学生的单词焦虑。单词固然重要,可四十几万的英语词,一个人在有生之年能把其中的多少化作自己的心理词汇库存呢?有人问我:你是编辞典的,你识得又常用多少英语词啊?天知道!我只好反问:你识得又常用多少汉字呢?其实英语要说得准确又流利,写得漂亮,很重要的一种技能在于熟悉词际关系,不是有人说过"认识一个词就是了解这个词的伙伴关系"吗?可见联词成组,方见功夫。

于是就有了掌握词的搭配关系的必要,于是搭配词典甚至搭配的搜索引擎也就应运而生。

记得笔者学英语之初,常说"drink your soup"(相对中文的"喝汤",何其等值!),后来看到听到英语民族的人笔下口中都说"eat your soup",才改了过来,把这一动词+名词的搭配存入自己的心理词库。同样,今天我改学生卷子时,常遇到一些单词全对、搭配可疑的用法,如"in major charge"(介词+名词,其间插入形容词似不合习惯)、"make advantage of"(动词＋名词＋介词,make 应作 take)、"bolts and nuts"(两名词叠加,顺序颠倒)等等。这些都显示学英语的异族人在单词焦虑有时可能被人为放大的同时,搭配意识反显薄弱。无怪乎,在海外教英语的一些有识之士要警告说,一味关注单词是"危险的孤立主义"(dangerously isolationist)①。

每个人心理词库中都有一部分属搭配库存。譬如,一看到形容词 abysmal,我的第一反应是后接名词 poverty 或 ignorance;一看到动词 sweat,几乎同时想到副词 profusely 或——更俗一点——副词性词组(或称状语)like a pig,表示"大汗淋漓"的意思;一看到名词 cat 和 dog,顿时会联想到猫叫 meow 或 pur 以及狗吠 bark 或 growl;高速公路上一遇到大塞车,英语心理库存立刻提供 a bad/terrible/massive/king-sized traffic jam 的搭配;近日看世界杯足球赛,如碰上一场势均力敌的赛事,脑际顿时浮现 a close/tight/seesaw/ding-dong match。搭配的要害是必须符合英语的习惯,但在总体符合习惯的前提下,偶尔出以奇崛的修辞搭配,可说是更高一点的修养境界。

话说回来,搭配(collocation)本身是个内涵和外延界定不甚清晰的概念,追本溯源,还当归于拉丁文的 collocatio/collocationis,译成英语,即是 putting together。一般说来,搭配词典虽都以实词(notional words)立条,所指仍有严格和宽泛之别。严格的把搭配与短语动词、习语(亦称"片语"、"熟语")区分并排除在外;宽泛的则包容任何出现在主词前后的词,甚至连许多复合名词(如 riding boots)也被视作搭配。粗线条地说,英国系统搭配词典多产,且倾向于宽泛。而美国

---

① Rosamund Moon 语,详见 Schmitt, Norbert and Michael McCarthy (eds.): *Vocabulary: Description, Acquisition, and Pedagogy.* Cambridge: Cambridge University Press, 1997。

系统少有此类专门化的分类词典,倒是宁可多出一些俚语等"另类"词典。

牛津的这部搭配词典(即使在前言中)不以诞漫之说胜,而是循名责实,以预见高阶学生的疑难和需要为目标,宽严结合,既以名词、动词、形容词三种实词为主干,由本根生发,连抱枝叶,长短相形,前后相随,又不一概排斥短语动词(如 reach out、reach for),甚至还收入若干复合词(如 combat readiness)作为名词+名词的搭配,不但满足读者临渴掘井式的查阅需要,而且哪位有心人如肯花功夫把全书通读一遍,相信更可收"积微成大,跬遐自迩"之效。稍觉遗憾的是,曾多次见过"do one's bank before leaving town"(离城前跑一次银行)之类的用法,在本词典中未得佐证——当然在其他类似性质和规模的辞书中亦均未查得。

(《牛津英语搭配词典》(英汉双解版),
外语教学与研究出版社、牛津大学出版社 2006 年 7 月版)

并非词义的简单相加
——英汉双解版《牛津英语习语词典》、《牛津短语动词词典》序

学英语之初,好像是从 Essential English 上读到过一则有趣的故事,说是楼上住户准备往下倒水,事先警告楼下人当心,于是大叫"Look out!"楼下人"就字论字",闻声探出头去,旋被浇了个"醍醐灌顶",从此知道"look out"是要人当心的意思,而非"看+朝外"的单词意义简单相加。

"文革"后期北京出了三卷本的《第三帝国兴亡史》中译本,内部发行。时值书荒,所阙者学。我把这部书从头到尾读了几遍,穷文尽义,无微不综,发现内容翔实,译笔畅达,很是佩服。不过,在某处说到希特勒和丘吉尔斗智时,译文出现"这是一个两人都可以玩的游戏"这么一句,颇觉突兀。掩卷一想,英文原文定是谚语"It is a game that two can play"。后来认识了译者之一的施咸荣兄,与他讨论过此句,两人都同意此句还是译作"这套玩意儿你会我也会"为好。这儿又是一例,说明英语中存在着相当一部分语义不等于所涉单词意义简单相加的词语。文化积淀丰厚的谚语自然属此。

此类词语一般都称之为"习语"(以前也有人泛称"片语"、"熟语"),那是英语 idiom 的翻译,是个宽泛旷漫的概念,凡词的组合在意、趣、神、色各方面有异于参与组合的词的本

身时,均可算入其中。另外,由于修辞界越来越重视盎格鲁—撒克逊源的短音节"母语"词,而非拉丁源"外来"词,多用诸如以 to wipe out 取代 to eliminate 之类的动词,短语动词遂成时尚。由此,大批 phrasal verbs 成为英语习语中的一个主要构成部分。在一些美国出版的大型案头词典中,甚至有把短语动词单列而作为词条的。

从结构上看,习语的构成一般有不可变的固定性,如我曾与一位老师争论过"at this time of day(或 year 等)"还是"at this time of the day(或 year 等)"的习用性,后来大量语料证明,多见的是前者,而这种人称语言琐屑(small change)的东西,往往给母语为非英语的学生造成极大的困难;从语义上说,习语具有更强的"绝对语义"和"文化语义","to die"可以指"死",也可指"凋谢"、"灭亡"等,而习语"to kick the bucket"只可能指死亡,且与英人古时杀猪时猪垂死挣扎的文化形象不可分割地粘连在一起;从语用上说,很多时候,表达的功能性效果,即上文提到的"意、趣、神、色",非习语不能充分传达;试设想我们读到"It is very windy"和"It blows big guns"两句时,无论从形象化或语势角度衡量,作为习语的后一句都自有其优越性。

虽说盎格鲁—撒克逊源的"母语"词并非在所有场合和一切时候都优于拉丁源的"外来"词(丘吉尔二战时的著名演说"We'll fight them on the beach. We'll fight them ..."数个排比句全用盎格鲁—撒克逊"母语"词,直到最后一句"We'll never surrender",才用上一个中古法语源的 surrender,非此断无卓然惊心之效),时下人人信手拈用之短语动词可说已是二战后英语的一大胜场。非英语民族的英语学生不妨以对短语动词掌握的娴熟程度,例如说"to sleep off one's anxieties"但"to sleep away the whole afternoon",作为考量自己英语水准的一把尺子。

有鉴于包括短语动词在内的英语习语的重要性及其对非英语民族学生造成的困难,牛津大学出版社首次推出两部专门性很强的英汉双解版《牛津英语习语词典》、《牛津短语动词词典》。虽然专门性较强,但编者从学习型词典的定位出发,一仍旧贯,以集中处理"共核",控制释义词汇量,强调准确,追求直观效果等行之有效的方法,使牛津的学习型词典队伍中,增加了熠熠生色的新成员。早在20世纪40年代,牛津开始真正引起辞书界和英语教学界对学习型词典的重视。事实证明,时至21世纪,牛津在这方面正百尺竿头,更进一步。传统的力量是强大的,尤其是当传统为创新所发扬时!

(英汉双解版《牛津英语习语词典》《牛津短语动词词典》,外语教学与研究出版社、牛津大学出版社2005年9、10月版)

《现代英语惯用法词典》序

勇民忙里偷闲,编成这部一百三十余万言的《现代英语惯用法词典》,嘱我作序,我的欣快之情不亚于自己出了件学术成果!

说他忙里偷闲是鉴于他身居复旦大学外文学院副院长之职,实际上像在为我这个老朽疏懒的名义院长打工,巨细院务大都落在了他的肩上,连寒暑假也不得闲。常常,已是上灯时分,才看到他戴上那顶棒球帽,最后一个离开办公室,骑车回凉城宿舍而去。

行政杂务,学院近二百名教职工和数百名学生的切身利益和诉求,在我看来,像条巨蟒似地缠着他,使我想起就对勇民怀有一种负疚感。所以,当我看到这部惯用法词典书稿时,除欣快外,敬佩和庆幸之情,油然而生!

复旦外文系有个编词典的传统,显示出一种并非偶盈骤涸的势头。早在上世纪30—40年代,葛传椝先生就以参与编写《英汉四用词典》和独立编纂《英语惯用法词典》成名。在他之后,葛的学生陆国强、李荫华(虽非嫡传)、周叔彝、黄关福诸兄在这方面飞扬踔厉,使辞书编写工作和英语词汇学研究生意无穷。即便在"文革"期间,也有十余位同仁参加了《新英汉词典》的编纂,之后更有上海译文版《英汉大词典》的问世。可以说,复旦外文系在这方面所作的工作,兄弟院系鲜有其比。黄勇民的这部著作更是已故葛先生衣钵的直接传承，是对传统的发扬，是对上一代学人的告慰。

黄著《现代英语惯用法词典》针对性强。窃以为目下的英语教育也沾染了浮躁的风气，或追求片面的所谓流利，置准确性于不顾，或依傍洋儒，谈虚语玄。堂堂资深教授，不知 talk shop 为何意，在 in the 1980s 短语中漏用 the，我见得也听得多了。这部惯用法词典针对中国人学用英语中易出错或生疑的词语，详录真实语料，既有葛传槼先生孰可孰不可的判断遗风，又体现了现当代社会 permissive 的特点，相对而言，基本上只教读者可，而不轻言不可；而在"对"与"可"方面，也不把话说绝，这颇切合"词典教你'对'与'可'，但不是所有'对'与'可'都能包含在一部词典里"的语言生成规律；而如在 abbreviation 条内，归纳缩略构词常见法则，更有举一反三之效；将 attire、apparel 等并列比较则使词典兼具词汇"类书"的某些功能。从整部词典的选目，还可以看出作者作为英语教师，平时特别注意学生学习过程中的难点和疑点。从这个意义上说，词典也可作为一名英语教师的经验谈来阅读。当然，语料如巨海，自细视大难尽，自大视细则不明，书中阙失存疑之处，犹待再版补解。

写完以上文字，还想赠勇民一句老话："不以人蔽己，不以己自蔽。"我的意思是不图功名炫耀一时（指他一逢提升晋级等事，必率先抽身而退，宁可勤为他人作嫁），以骇愚夫俗子之视听，固是作者的一大优点，但大丈夫当如鸿鹄雄飞，一举千里，望勇民猛志远骞，是所至望！

2005年9月

（黄勇民编著《现代英语惯用法词典》，复旦大学出版社2006年6月版）

"易通"难通

我在台上讲课,底下的学生差不多人手捧持一个名叫什么"易通"、"精灵"、"掌中宝"之类的电子词典,勤摁键盘查检生词来弄懂老师在说些什么。"易通"两词前还常有"超强"、"超薄"、"劲霸"等促销词语。听其他老师说,他们上课时,情形也差不多。

上个世纪 90 年代初,陪同某 VIP 出访时,代表团里的每个成员曾收到一份"易通"类礼品,输入一个英文词,小小屏幕上即刻跃出汉语对应词;反过来从汉语到英语,效果亦然;再摁一下 Auto-pronounce(自动发音),耳边便有浑厚的男中音把词读出,感觉自然是便捷加新鲜,不禁感叹多媒体时代真的来临了!

多用几次以后发现,那汉语释义怎么都似曾相识啊?后来偶然看到一则电视广告才恍然大悟,那"易通"产品原来是基于鄙人曾经参与编写的《新英汉词典》,加上一种中小型百科全书,也不认真整合,经过电子打包,便炮制上市了。无怪乎,电视广告片中整理行装那人,把本《新英汉词典》往边上一丢,举起"易通"产品准备塞进旅行袋,对着观众一脸诡笑着说:"带上它就足够啦!"(这其实是美国人所谓的"negative advertising",是不合法的。)

不能否认,对于急求从未知到已知单词对等换码的某些

"易通"难通

职场人士,"易通"之类在某种情况下也许可以救急。今天电子词典技术日臻先进,可以看到一些同传译员随身携带的装备已从手持式的初级玩意儿,转到机读或更成熟的在线式笔记本。诚然,经过电子化,信息被储入数据库,又附带各种检索索引,再跟多种媒体甚至是自然语言处理(NLP)扩展而成链接,电子词典比之于传统的纸质词典所拥有的优越性,从长远来看,确是显而易见的:便捷、信息一目了然、适于人机互动,等等。但是本文提到的"易通"一类产品大多商业营利的目的性过强,移入源单一,马虎一些的甚至对源文本的讹误也照单全收,除释义换码外,将语法和语用信息大多弃之不顾,用于征义的例证随意存取,有的干脆付之阙如;此外,这类手持电子词典多数兼具游戏机、通讯录、记事簿等功能,在好奇又躁动年龄的用户手里,主要是一种当下快餐文化的消费品,没听说过有谁利用"易通"学通了英文的。

只求单词机械对等还有流弊。境外有人讽刺说中国虽是个学英语的"超级大国",但来此一看,不管是交通指示牌,还是店招和菜单,常见荒诞大错,令人捧腹。如把"平时禁入"中的"平时"译作"peace time"(实应作"unless in case of emergency"——此例发现在首都机场,照片刊于境外报纸);把"日本料理"译作"Japanese arrangement"(应作 cuisine);把粤语"云吞"译作"cloud swallow";更有离谱的把"一次性商品柜台"译作"one-time sex goods counter"!凡此种种,说得严重一点,是会影响到中国的"软实力"的。不知道此类谬误与"易通"类普及且使用不当,是否也有一定关系?

当然,仅仅依靠词典——不管是纸质还是电子——是难以扩大词汇量的,遑论藉此学好英语。所以,从古到今,从头至尾阅读词典的必是特殊材料构成的个别奇人,像英国的麦考莱、柯勒律治等文人之精读约翰逊博士的《英语词典》,像蹲大狱时恶补文化的美国民权人士 Malcolm X,像复旦已故的葛传椝先生——据说他通读《现代英语惯用法词典》并去信编者福勒指谬(见附录)。

  总之,学语言的人对于词典的功用宜有一个持平的看法和期望值,特别不能盲从花哨的"易通"一类。须知,"易通"难通。

(原载 2007 年 1 月 30 日《新民晚报》)

附录

葛传槼先生二三事

邓大任

  《万象》二〇〇五年八月号刊登了严锋先生的文章《伟大的杂志》。我比严锋先生年长大约二十岁。文中描述他父亲在上世纪六七十年代的经历和感受,引起我强烈的共鸣。那个时代(偷偷地)苦学英语者对《英语学习》杂志的感情,非亲历很难体味。

  严锋先生在文中还谈到他对葛传槼先生的景仰。从三十年代开始,葛传槼先生是中国英语自学者的标杆。从五十年代开始,他的《英语惯用法词典》是英语自学者的"圣经";六七十年代,我曾精读此词典三遍,"每有会意,便欣然忘食",其中甘苦,唯有自知。严锋先生在文中谈到葛传槼先生的一些往事,我想作一点补正。

一

  H. W. Fowler 一九三三年十一月二十四日给葛传槼先生的回信,收入葛先生上世纪三十年代选注的 *Present-Day English Prose*(*Book One*)一书。该信不长,全文如下:

24 Nov., 1933

Dear Sir,

  I find no difficulty in believing that you will attain, if you have not already attained, your ambition of writing English as no other Chinese can; for your letter is in faultless English, and, long as it is, nowhere betrays, as nearly all foreigners' letters do by some trifling lapse in idiom, that its writer is not an Englishman. I receive many letters in English from foreigners, but do not remember ever having had occasion to say this before. If this statement can serve you in any way, you are free to make use of it.

Your comments upon points in *The King's English* are all acute and pertinent, and I am gratefully accepting the corrections of misprints and wrong references that are among them. The wrong references are due to the change of paging for the third edition; I corrected many such, but some escaped me.

I have read all your criticisms with care, and find that I should be ready to defend what we wrote in all, or nearly all, cases; but I regret that, owing to pressure of work, old age (75), and failing eye-sight, I cannot comply with your request for explanations, or argument—except for one or two general remarks. Many of your criticisms turn on the fact that advice given in *M.E.U.* (Mr., any one, &c, with comma after one preceding noun, to-morrow, &c.) is not acted upon in the *K.E.* Well, *K.E.* was written some 20 years earlier, and *M.E.U.* represents my later views and is to be taken as superseding the earlier book where the two books differ; it was hardly possible to bring *K.E.* into conformity on points where what is laid down in *M.E.U.* is merely advisory and suggests reforms that are still far from general acceptance. It is not to be expected that views should undergo no change in 20 years, but only that the later ones should be the result of careful consideration. But your remarks show the care with which you have read the two books, and I accept the compliment with much pleasure.

Yours very truly
H. W. Fowler

我尝试把此信译成汉语：

葛先生台鉴：

  您在英语写作方面有独傲于所有中国人之上的抱负。我完全相信，即使目下您仍未实现这个抱负，但他日必能实现，因为几乎所有外国人的信都在习语的使用上有若干微小失当，从而暴露作者并非英国人，而您的信是用无懈可击的英语写成的，尽管信很长，但从头到尾都看不出作者不是英国人。我收到外国人写的英语信多矣哉，但在我的记忆里还未说过这样的话。如果此言对您有任何用处，请随意使用可也。

  您对 *The King's English* 一书所提意见，尖锐而又中肯，其中对印刷错误和文献出处标注不当的指正，我完全接受。文献标注不当，是第三版重新编页造成的，我本人改正了不少，但仍然有一些未能察觉。

  我细读了你的全部批评，自问对于拙著的各种质疑，理应全都——或大都——予以答辩；可是，很遗憾，由于工作繁忙，年事已高（七十五），视力衰退，实在无法遵嘱一一作出解释或商榷，只能概而言之说几句话。从您的许多批评可以看出，*M.E.U.* 所述意见（如 Mr.，any one 等，在先行名词之后加逗号，以及 to-morrow 等），*K.E.* 并未遵从。*K.E.* 较 *M.E.U.* 约早二十年写就，*M.E.U.* 则代表本人后来的看法，若两书所言相悖，应取后一本书。*M.E.U.* 有若干意见，仅属提议，冀求改进而已，并未得到普遍认同，要 *K.E.* 与其统一，恐无可能。悠悠二十载，总不会看法丝毫不变，只是后来的看法乃深思熟虑所得而已。不过，从您之所言，看出您读两书之精细,承蒙赏识,在下万幸。

福勒

一九三三年十一月二十四日

信中 K. E. 是福勒的著作 The King's English(《纯正之英语》)的缩略,M. E. U. 是福勒编著的词典 A Dictionary of Modern English Usage(《现代英语惯用法词典》)的缩略。福勒对葛传槼先生"无懈可击的英语"的赞赏,特别说明"我收到外国人写的英语信多矣哉,但在我的记忆里还未说过这样的话。如果此言对您有任何用处,请随意使用可也",读后确实叫人心灵震动。

二

陆谷孙教授在《万象》二〇〇一年十一月号提到葛传槼先生"曾致信 Henry W. Fowler,专就此公兄弟二人的成名作《简明牛津英语词典》质疑指谬,F 君旋写来回信,对英国之外竟有人如此熟知英语惯用法,大表赞赏,葛从此名声大振……"。陆谷孙教授可能记忆有误。从本信可见,葛传槼先生不是对《简明牛津英语词典》(The Concise Oxford Dictionary of Current English)"质疑指谬",而是对《纯正之英语》和《现代英语惯用法词典》两书提出意见。

《英语世界》一九八三年第三期发表了葛传槼先生自己写的题为《漫谈学习词汇》的文章,其中有一段话,可做印证:

> 我曾经被人"谣传"说我少年时代曾经通读过 The Concise Oxford Dictionary of Current English。事实上我从未这样做过。我只是在这本词典中仔细读过"a", "about", "above"……等等。不但弄懂每个词的确义,而且弄懂每个举例,还把它记住。我直到现在认为我当时用的这番功夫是给我终生受用不尽的。

福勒一生只写过这一封信给葛传槼先生。葛先生用英

语为前文所述的 *Present-Day English Prose*（*Book One*）一书写了一篇"Introduction"（"导言"），其中谈到这一封信：

  I wrote to him early in October, 1933 and received his reply of November 24 of the same year on January 6, 1934; I wrote again some days later, only to learn from his brother A(rther) J(ohn) that he had died on December 26, 1933 and that his letter to me must have been among the last things that he wrote. I am in possession of four volumes of Tennyson sent by A. J. in memory of his late brother; these were one of his school prizes at Rugby.

  我尝试把这一段话译成汉语：

  一九三三年十月初我写信给他（指福勒），于一九三四年一月六日收到他一九三三年十一月二十四日的回信。数天后，我又致函给他，可是他的弟弟阿瑟·约翰·福勒告诉我：他已于一九三三年十二月二十六日仙逝，他给我的回信，必系他最后遗作之一。我现在仍存有阿瑟为缅怀其已故兄长而寄赠的四卷丁尼生集，那是他读书时参加橄榄球比赛的奖品。

  至于严锋先生文中提到"后来连美国人编惯用法词典都要写信过来向他请教"，恐属讹传。田雨三教授曾在《英语世界》一九九三年四月号发表纪念葛传椝先生的英语文章，其中提到：

  G. & C. Merriam Company's reply (dated March 4, 1937) to Mr. Ge concerning *Webster's New International Dictionary*, Second Edition：

  Permit us, in the beginning, to compliment you upon your own mastery of our language. All of the comments which you make are pertinent and interesting to us, and we marvel that a man not naturally familiar by birth with our language can understand its idiom so well. . . .

这一段话,田夫人胡君倩女士有汉语译文如下:

关于《韦氏国际新词典》第二版,梅里安公司复函葛先生(一九三七年三月四日):

首先请允许我们赞许你对我们的语言如此精通。你的一切评论,我们看来都是恰当而有趣的。我们奇怪像你这样并不生来熟悉我们语言的人,竟会这样洞悉它的习语……

所以,是葛传椝先生先写信给梅里安公司,梅里安公司给他回信,而不是"连美国人编惯用法词典都要写信过来向他请教"。

三

我自己与葛传椝先生有过一次书信往还。一九八二年,我首次访问美国,主人(一位美籍菲律宾人)设宴款待,上菜后,主人问我味道如何,我说"It's not bad"。主人品尝后亦认为不错,回答说"Yes"。我大惑不解,因为在中国自学英语的人,对"Yes"和"No"的使用特别敏感,他既然同意我说的"It's not bad",按照中国教科书的说法,本应用"No"回答才是。我当时就此向主人请教,他想了一会之后,仍坚持说:"应该用'Yes'。"回国后,我冒昧用英语给葛传椝先生写了一封信,就这个问题和另一个问题向他讨教。葛先生不嫌我浅薄,立即用英语给我这个素未谋面的自学者回信。当时物质匮乏,信是用圆珠笔写在一张从拍纸簿撕下来的小纸片上的。信云:

24 June 1982

Dear Comrade Deng,

Though I can produce no evidence, I *feel* that the

"Yes" as a reply to your "It's not bad" is correct. "Not bad" is almost a fixed phrase = "quite good" or "fairly good" and is different from "not clever", "not happy", "not a boy" etc., all of which are semantically opposed to "clever", "happy", "boy".

"...so what did it matter *if* she was married or not?" is now very common, if still condemned by some people. After all, what is condemned actually exists. Incidentally, "so what did it matter *if or not* she was married" would sound worse, though it is not impossible in informal style. Certainly it is more condemned than "if ... or not".

You might say I seem to be non-committal. But usage is something that one often has to be non-committal about.

With best wishes,

        Yours sincerely,
        Ge Chuangui

我尝试把此信译成汉语：

邓同志：

  尽管我拿不出任何证据，但我觉得用"Yes"回答你的"It's not bad"是正确的。"not bad"几乎是固定短语 = "quite good"或"fairly good"，与"not clever"、"not happy"、"not a boy"等不同，后面的几个短语在语义上是和"clever"、"happy"、"boy"等相反的。

  "...so what did it matter *if* she was married or not?"现已非常普通，尽管还有一些人不赞成。说到底，凡是有人不赞成的东西，实际上都是存在的。附带说一下，"so what did it matter *if or not* she was married"听

起来就差一些,尽管在非正式文体中也不是不可能出现。当然,这种说法比"if . . . or not"更为人所不赞成。

你可能会说我有点不置可否。可是惯用法本身就是你时常只好不置可否的东西。

致最良好的祝愿!

葛传椝

一九八二年六月二十四日

信中等号的使用耐人寻味,严谨之中带有一丝幽默,学者与随和老人的形象跃然纸上。

二〇〇五年八月写于佛山市

(原载《万象》2005 年 11 月号)

关于英语教学的三点杂感

学英语和教英语有年,积累了若干感想。写出来,试与同行和同好切磋。

感想之一涉及基本问题,那就是怎么看待英语。我们对待一些事物往往好走极端,英语一度曾与西方帝国主义画等号而被排斥,弄得全国院校只剩下 8 个英语专业。而国门一开,英语又突然走红行俏,且被一些犷犷嗜利的人赋予浓重的功利色彩,好像成了挣高薪的保票,出国的"护照",地位的象征!诚然,英语是世上通用程度最高的国际语言,把英语用作母语、官方语或日常频用的第二语言的人口,统统加起来,据说有十亿之众,逼近操汉语的人数。因此,学英语不讲功利是不可能的,更何况语言的本质特征就是工具性。但我常想,淡化一点功利性的学习动机,追求一点"形而上"的学习乐趣——极而言之,可以叫作"English for English's own sake",我们是不是可能学得更好些呢?19 世纪德国语文学家洪堡特认为:"学会一门外语或许意味着在迄今为止的世界观领域中获得一个新的出发点。"本世纪欧美的不少语言学家更是发展了这一思想,强调语言的思想模具作用,甚至提出语言形式决定思想形式。这种语言决定论的观点是否属于 20 世纪语言学界的"曲学多辨,侈言无验"姑且不论,但至少为我们提供了如何认识外语学习的一个新视角。学会一门外语,不但是多了一双眼睛、一对耳朵和一条舌头,甚至还多了一个头脑!从这个意义上说,学好英语,用世的同时,除见闻之娱和表达之乐,更可尽享"思无定契"的愉快。有人说汉语思维方式多属线性,英语思维则呈圆形。果真如此,察一曲审一事都有绳直和钩曲两个角度,思想如水之横流,方圆不常,这种"形而上"的乐趣是很难用实利得失衡量的。而"知之者不如好之者",尝到这种乐趣的学生,大概不用鞭策,便有恒久的学习动力,自发地在英语学习方面精益求精。

感想之二涉及如何处理英语学习过程中三种技能,即应试技能、语言技能和交际技能的关系。我国目前的英语学生一般说来,应试技能极强,关于英语语音、词汇、语法等知识性方面的语言技能也较出色,但交际技能相对滞后。一个学生可以考出令美国人刮目相看的 TOEFL 高分,GRE 词汇测试部分的难词识得多多,英语从句套从句的句法规则可以分析得头头是道,但一到实地交际,常常听不懂也说不出,成了"聋哑英语"。之所以出现这种情况,原因之一是我们传统的考试观中有些消极因素作祟,把考试的"指挥棒效应"畸形放大。结果是,从院校领导、学生未来的雇主、教师、家长,直到学生本人,无一不多少受一点"分数崇拜"的影响,过分看重外语学习过程中可以量化的指标,忽略了交际得体或有效与否等无法简单量化的事实。原因之二,改革开放以来,我们在学习、移植国外流行的教学测试方法时,似对"中国特色"——从大端言,蒙藏语系与印欧语系有什么不同;从小处看,中国学生学英语时"母语干扰"如何发生——有所忽略,且过于强调标准化和科学化(须知,活泼泼的语言本身并不总是科学的,对标准化更有一种天然的抵拒),一度被动测试题泛滥,把学生的注意力过多引向精微毫末,而曲思于细者必忘其大。看来,要使三种技能保持大致和谐的综合提高,首要的是改变我们的考试观,改进我们的考试方法。

感想之三,围绕英语学生的培养目标,是否可以提出"技能、思维、修养"三方面的综合要求。上文说到,技能这一环节受着"考试指挥棒"效应的影响(当然还有职业市场压迫和诱惑的双重作用),既膨胀得失度,实施也并不得当,导致交际技能滞后。更应引起我们警觉的是,过分刻板机械、只求与未来职业接口而往往偏离全面发展培养目标的题海战术和技能训练,已使一些学生思维萎缩,修养更遭到忽视。我从不为一些英语竞赛场合学生的华章或雄辩而沾沾自喜,因为那背后往往凝聚了参赛前准备过程中华洋教师的许多心血,众人多次提供的思想、见解乃至引语和实例,反反复复的修改和润饰。我更关注的是,技能往往掩盖了对思维的注意,使相当一部分学生既不善作缜密、精微的抽象思维,读理论性稍强的书不知如何爬梳抽剥,自己动手写作则论文无论,枝碎连篇,甚至有再三敷衍才凑足五六千字的硕士"论文";另一方面又不善作酣畅活泼的具像思维,联想能力退化,表达时形象贫乏。至于修养,包括人格操守修养、知识文化修养、母语修养、美学修养等,更是常被淹没在日复一日的技能训练中了。我们在复旦外文系提出"不做'黄皮白心的香蕉人'"和"学好外国语,做好中国人"的口号,举办一系列称作"白菜与国王"(Cabbages and Kings)的文化、艺术、知识讲座,就是意在帮助学生弥补思维和修养方面的缺陷。爱因斯坦说过,专业知识教育的结果是学生成了有用的机器,却并非和谐发展的人。此话是很值得我们深思的。我们现在也提出了"复合型人才"的培养目标,但对"复合型"三字如何理解,还有歧异。依我的看法,"复合"云云,若只意味着在技能训练这一环节作些改革,譬如说淡化文学,大量增加"外贸英语"、"金融英语"、"法律英语"(这些名目是否科学,恕我存疑)之类应用性的内容,未必就能培养出具有潜质的远翥之才。技能环节当然需要改革,但思维的训练和各种修养的提高,可能更值得关注。大学和职业市场的关系毕竟不是<u>丝丝入扣</u>的衔接,大学在用世的同时,不能不追求一点学术的超逸。英语专业固然要培养各个专业领域内的专业工作者(即professionals),但要不要也为未来岁月中一些具有思想家特征的学者和专家的脱颖而出,培养有社会责任感和担当的知识分子,做一点打基础的工作?我以为这样的人方有能力担负文化传承和创新的艰巨任务。

(原载《外语与外语教学》1999年第7期)

英语挤压下的中文危机

主持人：欢迎走进《世纪大讲堂》。记得在我们上小学的时候，大人们就开始向我们灌输学好英语是多么地重要。渐渐地在我们这一代人的心里，英语已经变得不再仅仅是一种普通的语言工具，而英语的考试分数也变得比语文的考试分数重要了很多。看看今天的学生，似乎更是这样，像"新东方"、"疯狂英语"，还有像"华尔街英语"，他们被英语包围着，全中国似乎都陷入了对英语的狂热之中。以至于在今天说话的时候，夹杂着一些英语单词，好像变成了一种时尚。而给自己取一个英语名字，也变成了一种身份的象征。面对这一切，你可以说这是英语的普及，你也可以说这是汉语的危机。到底我们应该如何地来看待这个现象，今天我们很高兴邀请到了复旦大学外文学院教授陆谷孙先生，欢迎您。

我们还是先带大家来了解一下陆先生。

陆谷孙简历：

陆谷孙，祖籍浙江余姚。1962年毕业于复旦大学外文系，1965年研究生毕业，后留校任教至今。现为复旦大学杰出教授、博士生导师、复旦大学外文学院院长，全国政协委员。

陆谷孙教授最负盛名的就是词典编纂。从1976年开始，他参加了《英汉大词典》筹备和编写的全部过程,并且在1986年11月份开始担任这部词典的主编。著有《莎士比亚研究十讲》,主编《莎士比亚专辑》,另有文集《余墨集》,在国内外发表论文60余篇,还曾经多次应邀参加上海市重大经济和文化国际会议,担任主要口译。兼任上海作家协会理事、上海翻译家协会副会长等。

陆谷孙教授从20世纪70年代至今发表《幼狮》、《钱商》(合译)、《二号街的囚徒》、《鲨颚》等数十种文艺类和文评类英译汉文字200万字左右,及《明式家具》等文艺类和电影类汉译英文字10余万字。

主持人:陆教授,我读过很多介绍您的文章,好像每篇文章都会提到一件事情,就是您自己一个人住在复旦大学的房子里面,好像夫人和孩子都不在国内?

陆谷孙:对,我夫人和孩子都已经加入美国籍了,我连绿卡都没拿,我觉得好像也挺好嘛。这样中西双方的文化有时候走来走去,交流一下,不是挺好吗?

主持人:但是毕竟一家人分开,难道生活在美国对您一点儿诱惑力都没有吗?

陆谷孙:美国的空气对我诱惑力很大,还有美国的那个咖啡香,这个吸引力蛮大的,但是我总记得有这么一个捷克作家,叫克里玛,他讲过:"国外的自由生活,因为我并没有参与创造,所以呢,我也并不留恋。我还是留恋着布拉格的鹅卵石的街道和走过这条街道的所有苦难的灵魂。"有点这种思想。

主持人:您的夫人和孩子能够理解您的这种留恋吗?

陆谷孙:我想开始时不大理解,因为他们叫我申请绿卡,我不愿意,我还是愿意做杨绛讲的,像钱锺书和杨绛,他们两个都是"倔强的中国老百姓"。我们也不侈谈什么爱国主义,我们更不愿意唱那个高调,听都不愿意听,但是呢,就是我们爱这里的文化,爱这里的文字,爱这里的一切,所以他们感觉到离不开,"倔强的中国老百姓"。所以有一点这种相通之处吧。

主持人: 那您这位"倔强的中国老百姓"是从什么时候开始学英语的呢?

陆谷孙: 是1957年17岁那年,考进复旦大学外文系,开始学英语。

主持人: 那个时候学习英文条件好吗,怎么学啊?

陆谷孙: 啊,那个跟你们现在条件完全不一样,那时候条件很差,也没有外教。那时候五年制嘛,而五年里头,基本上一年半的时间都在劳动和运动。一进学校就"反右",然后就"大跃进"、"三面红旗"啊什么的。然后就是"文化大革命",所以一直在搞运动。运动和劳动很多,整个校园放不下一张平静的书桌。我记得我刚进复旦的时候,整个外文系就只有一台很古老、很笨重的钢丝录音机,听音材料也是非常单调的,叫"灵格风",成天讲废话,叫作 The record is on the gramophone(唱片在唱机上),The gramophone is on the table(唱机在桌上),The table is on the floor(桌子在地板上),就这么练,成天冲着那个练。

主持人: 那像您这样学习英语,尤其是可能需要读大量英文方面的书籍,有没有被别人看作是走"白专"道路啊?

陆谷孙: 我是"白专"的一个典型。那个时候很不幸,而且还曾经被变相地隔离审查了五个礼拜,在"文化大革命"中。

主持人: 那在那样的条件下,还能够坚持接触到英语,学英语……

陆谷孙: 那个是偶然,就是在我隔离审查这五个礼拜以后,把我发配去编词典了。那个时候还是"四人帮"时代,"文革"时代,但是我有几个朋友在那个"四人帮"的写作组里,他们需要看各种英美的资料,所以就叫我翻译。翻译呢,是无酬劳动。当然,后来我提了个条件,我说我翻译可以呀,你得让我看你的书、你的报。所以就趁这个机会看了大量的书报。然后替他们无偿翻译,包括尼克松来的时候,幕后做那些中翻英的文字工作,也做了很多。

主持人: 那像您那个时候编词典,是怎么把自己的这种爱倾注到词典当中的呢?尤其我想在那个革命年代,或者特殊的政治环境当中,词典当中一定会有一些非常奇怪的词。

陆谷孙: 当然,当然。刚刚你讲的是《英汉大词典》,在《英汉大词典》以前,其实还有一部中型的词典,叫作《新英汉词典》,那个词典卖了一千多万册。是吧,这个"文化大革命"以后也没淘汰,也没扫进历史的垃圾堆,那主要就是因为我们这几个人嘛,就在那里"走私",就偷偷往里头塞东西,叫做曲线救书。然后这本词典总算还有一定的生命力,维持到"文革"以后。

主持人: 即便是那么艰苦的工作环境,我们看到,陆先生还是坚守在他自己热爱的这片土地上,而且还特别倾心关注您自己的教学工作,是吧?我听说学生都特别爱听您的课。

陆谷孙: 是,我 38 度 5 还上课。

主持人: 那您这样拼命地工作、教书,就不担心自己的身体吗?

陆谷孙: 不,我总觉得这个世界上有些东西是绝对的,是不容玷污的,就是我的天职,就是教书。现在不给本科生上课的教授太多了,我不知道华东师大如何?这里有的人一下子出访开会,就缺课了。我现在还在担任院长嘛,我总归还要稍微过问一下,他今年缺了几次课?他说,哎呀,缺了五次课。补了没有?他说,叫他的博士生上的。那怎么行呢,这个就是对学生不负责任的态度,我不会这样做的。所以我这点是完全把握得住自己的,就是课我一定要把它上好。我改你的作文,我一定要把你的作文改好,是吧。错的地方我一个一个毫不留情地抓出来,有的打惊叹号,有的画一个大眼睛,所以自问这个是我的天职,不容亵渎,这点觉悟有的。

主持人:我想同学们热烈的掌声,可能在告诉您,您不仅是一个倔强的中国同胞,同时也是一位好老师,是同学心目当中希望遇到的那种好老师。所以下面我们就请您这位好老师为我们进行今天的主题演讲《英语挤压下的中文危机》,有请。

陆谷孙:《英语挤压下的中文危机》其实是建筑在我以前一次演讲的基础上,那次演讲用了一个比较煽情的题目,叫做《留住我们的精神线索》。我觉得我们的中文正在受到挤压,也可能是英语挤压,或者是其他的原因。我总觉得其他还有原因,比如说我们的民族自信心、我们的民族自尊心,在我们年轻一代当中还有多少? 不管怎么样,有一个事实:的确,汉语修养每况愈下。

最近一个比较有名的大学,有一个台湾政要来访,送了他一件墨宝,然后这个大学的某一位教授就在CCTV4上讲:我们送他的是黄遵宪写给梁启超的一首诗。那首诗是用"小隶"写的,实际上是小篆。篆书比隶书要早得多,所以"篆"和"隶"是两个概念。所以一个名牌大学的教授说我们给了他一个"小隶"写的这么一件墨宝,我听了以后,就觉得很悲哀。甚至我觉得传到台湾去,会不会影响我们两地的这个文化认同啊? 人家台湾人说:怎么你们大陆的教授,隶书跟篆书都分不清呢!

还有一些例子,我也说出来让大家笑笑。就说你们现在年轻人,特别是喜欢用一点古雅文字的时候,出错率是非常高的,而且出的错又是非常好笑的。有一位博士生导师,写了一部语言学的理论著作送给我,上面写了"陆谷孙教授扶正"。"扶你一把"的"扶"。有人笑了:"扶正"是过去那个有小老婆的时代,大老婆死掉了,排序最靠前的小老婆变成正房了,那叫"扶正"。他本来应该写"斧头"的"斧","斧正"。那么同样的,也是我的博士生,那就更可悲了。他呢,有时候从外地给我写信,信封上就写"陆谷孙教授敬启","敬启"两个字你只能写在信纸上面,最后写完了以后你署你自己的名,某某某敬启。这个"启"等于是"写","敬启"等于是 respectfully yours。信封上绝对不能写"敬启",信封上写"敬启"呢,就是说陆谷孙,this is a letter to be respectfully opened by you,你得焚香洗手,恭恭敬敬地来拆我的信,这个才叫"敬启"。所以学一点古雅的时候,要当心,要非常当心。

陆谷孙:所以我想讲的呢,主要就是说,传统文化的许多方面都离不开某种物理形式。比如说我们的音乐,靠的是我们的笙笛竽箫。我们的雕塑,离不开我们的泥土金石。我们的修养,离不开琴棋书画。我们的书法,离不开文房四宝。我们的生活方式,离不开衣食住行的各种硬件和礼仪典章等等。惟有语言,是可以口口相传,心心相印的。当然,你的话说出来以后,也就变成物理的东西了。但是我总觉得除了这些有形的、物理的形态以外,语言这个东西呢,被智者赋予了一种超越时空的力量,成为我们传统文化的精神线索,现在我们有必要留住这条精神线索。

我说留住这条精神线索,不仅仅是从技术的层面希望你们多学一点汉语的东西,我主要讲的是一种态度,对于语言要有一种敬畏、护卫、热爱的态度,尤其是对自己的母语。现在全世界有七千多种语言,平均每年大概要湮没七十种,所以联合国很着急,把每年2月21号定为"母语日",它很希望我们的世界上,人类的语言能够保持丰富多彩,而不要开口就是英语。与此同时,语言永远处在流变当中,一个流动态的东西。语言变新,变化创新,这个是无可厚非的,是它规律的一部分。那么回顾我们20世纪中国的语言文字,也经历了很多的流变,里头有不少是亮点。比如说"五四"的时候提倡白话文,使书写文字与口头文字日渐接近。"五四"的时候引进了西方的标点符号,把中国的句读时代终结了。借鉴外语,逐渐形成汉语的文法系统,所以我们现在也有了文法系统。汉字的简化和拉丁化书写,随着汉语拼音的完善,慢慢地成熟,也是个亮点。这些都是一目了然的,我想用不着我多说。这种古老的汉族文字,那是一种什么样的文字呢?它是一种表意的、象形的、意音文字。不像英语,英语完全是表音文字——phonetic language,所以使我们本来这样古老的一种文字,逐渐进入了现代。

1949年以后推广的普通话、简体字和拼音,对普及教育当然也是功德无量,对于外国人学汉语尤其如此。但是在看到亮点的同时,我希望大家也要反思反思,就像对"五四"运动要反思一样。"五四"新文化运动的功绩呢,已经有了历史的定论。没有刘半农发明代词,明确男"他"和女"她"的不同,那我想妇女的自主意识恐怕会延缓不少年。但是,正如"五四"运动在意识形态方面和政治方面有过激的一面一样,"五四"遵奉的是一种暴民民主,学西方嘛,学西方最早从古罗马学起,是吧。古罗马的暴民政治,然后到法国大革命,法国大革命也是暴民政治,雅各宾派专政。然后我们自己有个"文化大革命",也是暴民政治,可以把老师什么打翻在地,再踏上一只脚,叫他永世不得翻身,等等。正像政治和意识形态方面有这种特点,在新文化运动方面,我觉得也有。那些大家笔下的白话新诗,除了少数精彩的以外,实在不敢恭维。如有不信,我念两段给大家听听:"张三去了,李四来了,李四去了,王五来了,王五去了,阿六终归留在这里。"这个诗好不好？还有胡适,当然是大家了,不应该在这里臧否古人,他说:"我实在不要儿子,儿子自己来了,无后主义的招牌如今挂不起来了。"也是一首诗。那么有大量这种新诗,我们现在这种新的流行歌曲,很多很多,我听不懂。它根本没有逻辑,完全是所谓"梦呓式"的,就完全是独白,内心独白,梦呓,这种才是现代、后现代。那么所有这些诗歌的话,我想经过时间的淘洗,就会证明它的生命力也是有限的。很不幸,到了上世纪的60—70年代,又来了一次暴民政治——"文化大革命"。"文化大革命"等于是集体的"失语症",集体都没有声音了,失语了,只有毛主席的声音。

就语言文字领域来看,那是国家意志控制了语言,泛政治化,泛意识形态化,造成了大众表达的"失语症"。所以作为反动,现在个体呢,就是要张扬,我就是要和你不一样。我就是要"痛并快乐着"这种奇崛的效果。那时候我们听什么样的话呢?"毛主席是我们心中最红最红的红太阳"、"最高最活的马列主义"、"万寿无疆"、"永远健康"、"'文化大革命'就是好,就是好,就是好来就是好"……就像现在你们讲的:"我真的好爱你呀",什么什么的。你们现在"真的"两个字用得极多极多,我看是"文化大革命"的余毒,在集体的"无意识"里面沉淀下来,由于语言的贫乏。那么怎么办呢?就是要强调,再强调,再强调,加两个、三个"真的"、"真的"、"真的"好爱你。改革开放以来,人们在使用语言文字方面,特别讲究张扬个性,"新新人类"的成员尤其如此。这是第一个因素,作为对"文革"的反动。

第二个因素,闭关锁国久了,一下子把国门打开以后,外部世界新鲜的东西呀,像潮水一样地涌进来,敏感的年轻人非常容易接受挑战,非常容易中和 absorb(吸收)这种冲击的力量。所以我们就很快地出现了所谓的"英语热",全民学英语。现在又来了"哈韩一族",是吧?还有"哈日一族"。这些日子不大有了,游行以后,好像"哈日一族"慢慢少了,这是第二个因素。

第三个因素,电脑和手机的普及,静态的文字符号系统,变成即时的动态的超文本。这是一个从技术上来讲很重要的原因。由于这个原因,语言像在向着独白、口语、梦呓之类的心理语言靠拢。这三个因素会合成一股强大的力量,使今天的汉语发生巨大的激荡。所以国家语委也没办法了。它发了第二次汉字简化方案,发了不久,马上就收回去了,晓得也行不通。

但是中国人的汉语究竟怎么样?这我都是报上看来的:什么"野蛮女友"、"生命不能承受之轻"、"绝对"、"完美""郁闷"、"夸张",还滥用"进行"两个字,本来毛讲的是"将革命进行到底",现在我们是,北大有个学生不是去卖肉了嘛,"将卖肉进行到底"啊——现在什么东西都可以"进行到底"。"你今天穿什么心情",怎么可能用上这样的话呢?但流行歌曲里面很多会这样:"那伤了的伤心,痛了的痛苦",它是要表示已经,表示那个 perfective aspect,"完成时","完成态"?19世纪有位德国语言学家讲过:"语言是有限手段的无限运用。"所以现在你们无限运用到了极点。刚刚我讲,大学生一讲什么事情,"好郁闷啊!"一讲什么事情,"你好夸张啊!"那些都成了他们的口头语了。

我今天本来要带一个东西来,因为与你们不是"零距离接触",我带来了也没用。是我一个博士生刚刚填好的博士学位申请表。你们看看他写的汉字,你们会有什么感想?我觉得是 eye sore——眼污染,好像都是 myasthenia,都是"肌无力"。你知道吗,肌肉无力——"肌无力"写出来的字。那个字看着真可怕。这一切背景最令人忧虑的呢,就是对母语的一种轻率狎弄的态度,觉得无所谓,也就是一个民族自信心和自尊心的问题。如果我一个人用汉语,讲几句话,那没什么,又不是什么公众人物。但公众人物就要特别注意,明星啊,公众人物,像搞新闻、电视、电影的,弄得不好,人家向你学,就学去了。而语言文字呢,的确是人类最最聪明的一种发明。最重大的文明是语言和文字。我们中国有句古话:"仓颉造字,天雨粟,鬼夜哭。"对不对?所以我们这代人啊——我虽然也不算最老的一层,现在的学者里面,像季羡林他们当然更老——从小家里就对语言文字教育很严格。一到新年,你不能讲"死"啊、"丧"啊、"灾"啊、"祸"啊这种字,同音字也不能讲。我老祖母身边两个口袋,一个口袋装手纸,一个口袋装压岁钱,哪一个人说了"死"这种字,她马上就拿出手纸来擦他的嘴——"消毒",然后这一年可以太太平平过去,这就能说明那种对语言文字的崇拜。

最后有一个建议,是不是能够培养这样一种文化意识,特别是提倡在座这样学历的知识精英,识一些繁体字,读一点"竖排本"。我们不是还要两岸三地交流吗?还要文化认同吗?我们要反对文化"台独"吗?但是作为一个大学生或者研究生,却说竖排本看不来的,这说不过去吧?我有一个比较得意的学生,这几天正在看竖排本,他说,陆老师,一看竖排本,我的速度就慢了,然后我会跳行,突然会跳过去。所以,我建议你们一定要找竖排本看,要识繁体字,尽管不用。识繁用简,做到这一点就够了。这对于我们留住我们的精神线索,我觉得太重要了。

这个第二点呢,我建议你们读一点古书,或是关于文字故事的书。不一定要中文系、古籍所的教授开出一张长长的书单你来看,我觉得你读一本《唐诗三百首》、一本《古文观止》就够了。我记得我小的时候呢,背得不少,那时候家里的教育比较严格嘛,读的都是那些《朱子家训》、《曾文正公家书》之类的,还有关于对对子的书,我觉得念了是有好处的。

因为中文是非常讲究对称的,特别你写挽联,写楹联,就看你对仗功夫好不好,一眼就看出来你的学问怎么样。高低、生死、来去、虚实、刚柔、动静、屈伸、乾坤、男女,是吧。云对雨,雪对风,晚照对晴空,飞鸟对鸣虫。所以关于文字的书多读一点。另外,多读今天的散文,今天有几个人散文写得很好,一个叫黄仁宇,一个叫唐德刚,可能你们都听说过。他们的文字写得有趣,都把历史写得很鲜活。经济散文,比如汪丁丁;思想散文,比如朱学勤。

还有条建议就是英汉互补。现在英语,就像主持人小姐刚刚讲的,现在全民学英语,是吧。的确有人说,英语是一个帝国主义语言,所以它才那么强横霸道的。其实我觉得不是。我因为是搞英语的,所以觉得它不仅仅是由于它的政治和经济后盾力量才成为国际通行语的,而是因为它本身的特点,它是表音语言,现在世界上的大多数语言都是表音语言,所以它跟世界上的大多数表音语言要接轨,要换码,特别容易。不像我们中国,汉字是表意的,有的还象形,有的是意音兼顾的,是一个很复杂的文字系统。所以我们这个文字要变码、换码,要跟人家接轨是比较困难的。表音语言易于数字化,所以在电脑时代,在互联网时代,表音语言之间换码、接轨,要比与表意方块字接轨容易得多,这是英语之所以成为国际通用语的一个优势。

英语还有个优势呢,你们知道,就是它本身的祖宗比较杂,所以它是比较丰富的。它可用的词汇据估计有 40 万左右,一般法语或者德语的词汇在 20 万左右就了不起了,所以英语可表达、用来表达的这个材料特别多,特别丰富。为什么呢?因为它过去既有北方的日耳曼民族,还有海盗侵入了英伦三岛,带来了日耳曼语系的语言,又有从南边,甚至从罗马带去的拉丁文,从 Norman Conquest 带去的法语,你看它是这么一个大杂烩,它的祖宗比较杂,所以生出来的混血儿大概比较健康一点。所以它有那么多的词汇。林语堂做了个统计,说英语里头会有125种骂人撒谎的话。汉语是不分词连写的表意或意音兼表的文字,体现的是非数字化的无标记的多元性。英语是分词连写的表音文字,遵循的是非此即彼的唯一性原则。汉语重的是意合,英语重的是形合。

实际上,我们汉语也在吸收欧罗巴语言的这种长处。现在我们不时会说:"这次会议的重要性再强调也不过分",这句话已经很顺耳了,哪儿来的这个句型?从欧洲语言的句型弄过来的:The importance cannot be overemphasized,对不对?"中国过去是,现在是,将来仍然是第三世界国家",你看,中文里头哪有这么强烈的时态意识?没有的,是吧。这个都是借用。所以我很希望大家能够在学英语的同时,好好地跟汉语比较,然后多做一点翻译。愿意的话呢,我这里王婆卖瓜,推荐自己在《中国翻译》上登过的一篇文章——英汉对照的翻译,2001年第6期的《中国翻译》有一篇叫作《飞蛾之死》的散文,Virginia Woolf 写的。这样就能在英语操练的同时,也提高自己的汉语。我要说的就这些,谢谢各位。

主持人:谢谢陆先生带给我们的演讲。这边有一些网友希望和您进行一下交流。这个网友的名字叫做"德里的流浪汉",因为他提的这个问题和印度其实有点关系,他可能先回应了一下您今天的演讲。他说:"您作为英语系的教授今天来唤醒我们对于母语的热爱,我觉得是件对于我们来说挺悲哀的事情。您觉得在学习母语和学习英语之间,应该怎样来做到平衡?中国人的英语水平对于中国未来的发展会有多大的影响?有人说,中国和印度的竞争中,中国人不擅长英语会成为中国的弱势之一。"

陆谷孙:我想这个"流浪者"啊——那时候的电影是《流浪者》,印度电影——这个话呢是有点道理的。就是说,我总觉得,现在中国全民学英语,是个学英语的超级大国,对吧。但是从历史渊源来讲,中国没有印度这样,做过英国的殖民地。印度的开国元首曾经规定,英语不能作为官方语言。但是没办法,印度人依然用英语作为他们的一个社会地位的标志。印度的女孩子找新郎倌,要看你是不是懂英文。所以印度的英语——尽管印度人发英语音,有他们这个地方特有的口音,有时候很难懂。但是呢,你听多了,也听得懂,因为他们错得一致,你知道吧。就是我们叫 quality、quantity,他们都很硬化地读出来,变成了/gw-/的音。If you make mistakes, make them consistently. 所以应该说印度人学英语呢,有他们的长处,但是也有他们的短处。中国人的英语发音一般来说是好的。但是中国人现在有一个问题,就是被英语考试束缚住了,成天在题海里头打圈子。紧身衣穿着,不得解放,没有人能自由自在。比如说,就是现在,什么英文都不学,每天就是看 *Friends*,每天就是看 *Desperate Housewives*,完全从趣味当中去寻求,加上一点点——加上跟你的趣味追求相比是数量比较少的正规的课堂教学,我觉得这样才是一个正确学习英语的方法。现在的方法不正确。那么这样的结果是什么呢?我觉得全民学英语,学出来,结果在外边的人看起来是很糟糕的。香港人老是嘲笑我们,嘲笑上海人,因为听说上海要取代香港成为金融中心嘛,你这点英文,可以成为金融中心吗?我在《南华早报》里看到两条例子,中国上海的某一家日本料理店,日本料理英文翻作 Japanese arrangement,这个《南华早报》幸灾乐祸得不得了,说:"这种英文,你看!"还有"新天地",它说有一家商店里面的收银台啊,就翻作 silver receiving counter,好像我们今天还用银子一样,是不是?这种错误很多。我觉得,中国和印度会在谁英语学得更好一点上竞争。但现在呢,我们是绝对处于下风的——除了我们在语音上面占一点优势以外。我的判断:就我对印度人的了解,就像印度人在软件方面很行一样,印度人在整个英语的交流方面是没有困难的,非常 fluent,而且比较accurate。我们现在有个毛病,你们可以特别注意,就是要反对哑巴英语,练口语,讲啊,讲得似乎极流利,其实不能仔细听的,这个流利,我教英文的人仔细一听,里头是错误连篇啊——连珠炮一样的错误出来。就说明我们现在的同学不讲 accuracy,老板能够糊弄,来 interview 的时候,听上去好像语音还可以,然后再装一下,来一些肢体语言,都是很洋派的,我也学不来。我觉得这个很悲哀的,因为你真正的英语拿出来,真货色拿出来看看,哎哟,那个里头错得不行。所以在座的诸位,你们都远道从华东师大来,如果愿意听我一句劝告的话,就是从今以后学英语,一定要注意 accuracy。

提问 1:陆老师,您好,我是华师大英语系的学生,我想问一下,就是说当今很多人都学英语,但现在的学生好像特别浮躁,他们学英语往往带着一种功利性,很多人好像不能够静下心来好好地做研究,讲学问。从长远来看,这是一个非常不利的因素,所以我就想知道您对这种现象的看法。然后还有一个问题是,在英语这样一种文化冲击中国的情况下,中文的、汉语的地位已经岌岌可危,然而有什么可以解决的办法?谢谢。

陆谷孙:我先回答你第二个问题。我觉得你讲的汉语地位岌岌可危是危言耸听——没有岌岌可危。你看我们的 media(媒体)多数都是中文,英文才几种,所以,我看还没有到这个地步吧。就是我刚刚讲的,如果我们每一个人都记住母语的"美",这种美是 untranslatable(不可翻译的),你再好的翻译,都无法翻译过去的。有这种自豪感,不讲优越感吧,对自己的文化,五千年的文化有这么一个总体的态度的话——而且又是真诚的,我觉得我们汉语还是会有很美好的前途的。

你的第一个问题呢,我是这样想的:功利必然是会有的,因为语言它本身的工具性就决定了它的功利性,对不对?所以语言学家们都讲:为什么要学外语啊?两个原因,第一个是作为一种工具,第二个是为了融入使用这个语言的社会。integratively(融入动机),或者 instrumentally(工具动机),两个动机。我现在给它加一个动机,叫作 euphorically motivated(欣快动机)。我一年大概可以阅读 40 多本书吧。中国人现在每年平均看书是 0.7 本,日本是 30 本,所以我说读书已经成为一种古典的行为方式了。人们都是一回家,啪,电脑打开——电脑打开你好好看也可以,电脑也是一种工具,一种很好的工具,我也用,我也用 E-mail。但是读书有另外一种味道。所有的事情全做完了,这一天的日子已经打发过去了,然后开一盏小小的灯,射下一个小小的光圈在你的书桌上,或者在你的床上,对着那个光圈看一本很有意思的书,这多有意义呀!这种行为方式,你们说在今天的新新人类里头,是不是值得提倡一下?这个环境让你心情慢慢地静下来,灯光和书本身也让你心境慢慢地静下来。所以我不知道回答了你的问题没有。你说不能静下来做学问,这"学问"两个字我也要问你一下:你指的学问是什么?现在有不同的学问,有的人是一出国,语言还没有过关,就急着奔"学问"去了,然后忙不迭地就去学什么这个语言学啊、那个语言学啊,或者这个那个文学啊、那种新的批评潮流啊、什么什么派啊,一下子就投入到那里头去了。那个东西像天书一样——那些天书的作者们自己说的:我这个天书写成以后,如果有 15 个人读我这个东西呢,我已经是极大的胜利了。所以我劝你们今后出国念书,不要急急忙忙就奔着某一个非常 specialized(具体的)的题目去,而是先过这个语言关:首先要看你英语过不过关——我是这么看的。不要急急忙忙地选择一个什么非常专业化的题目就钻了进去,然后整个的英文就学僵了。我觉得这也是我们现在整个的英文水平提不高的原因之一。

提问2:陆教授,您好,我是华师大英语系的本科生。刚刚您在讲座中提到联合国将每年的2月21号定为"母语日",足见它希望我们每一个人对母语有这份关怀。但是最近,我在一些外文的杂志上就看到,欧盟现在有25个国家,出现了一种现象,叫作 lost in translation(迷失在翻译当中),它每年要花几十亿欧元,用在这个笔译、口译上面。我想,英语作为一种世界性的语言,相信很多国家的官方人员都懂这门语言,那为什么在开会的时候,却宁愿花这么多人力物力,去翻译这么多语言,而不用一门英文呢?难道仅仅是为了一个民族尊严,为了爱护自己的母语吗?另外一个问题就是,在这种情况下,我们如何才能保证一方面要留住这个思维(精神)的线索,同时又能保证我们自己的文化可以跟其他的文化互相交流,互相撞击?谢谢。

陆谷孙:我知道这个世界应该有一个很重要的特点,或者讲我们希望:这个世界是个多样化的世界。我们要环境保护——现在很多语言就像大熊猫一样,如果你把这些语言都保存下来,就是一个物种,就是一个语种。联合国为什么要做出这样的决定?就是为了保持世界的多样性——不能单一。像我们这里的驻联合国的代表,他当然也可以用英文讲,但是他还是要用中文讲,这的确有一个自己的尊严的问题,一个 self-identification——自我身份定位的问题。就像我有一张什么身份证一样,我的身份证就是我的语言,这个我觉得一点不是浪费,而是人文环保应该付出的代价,只不过是这种环保发生在语言文化领域,不发生在生物圈里而已。

至于你讲的这个对外来文化的态度呢,就是这样——就是你自己总会要有你自己的选择标准,政治的,意识形态的,生活方式的,各个方面的都有,你说对不对?平时我只能吃米饭,不喜欢吃面包,你硬要我去改,我也改不了。这是自己的立脚点,自己要踩得很稳,而要踩稳,没有自己的文化积淀是不行的。这里头除了文字语言的问题以外,还有很多其他的文化典章礼仪。你说我们年三十的时候,为什么爆竹大放——这个东西我是非常讨厌的,虽然我非常Chinese。这一点上我觉得外国的文化比我们要好一点,它同样也有过年,同样Thanksgiving(感恩节),吃个火鸡,非常subdued(低调)。人家过节,做这种事情,不像我们这么铺张。

中国文化里头的确也有很多不好的东西,所以在拥抱、接纳外来文化的同时,我们自己对自己要有个很清醒的认识,有一个自我的分辨能力——这分辨能力要建立在沉淀很深厚的基础之上。不知道回答了你的问题没有?

主持人:非常感谢陆教授今天给我们做的演讲。在您的演讲结束之前呢,我也想请问:您最后想以一些什么样的话来结束今天的演讲?

陆谷孙:学好外国语,做好中国人。

主持人:非常感谢陆先生,特别是最后的这两句话!我想从陆先生的演讲当中,大家都应该能够体会这种精神,同时也希望大家都能够记住陆先生特别欣赏的那句话:爱祖国的文化,爱祖国的文字,爱祖国的语言。好,再一次感谢陆先生,也感谢我们在座的华东师范大学的老师和同学们!下周同一时间我们再见。

(原为2005年8月在凤凰卫视《世纪大讲堂》的演讲)

教,然后知困

国学热中赶时髦,也来摘句《礼记》做文题,说的是教了四十多年的书,仍不时感到自己知识贫乏。

先说说自己认为做得还可以的一个方面,这就是对学生的态度。按照前学生、现在北大执教的张沛先生的说法,跟我打交道,学生觉得"自己确实是受到重视的"。也就是说,我不敷衍学生,上课或课外交流,不许自己心不在焉。博士生要写论文了,不只是推荐该读什么书,其中特别重要或最新但又一时最不易弄到手的书,往往由导师购来先睹为快,读时注出"此例可用"、"此论精当"、"似可酌商"等字样,算是钩玄提要吧。这样轮到博士生读时,既可免大遗之虞,又可不执一偏,从而超越老师,师生的切磋琢磨也尽在其中了(当然,"不善学者,师勤而功半,又从而怨之",自另当别论)。本科四年级的课上,布置作文,一下子交来三十余卷,我必于周内批出,每文必有"个性化"的评语;研究生的文章力争第一时间改出,短小单篇基本上做到不过夜发回。研究生的莎剧精读课上鼓励(不是要求)学生背诵剧中人独白或我称之为"半独白"(quasi-soliloquy,即有其他角色在场的长段,如《哈姆雷特》中的"Speak the speech"一段)的文字,对自愿当众背诵者赠书奖励,另加价值50元的西点券——都是出版社送来的节礼:"己所不欲,'必'施于人"。背诵在下课铃响起后进行，以免占去讲课时间。散步时与学生对发手机短信（我又玩弄字眼，戏称walkie-talkie），探讨学问，也是有趣的事情。像一些汉语中新近出现的词语，诸如"医闹"、"碰瓷"，就是在这样的交流中译成英语的。学生申奖、求职、留学，找我写推荐信，我必字斟句酌，不做千人一面的官样文章，更不让学生拟稿拿来签个名完事。有位学生说，这是教学中的"以人为本"，我说教书是我本职工作，只不过我的天职意识比之眼下有些教师稍强一些罢了。

惟敩①学半。学生要考 GRE Literature in English Test了，拿了考题来问我，我试着做几题，不查牛津版的文学伴读词典，仅凭已有知识，再连猜带蒙，也只能答对六成左右②，而学生瞄准的是八成以上的得分，你说做教师的惭愧不惭愧？有人问我历史上英王世系的顺序，我会答得颠三倒四。教，然后知困，也包括编书出书而后知困的意思。今年4月，《英汉大词典》第二版正式发行，第二天我们就在上海译文出版社的网站上设了个《英汉大词典》勘误专版，成书中的错误一个个被剔剥出来，严重的如 Anton Piller order，原来的释义作"安皮决议（指……）"，其实在旧时英国法律用语中就是一纸简单的"搜查令"（今称 a search warrant）；"handicapped by age 因年老而行动不便"被误解作"……而吃亏"；"you are not to leave 你不得离开"被误译作"你不准备离开"；National Hockey League 一条从原来的"美国曲棍球联盟"改作"美国冰球联盟"。原以为万事大吉，巨料网友引用大量资料，证明冰球运动尤为加拿大人所好，是为加国国球，从上世纪初联

---

① 这个字读作 xiào，与"教"字通。全句意思是教别人方知己不足。

② 由此想到，美国人出的这套题用来串联我们的英美文学教学或选读教材编写，可能很有用处。

盟成立的历史沿革考证，到以美国90％以上冰球运动员皆为加籍作为佐证，似应改作"北美冰球联盟"，遂成对大词典勘误之勘误……在技术性方面，因机读失误，校对不力，"匆匆"变"勿勿"之类也有相当数量；其中荒诞不经且易误导读者的如"备忘记事本"漏一"备"字而致意义相悖的例子，也不在少数。为第二版第二次印刷所做的勘误表，现已涉400余处，我称之为被"打回原形"。网友们从勘误到提出积极的建议，如virgin paper既可作"白纸"又可作"原生纸"解、octopus已衍生出"行李捆绑带"之义等等，在我是闻所未闻，由此加倍"知困"。在细枝末节方面，eerie的重音误置、"小肚鸡肠"而不是"小鸡肚肠"等等，我也是每天都在勘误中积累着知识。

  这不，今天在读David McCullouch的《1776》，又获得新知：原来在美国独立战争期间，当时快要写完《罗马帝国衰亡史》第一卷的Edward Gibbon，作为英国下议院议员，曾力主对新大陆用兵征服；读外刊又知胡锦涛总书记在十七大报告中，"民主"一词使用了60余次之多；备课时又获知Virginia Woolf的胞姐名叫Vanessa，那是一种蝴蝶的名称，无怪女作家笔下老有moth(飞蛾)的意象出现……

  作为教师，我愿常"困"常知，活到老，学到老，使知识的积蓄不枯。这也算是种可持续发展吧。

(原载《中国外语》2007年第6期)

源文本的"征服者"?

人们给做翻译工作的人起过不少"恶谥":媒婆、鹦鹉、傀儡、叛徒、杀手、"嚼饭于人"的保姆、奶妈、侍候两主的一仆、游标尺、戴着镣铐的跳舞奴婢、"教堂门口的乞丐"、反舌、舌人、象胥(通夷小吏),等等。当年,中国出版界的耆宿张元济说过:"士族儒流多鄙视别国方言为不屑,而习攻翻译,大抵间阎寒贱,性识暗钝之人。"直到全球化的今天,翻译活动尽管在社会生活中变得越来越不可或缺,就学术界而言,却仍在相当程度上被边缘化。像复旦大学外文学院新建翻译系——翻译系的特殊性和必要性在香港好像是无人置疑的——就经过了多时的折腾,填写过无数次"洗衣单"式的申请表,聘请专家论证再论证;直到教育部行文批准之后,还听到不少喊喊喳喳的反对声音;在大学里评职称,管你是不是译过数以十万甚至百万计的文字,管你是不是因此被外国授勋颁奖,光凭译作,休想提升。加上出版商定选题购买版权时眼睛只盯着域外的畅销书排行榜,对书情只知其一而不知其二,再受到意识形态取舍标准的干预,而译者方面因为译作的出版周期长、稿酬又令人难以置信的菲薄等因素,积极性不高。内地的译界近年来虽说远看颇有些"frills and furbelows"的闹猛,但从本质上说,更多呈现出的是一种无序状态,精品或佳品难得一见,抢译、误译、劣译的例子层出不穷,有的成为街头巷议的笑谈（Mencius译作"孟修斯"；"一次性商品"译成"one time sex commodities"）；译者队伍貌似庞大，实则萎缩退化。有志于学术者宁可转向去搞翻译学理论，不管是严肃的引进还是肤浅的皮附，言必称纽马克和奈达，加上一点从东汉盛唐老和尚到晚近著名译家的散论，忙碌构建着中国特色的翻译学。《中国翻译》期刊现在发文也要求附内容提要和关键词，来一个"洗心革面"，一头向着理论倾斜。可以说，翻译是理论和实践各行其是、分道扬镳最烈的领域。

说完丧气话，赶快补充一点积极的内容。

"恶谥"之外，翻译家也有美名。尽管鄙人未必完全赞赏并苟同鲁迅的译品和译论，可他把译者称为普鲁米修斯，盗火惠人，不管在当时还是眼下，我觉得比喻得恰当。我尤属意于公元4世纪参考了大量希伯来文版本、复从古希腊文译出拉丁文《大众版圣经》(*Vulgate*)的 Saint Jerome（也是个今日称之为"塞黑"地方的老"和尚"），盖因他把翻译称作"征服"，即"'征服'源文本"，而译者则是"征服者"。"征服"之后方谈得上翻译的"归化"，诚哉斯言。后现代衮衮诸公，即使是谈翻译，无不强调"解构"或"颠覆"源文本，女权主义更把源文本看作所谓"父权"的象征，肯定要挑战"征服"一词。所以，我在本文文题后打了个问号，表示欢迎商榷或颠覆的意思。

要"征服"源文本，对译者（特别是年轻译者）来说，首先是个态势问题，套用海德格尔的阐释论的说法，是确立译者的主体意识：如果说源文本是种"元文本"(metatext)，我的译文同样也是！译者不是奴婢！其次，从技术角度讲，从质到文，巨细靡遗，要扫除源文本中的一切难点和疑点。就外译中而论，就是要求译者有彻底吃透外文从而驾驭源文本的功力。像此次竞赛命题约翰逊博士一文中的"What his mind could supply at call, or gather in one excursion"一语，准确理解"at call"(随时取来可用)和"excursion"(神游)的参赛者就屈指可数;同样,"It is not to be inferred, that of this poetical vigor Pope had only a little, because Dryden had more"一句中对英文"not ... because"(参考常见英文句 He did not see the movie because I told him to)句型的理解真正"到位"的(不是因为……才……)似也不多。常听译者自谦:本人汉文修养不好,却难得听到有人承认自己外文功夫尚不到家。殊不知对源语言理解失之毫厘,翻译时再添油加醋,胡乱发挥,必然谬之千里!无论是多元翻译理论的目的论、受众论,还是功能论,不知对以上种种误译,均可忍受否?

添油加醋我称之为"冗译"(overtranslation);还有一种常见病,我称之为"泥译"(literalism),拘泥于索绪耳所谓的"能指"而罔顾"所指"(昨天修改《英汉大词典》校样,碰到一句"His determination to have my company bordered on violence",原译甚"泥":"他要我陪伴的决心接近于暴力"。"陪伴"、"决心"、"暴力"乃不折不扣的"能指",从字面跳出,以"所指"为依归,改为"他非要我陪着他,差不多要动武了",我以为才是对源语的"征服");当然,还有"缺损译"(undertranslation)也是毛病。但对初操翻译的青年,前两者可能更要特别提防。

理论只有指导实践时才有用,这是我的信念。西方的译论,直到上世纪七十年代,照 Susan Bassnett 的说法,还是"业余的","散漫的",要到八九十年代才"成年"(come of age),那是与哲学、语言学、文学评论等的影响分不开的。其中如纽马克的源文本功能分类、奈达的换码功能和能动对等、维特根斯坦的语用关注,若能被用来确立或改善对源文本"征服"的策略,那无疑是值得重视的。海德格尔的本体论意识和维特根斯坦的"游戏"论,特别令我心折,因为在我看来,最理想化的情形是译者决不被动接受"遵命选题",非自己真正感兴趣且有90%"征服"把握的源文本不接不译;译时能文质兼顾,源文本中的一应组分(constituents)经换码皆能妥帖落位,使译者尽享"征服"的乐趣,而针对插科打诨的源文本,偶尔还能"游戏"一番(笔者日前曾在一篇讽刺杂文中把 intellectual 译作"因偷来个揪",颇得翻译游戏之乐)。如此这般,经年累月,待到积累至数以百万字计的译作,得名成家,指日可待矣。

都说中国两千年的翻译史迄今都是外译中的"入超",下一个高潮将是外卖版权的中译外"出超"。鉴于我们目前的文化软实力以及汉语言文字的特殊性,允我对此表示怀疑。但是对中译外品种和人才两缺的事实,倒是见闻不少。可能我们的青年译者宜未雨绸缪,勤用目的语写作,迎接这一高潮的到来。

在我看来,从"通天塔"建塔失败开始,翻译始终是一种"彼岸性"的智力活动,只有较好或更好的译作,而不存在最好的译作。时势丕变,受众嬗递,"五四"时期译出的《国际歌》歌词,今天的共产党员可能不知所云,遑论美学接受。再说,再好的已有历史定论的译本,拿来和源文本一对照,总能发现错漏等"硬伤",证明"征服"永远只是相对而言的。从这个意义上讲,本次得奖的参赛译文只是在总体上略有优势,在不少细节方面,可能还需借鉴许多没有得奖的译文呢。

(原为在2006年5月香港中文大学主办的第三届
"新纪元全球华文青年文学奖"颁奖典礼上的演讲)

"老虎"下山!
——Earl Woods《高尔夫之王——泰格·伍兹传》中译本代序

上海某出版社即将推出《泰格·伍兹传》的中文译本,邀我作序。对于欣骧闻芗(说得难听一点,是"争奇斗妍"和"好大喜功")的中国图书市场而言,用个骇目惊心的"'老虎'下山"作标题,也许并非失当。

泰格即 Tiger,即老虎,是举世公认的美国黑人高尔夫球王 Woods 的第一名(亦称教名)。这大名倒是如雷贯耳的,只是不谙高尔夫,一辈子仅一次从高尔夫球场擦边而过,那是在英国里兹大学副校长的官邸地界上,但从未摸过一次球杆。虽说也是个体育迷,看到电视上转播高尔夫,不管是 ESPN 或 Sports Plus,还是 CCTV5,因为外行,都会忙不迭转台看其他。结果,对于 Tiger 这个名字的来龙去脉,始终不曾弄个明白,直到读到这部传记——原来"虎父",也是传记的作者,曾参加越战,打仗时深恶美军内部对黑人的歧视,倒是与一名南越军官成了莫逆,那人的名字恰是"老虎",于是便用来给儿子命名了。

追根溯源,高尔夫是项古老的健身运动,据说发轫于15世纪的苏格兰,证据是当时的苏格兰议会因怕子弟逸乐丧志,沉溺于 gouf(苏格兰古词,一说乃今日英文词 golf 之源)

而荒废了保家卫国的箭术,因而明令禁止。另一说称此项运动起源于元前的古罗马,由入侵英伦三岛的罗马步骑军团传入。不论何说为是,这项运动在欧洲白人世界历史悠久,当无疑问。后来,随着欧人向海外殖民,高尔夫又陆续传至北美、澳新、印度、南非等地。连我华夏古国也一样柔从入流,1931年在南京陵园中央体育场附近,由英美商人辟建了一处高尔夫球场。截止2002年底,全球高尔夫球场数已逾3万,美国常年参与此项运动的人数接近4 000万,约占全国人口的15%。今日英语中有不少常用熟语,如under par("低于平均标准"即从72杆还打不进18穴的拙劣球技化出),都是从高尔夫术语衍生而成的。笔者读过美国当代女作家Joan Didion 1974年的一部小说,题为 *Play It as It Lays*,知其意指不管球的落点如何难以续击,好歹总得设法驱其入穴,只是迄未想出个合适的汉语译文,趁此机会求教于方家贤明。

我们这儿有些人老是表现出一种"夜郎"症候群,事事都要争人之先。明明足球踢得一塌糊涂,硬是要去求证这种运动古已有之,是中国的一大发明,原名"蹴鞠"。又有人说高尔夫这玩意儿也可能源起中国,因为早在元前两三百年,我们的老祖宗就玩一种名叫"捶丸"的游戏。高尔夫球场必须铺上大片葱绿的草皮,其间还得有沟壑溪流偎起绵绵。很难想象在农耕为主的中国,有谁舍得浪掷如许面积供人优游逍遥而不去植谷种菜?直到改革开放以后,或许是为了满足洋老板和华人中的CEOs以及"白骨精"(白领、骨干、精英)们逸雅健身之需,中国才先后建起若干高尔夫球场。即便为数不多,亦时闻媒体有浪费耕地之责。电影、电视上更喜把黑社会龙头老大或贪官污吏放在高尔夫球场上接头密谋,以至于在一般草民心目中,是颇有点把高尔夫边缘化了的。

然据识者称,高尔夫运动自有其独特的优势和魅力。首先,让杆计分法(有点像弈棋时强手向另一方让子)可以吸引老将和新手同场竞技，在谦让中体现公平；其次，打高尔夫可以自练自赛，甚至可独自在办公室里对着仿真的球场屏幕练习挥杆，不但利于自娱和健身，还可陶冶身姿乃至情操；最妙的莫过于潇洒转臂挥杆，目送小球腾骞，径奔远穴而去。不过，我也知道玩高尔夫得置备价值不菲的一应器械，玩时一定要穿戴齐整，注重礼仪，还需有一帮子人伺候，这可说是经典贵族化或绅士化高尔夫的遗子了。

就是在这种传统的白人运动领域中，蓦地杀入一个黑人来，而且是个三岁就会挥杆的神童，一路过关斩将，屡披绿袍，21岁上就跃登世界排名第一，一度曾雄踞此宝座达264周之久，经过2004年短暂的低潮（是时恰逢新婚），在2005年卷土重来，返回世界排行之首。这位传奇式人物就是"老虎"！他在高尔夫领域的辉煌，意义实不亚于女网世界威廉姆斯"黑珍珠"姐妹的成就，连同NBA和田径场上黑人运动员们的出色表现（只可惜在游泳和体操这些项目中尚未见识黑人的潜能），其社会影响可能也与日前逝世的黑人民权象征Rosa Parks老太太（就是1955年拒绝在公共汽车上给白人让座的那一位）有得一比！

如今"老虎"的传记译成出版，除了高尔夫球王的成长崛起，读者还可了解美国社会黑人的境遇和心态，亲炙"老虎"父子的掬诚亲情，在提供信息和励志的功效之上，可说更是一部心曲之作，值得一读。一般的传记多出诸后来者之手，而"虎传"则是父亲写儿子，叙事角度尤为别致。

译者张欣是海事大学的在读硕士研究生，并非英语科班出身，能把这部20万字的传记译出，我看其动力不外乎两个字："爱好"。首先是爱好英文，其次是阅读作品时发生的共鸣和一种表达冲动。近年来，颇有些在读研究生译书出版的。这些译者大多并非着眼于一点少得可怜的稿酬，而是为爱好所驱动，追求一次精神的淘洗和狂欢！译者确实曾找我答疑，但问题有限，所以译文主要是她独力完成的。作为一名教育工作者，我希望我们的研究生队伍中出现更多这样的乐学又勤学的青年。

(Earl Woods 著、张欣译《高尔夫之王——泰格·伍兹传》，上海远东出版社 2006 年 4 月版)

美国也有位"金大侠"
——《黑暗塔楼》中译本代序①

中国内地和海外华人圈子中有位名闻遐迩的武侠小说名家金庸,人称"金大侠"。我女儿,还有无数跟她差不多年纪的少男少女,都曾痴迷他的作品(我觉得人生一世多数似乎都有一段"武侠年龄",就像当年笔者背着课督严父,渴鹿奔泉似地偷读还珠楼主)。直到今天,大陆荧屏上仍充斥着一部又一部的大侠剧,轮映不衰。我的一位留美学生更以大侠作品与司各特、大仲马等"肝胆楚越"一番,正写她的比较文学博士论文呢。

我发现美国也有位"金大侠",那就是鼎鼎大名又富埒巨贾②的 Stephen (Edwin) King。King 这姓氏译成中文恰与"金"字相合,且其题材样式、畅销程度等都与金庸先生有得一比,故称"大侠"。以前写文章,我好称 King 为"金先生"。有鉴于金氏在前年得了个美国国家图书基金会的"美国文学杰出贡献奖"从而跻身于索尔·贝娄(Saul Bellow)和约翰·厄普戴克(John Updike)等大家之列,有鉴于金氏作品在全球

---

① 此文原应出版公司之请,为七部曲《黑暗塔楼》写的总序,后被认为写法不符要求而遭弃用,遂转投《万象》杂志刊布。

② 1998年,有人估计美国金大侠已拥有4千万美元的家财,在佛罗里达州置有越冬别墅。

畅销已逾三亿册,特别是有鉴于煌煌七大卷《黑暗塔楼》杀青出齐,我觉得称谓从"先生"改为"大侠",此其时也。更何况,笔者痴长,叫他"先生",即便从字面意义上说,也不尽妥帖。

美国金大侠于1947年9月21日出生在缅因州港市波特兰一个寒门贫家,两岁那年,父亲说是出门去买包香烟,一走再没回来,丢下孤儿寡母,生计弥艰。大侠后来虽长成1米93、重200磅的个头,但早早就患有高血压、极度近视、先天耳疾、扁平足等毛病,可能与儿时的贫困生活不无关系。当时,大侠使用一台老得没牙的打字机,字键残缺,打完文稿只得手写填补阙失字母,经济拮据,由此可见一斑。1970年,大侠从奥鲁诺缅州大学英文系毕业,翌年与勤工俭学时结识的同学塔别莎(Tabitha)结婚,婚后两人住过拖车活动房,沙发是别人搬家时庭院贱卖的旧货,妻子到快餐店当"粉领",大侠本人在中学当教书匠的同时在洗衣店打零工,酬金是每小时1.6美元。大侠工余爱拨弄吉他,哼几句1960年代"反文化"代表鲍勃·狄伦(Bob Dylan)的曲子,爱看"红袜"棒球队比赛,也偶在从自己作品改编的电影中演个葬礼牧师、ATM机前取款人什么的小角色。

勤能补拙,力能胜贫。美国金大侠自幼嗜读爱写,自称童年看过的漫画不少于6吨!成年后读书每年不少于七八十种(有兴趣的读者可参阅大侠2000年《论写作》一书后附书目)。至于写作,那是从7岁那年起就摆脱不掉的第二天性。中学时代改写埃德加·爱伦·坡,"自产自销"赚过几个小钱。大学时代在编校报的同时,开始投稿,虽像杰克·伦敦那样迭遭退稿,仍痴心不改,直到1973年描写中学女生靠心灵遥感术杀人报仇的恐怖长篇《凯丽》被出版商接受。大侠对自己的这部作品起初并不满意,且已经扔进废纸篓。是妻子把稿子救了下来,并把女生更衣室里的各种私房话讲给丈夫听,让他将作品充实提高,这才一炮打响。《凯丽》之后,一

美国也有位"金大侠"

发而不可收,迄今为止,美国金大侠已出版长篇小说 40 余种、5 部短篇小说集(逾 200 篇),其中不少作品被改编成电影和/或电视片,仅笔者看过的就有《宠物坟场》(*Pet Sematary*——因从儿童视角出发,有意拼错 cemetery 一词)、《蜜柔丽》(*Misery*——原书题为《安妮·威尔克斯的版本》)、《毛骨悚然》(*Creepshow I, II*)、《奔逃者》(*The Running Man*——由肌肉明星、今天的施瓦辛格州长大人主演一个深受辐射之害的角色,显然选人失当,但片中的"真人秀"和劫机撞击摩天大楼等情节,在 1987 年拍片时说来,倒是不无预见性)等等。

美国金大侠的审美趣味确乎异于常人。午夜行尸、白骨森森、古屋凶兆、梦游杀人、厉鬼附身、僵尸吸血、机械行凶、祭献小儿、鬼宅死城……显然,大侠信奉的是狞厉的美,恐怖的美;他要探索的是超自然的未知;他的写作是死亡的预演。大侠在《死神之舞》(*Danse Macabre*, 1980)中写道,1957 年观看《地球人大战飞碟》电影时,放映突然中断,影院老板跑上台宣布苏联刚刚发射第一颗人造卫星成功的消息,在冷战犹酣的当时,全场顿时一片死寂,是年才 10 岁的大侠活生生体验到了置身坟墓的感觉。又有一次,他驾车驶过内华达州一座小镇,镇内阒无一人。他的第一反应便是:"人死光了",接着便自问:"谁杀的?"于是又一个故事的轮廓开始在大脑中形成。培根说过:"除了恐惧本身,再没有什么可怕的。"(拉丁文:Nil terribile nisi ipse timor, 译作英文便是 Nothing is terrible except fear itself.)大侠玩恐惧凡三十年,恐怕是深谙人性这一弱点的。在文学作品里,恐惧还非容纳在攫人的悬疑情节框架内不可,而别出心裁地建构或淡化甚至扫荡情节,也正是所谓"通俗文学"和"严肃文学"的重要分野之一。像哈罗德·布鲁姆(Harold Bloom)这样的传统文评家对大侠嗤之以鼻,称大侠得奖是个"可怕的错误",标志着"美国文化生活骇人的堕落过程中的又一个低潮点",原因可能就在于继俄国形式主义、美国新批评、法国叙事学、新兴符号学之后的"宏大叙事"中,抽象而非具象业已成为后现代潮流,作家只顾自己"精神手淫",不问读者的需要和认同。其实,如果我们读一读亚里士多德的《诗学》,就会发现其中几近三分之一的篇幅是讨论情节的,而在亚氏论及的悲剧六大因素中,占第一位的又是情节。后现代主流文学中情节的付诸阙如,固然是对传统的反叛和挑战,同时也给通俗文学留出了一大块肥沃的图书市场。从这个意义上说,金大侠——不管是中国的还是美国的——还有迪安·孔兹(Dean Koontz)、约翰·格里冼姆(John Grisham)、汤姆·克兰西(Tom Clancy)、麦克尔·柯莱吞(Michael Crichton),甚至包括近年走红的丹·布朗(Dan Brown),无不是看准了市场卖点的"乘虚而入"者。说得崇高一些,这些畅销书作家满足了被主流严肃作家们忽视的读者群的审美需要。以金大侠而论,他瞄准的是美国工薪阶层根深蒂固的心理恐惧:畏惧贫穷、饥饿、犯罪、残暴、敌意、猜忌、百无聊赖、不定的未知、魔鬼和死亡。

  话说回来了,有史以来的伟大主流作家哪一个不曾是流行的?从荷马到无名氏的《贝奥武甫》,从莎士比亚到狄更斯和毛姆,再到法国的巴尔扎克、俄国的托尔斯泰和美国的马克·吐温,笔下无一不涉残暴和宽容,犯罪和救赎,无一不写到真实或超自然的控制我们生命的力量以及人的苦难、脆弱、无谓奔忙和孤立无援。流行和精英之间的界线,特别在美国文化中,始终是流动而模糊不清的。马克·吐温者,曾是区区"儿童作家"一个;南方乡土作家福克纳当年亦曾受人嘲笑和排斥,直到他一飞冲天,得了个诺贝尔文学奖。可见一般大众所喜爱的作品并非注定低贱或粗俗,金大侠被人比作莎士比亚或弥尔顿也许是大大过誉了,但说他确实继承了某种吸引(或称"蛊惑")大众的遗产,成了一代人的文化使者,也许去鹄不远。

　　但是,文坛从来又是势利的,派系纷争尤多。这不,金大侠一得奖,马上系上黑领带粉墨登场,当着纽约迈律奥特豪华酒店内的近千听众,除了声明自己决非为金钱写作外,要求文坛打破"哥们的关系网"(Old Boy Network),提倡"包容而不是排他"(inclusive rather than exclusive),呼吁严肃作家和通俗作家筑桥沟通,共利读者。今年5月,大侠应邀回母校向毕业班学生致辞,力诫酗玩佚乐,提倡素心饱读("苦学四年,喝下了一千多杯咖啡,到头来只读丹·布朗,好像总欠缺些什么吧!"),也颇有点"精英话语"的味道了。

　　其实,美国金大侠并不满意自己作为廉价畅销书天王巨星的地位,一直在试图实行从江湖到庙堂的"转型"。1997年4月,大侠在普林斯顿大学演讲时宣称"自己要为缅因州和新英格兰做到当年福克纳为南方所做的事。"大侠向严肃的精英文学靠拢的努力也曾表现在他的好几种作品中,例如1982年的短篇小说《不同的季节》(*Different Seasons*),基本不涉恐怖;同年作品《幽光》(*The Shining*)继承了1798年美国首部小说、查尔斯·布朗(Charles Brown)著《维兰德》(*Wieland*)的神秘主义传统,而其中关于作家文思枯涩的生动描写,更被一些评家称之为大侠作品中最富有文学味道的内容,关于邪恶和愤懑的描写,则使人联想到奥赛罗;1989年的短篇《黑暗的另一半》(*The Dark Half*)像一则寓言,虽然编织的仍是恐怖故事,寓意却在流行作家既身不由己讨好受众又不愿浪掷写作才情的分裂人格,一定程度上反映了大侠本人内心深处何去何从的惶惑;在1996年的作品《黑衣男子》(*The Man in the Black Suit*)中,大侠有意淡化情节和戏剧性,从一个90高龄的老翁在养老院的回忆写起,展现缅因州恬静乡野中潜伏的凶险,以细腻缠绵的笔法烘托宿命,刊出于《纽约客》,旋获当年欧·亨利一等奖,并被改编成歌剧。

说到大侠的"转型",自然更不可不提他那部自称有史以来最长的通俗小说《黑暗塔楼》(The Dark Tower)。

《黑暗塔楼》构思于 1970 年,大侠时年 22 岁,第一部《双枪客》(The Gunslinger)于 1982 年出版(2003 年又改写),最后一部(亦即第七部)《黑暗塔楼》在 2004 年出书,历时 22 个年头,全长 4 000 余页。评家中有人褒称这部巨制为"史诗"、"德里达式的大叙事"、空前的"超文学绝招"(metaliterary gamesmanship),等等;批评者则说作品是"乱炖"或"杂烩"(stew),是一张"洗衣单"(a laundry list),是大侠玩弄"变色龙"技法的习作。不论褒贬,有一点是肯定的,那就是美国金大侠很希望藉这个超长篇来一改自己业已固化的写作套路,进一步从江湖朝着庙堂挪移。

《黑暗塔楼》汲取了西方骑士文学(如英国的《亚瑟王传奇》和法国的《罗兰之歌》)、美国西部电影、现代科幻文体等作品中的营养,将罗伯特·勃朗宁(Robert Browning)的叙事长诗《查尔德·罗兰来到黑暗塔楼》(Childe Roland to the Dark Tower Came)①、T. S. 艾略特的《荒原》(The Waste Land)、托尔金(J. R. R. Tolkien)的《指环王》(The Lord of the Rings)、罗林斯(J. K. Rowlings)的《哈利·波特》(Harry Potter)、瑟基欧·利奥尼(Sergio Leone)导演并由克林特·伊斯特伍德(Clint Eastwood)主演的《无名氏三部曲》(Man with No Name Trilogy)等文学艺术元素融于一炉,复糅入埃及神话、斯多葛哲学、日本武士道、"披头士"、星球大战、"蜘蛛侠"等内容,甚至把大侠本人先前作品中的人物再次请出——到了第七卷连大侠本人连同他的日记和死讯报道也

————————
① 勃诗系从莎剧《李尔王》中埃德加所唱的一首歌中汲取灵感,那歌原为苏格兰民谣,而此民谣又可最终追溯到 12 世纪法国的《罗兰之歌》。

都进入故事——任意裁剪时空,倒错方位,纵横恣肆,以取得最大限度的多重写作效果。书中引用马克·吐温笔下哈克贝利·芬的一段话来表述大侠之所以采取此种写法的缘由:"在一个盛放鸡零狗碎的桶里,情况就不一样了。内容搅和在一起,汤汁多少可以四处浸到,东西便变得好吃一些。"(In a barrel of odds and ends it is different; things get mixed up, and the juice kind of swaps around, and things go better.)看来,说《黑暗塔楼》是某种"乱炖"倒也并非完全无的放矢。

故事写到三个不同的世界:内世、中世、末世,分别代表我们现在生活其中的现世、"末日"后的现实和虚拟相结合的宇宙、以"黑暗塔楼"为象征的时空终端。主人公罗兰是"内世"硕果仅存的挎枪子遗,在"中世"的死城、坟场、大漠、荒山中跋涉,循迹追击黑衣人复仇,直至"末世"塔楼。其间,他先后接纳了来自"内世"的几个角色,形成一个"同命组"(*ka-tet*),其中有来自纽约布鲁克林区的瘾君子、残障精神病人、1964年的黑人民权斗士等等。罗兰率"同命组"跟黑衣人布下的各种陷阱周旋,跟那些受污染后可怕的物种变异精怪和邪恶的塔楼大梁卫士搏斗,死了可以复生,钻过门道可以去"内世"打个来回,前仆后继,锲而不舍,终于实现"追寻"、"朝圣"、"历险"、"征伐"、"复仇"、"毁灭"、"忏悔"等永恒的西方文学母题。时空可以转换,物种可以变异,文化形态可以迥殊,善恶可以交错,惟有古希腊阿尔戈英雄追寻金羊毛或中世纪骑士寻找圣杯似的艰难求索历程永无止境——这似乎便是美国金大侠要在《黑暗塔楼》中阐发的主旨。

故事不但有不同的多维时空,还有在笔者看来是实验性的"高等"和"低等"两种言语,前者是挎枪一族的言语,用词艰涩,如借自古埃及的"*ka*"本义是"轮子",衍生出"命运轮回"之类的比喻;又如"*khef*"和"*char*"分指生死。这类诡异的字眼在大侠笔下玩得得心应手,既有助于渲染谲秘的虚拟世界,又一反大侠常遭批评的缅因州"农村土话"文风(ruralese),似乎把作品格调提高了若干档次。

"九久读书人"的彭伦先生在任《文汇读书周报》记者时就与我相识,虽只偶有过从,却给我留下了善于捕捉文化信息和充分利用文化资源的新锐印象。这次彭君来约译金大侠七卷本的 magnum opus(巨著),我很吃惊,因为我知道大侠的这部作品到出齐为止,总共售出约300万册,跟他以前的畅销书相比,卖得并不算好。"九久读书人"应算出版界的后来者吧,何以有此胆识,一下子冒风险做大?莫不是看中了大侠从江湖到庙堂的转型以及于通俗中见严肃的走向,以此引发我们这儿对平民文化与精英文化的探讨?果真如此,那是很有些出版家的眼光了。

老实说,美国金大侠不是很容易译的。寻常的恐怖悬疑类作品已有相当难度,遑论这部时空颠三倒四、虚拟胡话连篇的《黑暗塔楼》了(大侠自己承认书里多的是 palaver——不同族类间的扯淡;此外,为帮助本国语读者读懂这样一部前卫小说,有个叫 Robin Firth 的人还特地编写了一本语词索引)。这次"九久读书人"来约稿,我本人是既不敢也无暇伸出湿手去抓干面粉,好在复旦英文系有那么几位"蓝袜"(bluestockings——作"才女"解),都是我先后教过的学生或青年教师,学养和学风都较出众,毅然接下了此项委托,后又蒙杭州某位女士加盟,这才有了比较齐整的译者阵容。以"蓝袜"对大侠,颇有些以柔克刚的意味。允我在此向她们致敬,并祝运笔流畅,译事成功。

(原载《万象》2005年9月号)

"回忆是实体的更高形式"
——Sandra Cisneros《芒果街小屋》中译本代序

我架不住此书责编的穷追猛打,只好请她把原文寄来看看。越一日,果有快递上门,把 Sandra Cisneros 的 The House on Mango Street 寄达,薄薄的40页文字,附前后两幅插图,第一幅以黑白色调为主,上有尖顶旧屋,有东倒西歪的庭院护栅,有矮树,有月亮,有黑猫,有奔逃中回头的女孩,清澈的大眼睛,表情羞涩中略带惶惑;后一幅跃出大片鹅黄,俯角下的女孩身影不成比例地拖长到画面之外,画的底部是小朵孤芳,一样拖着阴影。为插图所吸引,我开卷读文字,那原是个"愁多知夜长"的日子,本不想读书写字,可一口气读完这位美墨女作家的中篇,如一川烟草激起满城风絮,竟不由自主地跳出肉身的自我,任由元神跃到半空中去俯察生活:童年、老屋、玩伴、亲人、"成长的烦恼"、浮云、瘦树、弃猫、神话……

我喜欢这部作品,首先是因为 Cisneros 女士以日记式的断想,形诸真实的稚嫩少女文字,诗化了回忆。就像黑格尔所言,回忆能保存经验,回忆是内在本质,回忆是实体的更高形式。当我读着作品,感到元神跃出肉身时,应验的正是黑格尔的这些话。近年来,随着反欧洲中心主义思潮的蔓延,美国文坛另类少数族裔作家(尤其是女作家)的话语空间已远非昔日可比,重要性日渐凸现。开始时,他/她们的回忆或多或少无不带有一种蓄积已久的愤懑。渐渐地,正如米兰·昆德拉所言,"在夕阳的余晖下,所有的一切,包括绞刑架,都被怀旧的淡香所照亮",多元文化业已是一个文化既成事实,少数族裔作家的作品里便也开始渗入丝丝的温馨暖意,可以说是以一种 mellowness 在化解最初的 bitterness。我读过也教过美籍华裔的《女武士》、《唐人》、《喜福会》等作品,拿这些作品与 Cisneros 的《芒果街小屋》作一个比较,上述趋势可以看得比较明白——当然在美华人与墨人的移入方式、人数、作为、地位、对母国文化的认同感等等不尽相同。但回忆成为悲怆中掺加了醇美,从审美的角度看,似更接近"实体的更高形式",把场景从麻将桌移到户外,视界也扩展了。

  我喜欢这部作品的另一个原因是,正像插图中女孩的眼神,始而回眸,最后怯生生地仰望,作品糅合了回忆和等待。美墨聚居区的少女带上她的书远行了,据她说:"我离开是为了回来。为了那些我撇下的人。为了那些不能出去的人。"(见小说最后三短句)我说"等待",不说"展望",是因为像《等待戈多》一样,前一用词拓启了一个开放性的不定阈:忧乐未知,阡陌不识,死生无常,人生如寄;不像"展望"那样给人留下一条光明的尾巴。非此,经验性的回忆无由升华到形而上的哲理高度。笔者渐入老境,虽说一生平淡,也渐悟出"我忆,故我在"和"我等,故我在"的道理。当然,等待什么,那是不可知的。

  作品中少数族裔青少年的英语让人耳目一新,本身就是对主流话语的一种反叛。但是,"超短式"的句法(如以"Me"代"As for me")①、不合语法的用语、屡屡插入的西班牙语专

---

  ① 这篇序文写完后,此用法受笔者特别注意,经年观察后发现,口语中已常用(笔者注于 2008 年 12 月)。

> "回忆是实体的更高形式"

名和语词,可以说是族裔的专用符号,使主流读者领略另类之趣。无怪乎作品会被选作教材,甚至受到传统主义文评家的褒评。只是对于我国的英语学生来说,读 Cisneros 英文的时候似需有一定的警戒意识——这是我作为一名英语教书匠的可能多余的劝告。

(Sandra Cisneros 著、潘帕译《芒果街的小屋》,
译林出版社 2006 年 6 月版)

"梦回愁对一灯昏"
——Truman Capote《圣诞忆旧集》中译本代序

《译林》的周大责编像是 knows my numbers（号准了我的脉），凡有回忆类文字——特别是配上了我称之为"西洋丰子恺"式写意插图的——要翻译出版，就来找我作序。这一回，事先不打招呼，就把杜鲁门·卡坡蒂（Truman Capote）的三个短篇，风风火火快递上海。我收到快件，先看插图，后读文本，时逢远方家人接连染恙，正处于陆游所谓"梦回愁对一灯昏"的心绪中，居然不用对方催逼，径入彀中。那边一位小友还在劝我掷硬币，决定写或不写；我这厢却已经忙着动笔了。

这本三个短篇的集子，早就听说过，在美国常被用作圣诞礼书赠人；在《卡坡蒂》影片中也听到过片断的朗诵，印象并不大佳（卡氏那嗓音尖亢有余，浑厚不足）。但这次一看到书中老妇、男童、家犬的一幅插图，竟蓦然想起自己在余姚的童年，只不过故事里的表亲成了我的至亲——我的亡母。我家当年那条草狗的性别，我始终没弄明白过，它也没有一个堂而皇之的帝胄之名奎妮（Queenie）①，但狗儿的绕膝之忠，

---

① Queenie 是从 Queen（女王，皇后）化出，也是英国伊丽莎白女王二世的昵称。

古今中外无二。场景虽从美国南方的阿拉巴马搬到中国的浙东,可一样是座老屋,又一样是年节将临,厨下忙碌,只是我们那时是运米过河去做年糕。我家老宅那人字形搭接的方砖天花板上印有形状各异的水渍,在幼儿眼中活似后来读到的哈姆雷特和普鲁涅斯看天说云。记得还曾从那儿掉下过一条小家蛇,老人说是我的魂灵所寄。蛇受伤,果然不久我就生了一场肾病……圣诞节前做蛋糕,则引我回想起小外孙蹙着她妈妈做 choo-choo train(一种做成列车形状的蛋糕,火车可食,童心自然大乐),那时候病魔利爪再长,还够不着快快活活的一家子呢。至于小学生中间的恃强凌弱,我曾在余姚县阳明镇第二国小为大同学背负七八个书包当苦力,眼馋地看他们呼啸着玩扯铃、抽陀螺、打弹子……

于我,三个短篇最大的功用,在于激活回忆,而回忆实际上是种放逐或神游,在文本和受众之间用神秘的密码制造"互文性",更给人"此身非我有"的一种东方佛家似的境界。在这种放逐或神游过程中,你能拉开与现实的距离,摈弃矫饰,冲突樊笼,还原本真,退守自我。卡坡蒂这三篇"冰雪"文字对于目下热衷于现世躁进的读者,我想启示意义是不言自明的。至于用小儿的目光看世界,用词汇量有限的童稚文笔白描人事,难得有些近乎玄诗派的童真比喻,如"菊花似狮","一铁皮浴缸的菊花其重量可比四十个人高马大的海盗",等等,从修辞上说,则可收奇崛之效。"蓄意的残忍乃是唯一不可原谅之罪",放大细推到成人社会的历史来认识,尤入机理。

可惜,躁进是个心魔,就连卡坡蒂本人也难以摆脱。好像坏就坏在他那部"非虚拟小说"(一称"新潮新闻体"代表作)《冷血》给他带来了数百万的稿酬。公允地说,一个没上过大学的人,看了《纽约时报》上三百来字的报道,亲赴堪萨斯谋杀现场,广泛采访,写出一本大书,确是天赋加勤奋的结果。特别是对两名案犯的追踪和心理挖掘,令我猜测卡君是否读过英国散文家德昆西(De Quincey)关于"谋杀美学"的文章。鄙人当年主编《英汉大词典》搜寻例证时,《冷血》也是供例读物之一,如未记错,"Beats me"(我不懂)作为口语常用单句之例,就是引自该书。但是书成名就之后,卡君开始沉溺流俗,眩惑名位,濯缨弹冠,谘诹荣贵,在纽约举办假面舞会,呼朋引类,召来文坛、商界、娱乐圈中人。又抢着做"滚石"乐队代言人。虽是同性恋,却跟前肯尼迪夫人的妹妹打得火热,还谎称大明星嘉宝也是老相识。最后酗酒吸毒,脑萎缩后植发,终至肝病不治。不知临终时的卡坡蒂,是否也曾有"梦回愁对一灯昏"的感喟。

　　读这三个短篇的同时,我多么怀念那个生活在清贫中的天真小男孩啊,其实也是在怀念自己率真的童稚年代,那种物莫能污但已远去而再不可追的自怡境界。

(Truman Capote 著、潘帕译《圣诞忆旧集》,
译林出版社 2008 年 12 月版)

小叙事，大颠覆
——评介 2008 年美国新书《人体烬余》

后现代狂飙起处，学界解构、颠覆、"挪用"成风。史学领域也不例外。关于第二次世界大战的史料，卷帙浩繁，互文性强，要对此动一点历史修正主义的手脚，殊非易事。

可偏有人来染指这禁鼎一脔了，那叙事手法又颇为别致：作者像是置身事外，以纯客观的态势，撷取报摘、广播、函件、日记、演说等零碎内容，辅以超过正文页数（474）至少一倍数目的详尽注释，试图以小叙事合成一段对于第二次世界大战历史的大颠覆。这本书就是 2008 年 3 月美国赛门-修斯特公司出版的 *Human Smoke*，副题是 *The Beginnings of World War II, the End of Civilization*（顺便说一句，书题在国内被译作《人类的烟尘往事》，实属大谬。作者 Nicholson Baker 本人在短短的后记里提到，书题系引用二战中被希特勒囚禁的德军总参谋长哈德尔之语。哈氏在奥斯威辛集中营，见营方焚尸扬灰后有余烬飘进囚室，乃有感而发，故拟译《人体烬余》）。

作者原本准备写一部关于二战时期美国国会图书馆的书，写着写着勾起他反思多多。作者本人虽不参与叙事，然而从引用的历史断编残简看来，罗斯福、丘吉尔两位美英领导人断非传统史家笔下的"二战英雄"，而是或火中取栗，一心发战争横财,或战前参与绥靖主义,战时则执著于种族主义的褊狭政客而已,对犹太人的敌视足可与希特勒媲美。譬如,早在1922年,在纽约当律师的罗斯福就力主哈佛法学院应限额招收犹太学生;当上总统以后,更是反对国会通过援助欧洲犹太人(特别是儿童)的法案。丘吉尔嗜战如命,曾叹息一战结束得不是时候,使他来不及用上新兴的空军去轰炸柏林和德国腹地;直到1937年,还在《同代伟人》一书中吹捧希魔"能干、镇定、消息灵通并举止不凡",而托洛茨基(因是犹太人)和甘地则是他的死敌;大战在即,他甚至还宣称,要是英国战败,英人将需要希特勒这样一位领袖,来引导英国"重返世界民族之林"! 作者一方面让自己搜集到的资料说话,颠覆普通美国人心目中的英雄形象,如首次飞渡大西洋的林白;另一方面,又刻意援引战时和平主义者发聋振聩的呼声,以期改变读者对英雄主义的认同。在这一方面,我们既能重温圣雄甘地的非暴力抵抗主张,又可发现不少类乎《辛德勒的名单》的来自民间的"不事声张的"英雄主义,如书中屡屡引到的美国公谊会执行干事克赖伦斯·匹葛特(Clarence Pickett)奔走于全球的呼号(在基督教诸教派中凸显公谊会,使人怀疑作者贝克本人是否贵格派中人,抑或是受资料局限?——作者取材主要来自《纽约时报》和《先驱论坛报》两种,尽管参考书单长达380余部/篇)。

以非恶即善的"道德等值"论来衡量历史,将目的和手段一元化,把二战脸谱式地图解成一场"正义的战争"——教科书都会这样表述,可文学艺术界的知识分子们表现战争的手法往往与此大相径庭。小冯尼格(Vonnegut, Jr.)的《第五号屠场》如此,诺曼·梅勒(Norman Mailer)的《刽子手之歌》如此,《人体烬余》中的各色人等的感受也是如此:战争就是战争,无所谓正义与否(A war is just war. There is no such thing as a just war or a good war.)。这些人中间包括萧伯纳、战时逃难美国的英国作家衣修午德(Christopher Isherwood)、罗马尼亚犹太裔剧作家塞巴斯蒂安(Mihail Sebastian)、德累斯顿退休教师克兰普勒(Viktor Klemperer),等等。

除了挑战历史评判的主旨,这部书还多趣闻轶事:1937年8月23日,上海永安①公司被一颗700磅重的意大利产炸弹击中,事后得知,原来非日机投下,而是一名中国飞行员在被三架敌机咬尾追击时为减重爬高,仓猝误投!夫唱妇随,丘吉尔惯于出口伤人,丘太太也不让须眉,种族主义激情贲张时,骂日本是"黄种虱群"(yellow lice),原来史家认定"铁幕"(iron curtain)一词的创始人是丘吉尔无疑,读了这本书始知纳粹宣传部官员早早就这样攻讦布尔什维克主义,老丘只不过继承了戈培尔的衣钵而已;以"打砸抢"而臭名昭著的"水晶之夜",原来还有一段被纳粹用作前因的导火线小插曲,那就是一名巴黎的犹太青年格里斯潘出于义愤暗杀德国驻法使馆的官员,希特勒趁机大做文章,先是派去自己的私人医生为饮弹官员治伤,三天后又利用此事与戈培尔密谋煽动德国群众反犹,捣毁犹太会堂和商店等,弄出满地玻璃碎渣的丑恶场面,之所以冠以"水晶之夜"的美名,据说又是戈培尔的"杰作"——因为他从一部自己爱读的书里汲取了灵感,此书书名:《舆论的晶体化》;英机向德方倾泻炸弹之余,大撒传单,据说耗纸之多,可供战时德军官兵如厕时不愁手纸匮乏;希特勒要把犹太人放逐到马达加斯加,深谙地缘政治的欧洲人竟也认为,犹太如要复国,最好还是把国址选择在斯大林专为劳动营辟出的西伯利亚去……

作者贝克是个颇有争议的微观作家,时常专注于人的小脑对琐细事物的反应:办公室职员午休下楼买鞋带,爸爸用奶瓶给女婴哺乳,陌生男女在成人热线上聊天,九岁女孩疑

---

① 应是"先施"之误。

问稻草怎会压垮骆驼,旧报旧刊一律微缩成胶卷保存弊大于利——区区5分钟内发生的事,在他笔下,可以敷衍成140多页的文字。斯蒂芬·金说,贝克只顾细枝末节,写小说就像"修锉指甲",全然不知情节为何物;可贝克也有在小说中引进脚注,乘机宕开一笔戏说其他的创新;也有人将他细针密缕的笔法归入普鲁斯特的传统;美国全国书评圈内奖也在2001年颁给了贝克的《双摺》;莱温斯基小姐与克林顿偷情时,还给总统送去过贝克的书作为礼物。

《人体烬余》这样一部厚逾560页且又是硬面的大书,卧床捧持阅读,有点吃力。但深入一看,发现虽然作者按照编年史原则罗列资料,书中某些人事形成连贯呼应,830个片断多数却自成一体,前后左右未必形成因果接续关系,所以跳看选读亦无大碍。以下摘译书中几段:

§ 正为米高梅公司写一部电影的克里斯托弗·衣修午德去参加好莱坞反战联盟的一次会议。他不喜欢和平主义者们不诚实和一味注重私利的论据。会上有个名叫达德莱·尼考尔斯的编剧发言,自称是个好战的和平主义者,谁要拉美国参战,他就要与此人拔拳相向。

衣修午德认为,反战鼓动若非基于真实的谴责暴力,势必收获有限。"这些人怎么如此惧怕反对杀戮这一简单的道义立场!"他在日记里这么写道。时为1940年1月6日。(p.161)

§ 建筑师弗兰克·劳埃德·赖特在现代艺术博物馆展示自己设计的民居和公共建筑模型,这些都是他那名叫"广亳"的乌托邦大都会设想的一部分。这一设想以布局广阔、分散以及抗轰炸为特点。"分布一散,城市可以免遭重创,"赖特对一名《纽约时报》记者说,"我要说欧洲遭遇轰炸未必不是件好事,因为至少建筑师们有了一个重建城市的机会。"时为1940年11月10日。

从建筑学角度看,哪座可算欧洲最佳城市?记者问。赖特说全都不行。维也纳也许最美,"而在向外散布人口方面,进步最大的要算莫斯科。"

之后,伦敦《新闻—纪事》邀请赖特写出1 500字关于重建英国首都的建议。建筑师老调重弹:"轰炸并非一无好处。贫民窟和丑陋景物原得花几百年的时间始可改观,现在几天就给夷为平地了。"(p.248)

§ 在巴黎地铁,一名德军上校被人用刀捅了。时为1941年8月22日。

6 000名犹太人被逮捕。一纸命令如此宣布:"如若再有新的犯罪行为发生,数目与此行为严重性相当的人质将被枪毙。"(p.383)

§ 1941年除夕,一个男子在芝加哥的克拉克街上出售喇叭。过路人买了喇叭嘟嘟吹着。后来发现喇叭上有"日本制造"的字样,"当公众发现此人商品的来路时,"《芝加哥论坛报》说,"大家把喇叭扔在脚下乱踩,又把那小贩赶得一溜烟逃了。"

除旧迎新之际,炼钢炉和兵工厂"火光熊熊",《论坛报》记者写道:"午夜时分,工厂汽笛声大作。工人停下手里的活儿,欢呼新年来临,随后又继续工作。"(p.468)

§ 德国王牌飞行员恩斯特·尤德身穿一件红色浴袍,走进枪械室,往柯尔特左轮手枪里塞进一颗子弹。驾着斯图卡轰炸机俯冲轰炸已经行不通了,哈恩克尔设计的新款飞机以及他之前设计的迈塞施米特战斗机落伍了,德国空军战败了。

他饮下一杯白兰地,躺在床上,开枪自尽。时为1941年11月17日。

戈培尔等人立即炮制一则神话,说尤德是在试验一件秘密武器时牺牲的英雄,并旋即为他举行国葬。仪仗队拔

剑致敬,死者的飞行老伙伴戈林致辞,柏林爱乐乐团演奏了瓦格纳《诸神之黄昏》中的葬仪进行曲。(p.432)

§ 阿尔法雷特·罗森伯格邀请德国报界代表就犹太人问题秘密吹风。时为1941年11月18日。

三年前,正是这位罗森伯格煽动了"水晶之夜"。"11月9日(译注:"水晶之夜"暴乱发生于1938年11月10日凌晨1点)对我们说来是个作出决策和承载宿命的日子,"他说,"那一天,犹太人向我们表明,他们旨在消灭德意志。"俄国有600万犹太人,而俄国又是欧洲的一部分。"对德国而言,犹太问题惟有在最后一个犹太人离开德国国土,才算解决;对欧洲而言,惟有乌拉尔山脉这一边再没一个犹太人,方算解决。"乌拉尔山脉的那一边是西伯利亚。

罗森伯格又说,德国所采取的行动不可发自个人仇恨,而只能来自清醒的历史洞察:必须一劳永逸把犹太人从欧洲逐出不可。"这就是把他们赶到乌拉尔山脉那一边去的原因,要不就用别的什么办法把他们消灭干净,"他说。

罗森伯格要求记者们不要报道他说的话。"要是让公众知道这些事情,那将极其有害,"他说。(p.433)

§ 温斯顿·丘吉尔提交一份战时内阁文件,要求强征所有18岁半以上、51岁以下的男子入伍。时为1941年11月6日。"促使妇女进入军火生产的运动宜即大力推动,"丘吉尔又说。一个月以后,议会通过《国家兵役法》,其中包括强征20至30岁妇女的内容。适龄女子可选择或径入军队,或去政府工厂做工。如设在波里津的王家炮厂就雇用了3万名工人。

这家工厂生产燃烧弹和高爆炸弹。梯恩梯药粉会把工人的皮肤、头发和牙齿染黄。结果,填药装弹的女工有时被人称之为"金丝黄雀"。"事故频发,主要是在雷管装配车间,"一部波里津县志如是记载,"死伤的多是年轻女工。有些不幸的人断了手指,或是发生更严重的伤残。"一次,一个滴水成冰的早晨,一名女工端了一盘雷管,从一幢楼到另一幢去的途中"引爆了雷管,炸飞了乳房"。(p. 427)

§ 亚历山大·凯陀更去西敏寺参加内维尔·张伯伦的葬礼,时间是1940年11月14日中午。

教堂里所有窗户洞开,玻璃全被炸光。"从未置身于这么冷的地方,"凯陀更写道,"仪式拖得太长了。"(p. 249)

§ 一个名叫玛丽·泰勒的妇女,从利物浦步行到伦敦,手举横幅,上书:"为了世界各地的儿童,我向男子汉们呼吁,结束这场战争。"时为1939年9月。(p. 144)

§ 维也纳的美国领事馆有待处理的签证申请超过12万件。时为1939年3月。(p. 116)

§ 温斯顿·丘吉尔就职首相兼国防大臣,誓献鲜血、辛劳、热泪与汗水。他将奉行何种政策?非常简单:战争。战争的目的是什么?取胜。议员们闻声欢呼。走出会场时,看到一名助手正注意地看着他,丘吉尔说:"这下把那些屁眼小人给镇住了吧!"(p. 176)

(原载2008年5月25日《东方早报·上海书评》)

真有这等"痴人"?
——一人一年读完 21 730 页的《大牛津》

世人公认,英国的《牛津英语大词典》是迄今为止规模最大的英语词典,故有《大牛津》(The Great Oxford)之称。

常识告诉我们,词典是用来助人查阅从而解惑释疑的,而不是供人从头至尾阅读的。不过,生活中通读词典的迷字奇人并非没有,像我尊敬的老师葛传椝先生就通读过英国福勒的《用法词典》,还找出错误若干,写信指谬,得到编者回复,称英国之外有如此深谙英语惯用法者,实属难得云云。史书记载,欧美文学界也有阅读词典成瘾的人,如首提"为艺术而艺术"口号的 19 世纪法国唯美主义作家戈蒂埃(Gautier),那是为了追求诗句词藻的丽靡彪发;同样唯美的英国文评家佩特(Walter Pater)读词典的目的恰好相反,在他是文辞洁癖使然。但没听说有人读过《大牛津》这样含 30 万词目、共计 5 900 万字的 20 卷本鸿篇巨制,直到最近读到 2008 年"近地点"(Perigee)出版社的新书:《阅读〈大牛津〉——一人,一年,21 730 页》。

本书作者可算胜似奇人的"痴人",名叫埃萌·希阿(Ammon Shea),一个纽约客,教育程度不详,18 岁时曾在巴黎街头吹奏萨克斯风,后在加州圣迭戈湾区游艇俱乐部附近的水面,当过仿威尼斯凤尾轻舟的艄公,复在纽约的搬场公司替乔迁户搬运大件家具。2007年时出过一次车祸。当时希阿的自行车被一辆驶过的汽车撞个正着，把他抛到60英尺的空中，落地后站起居然无恙！如此经历，奇则奇矣，然而看上去似乎跟通读词典"八竿子打不着"。但他的一位同居女友曾供职于梅里埃姆—韦伯斯特，也许近朱者赤，是女友造就了这么个"痴人"。

"痴人"自称，寻常的书读着读着就戛然而止，觉得兴犹未尽，所以生发了通读词典、延长阅读欣悦的奇想。在《大牛津》之前，从10岁开始，他说自己已读过《大韦氏》二版、三版等数十种辞书以及不少与辞书编写有关的书籍，深感一般读者为了查找一个词的读音、某项词义或一段词源说明，而去使用词典，无异于把一部伟大厚重的典籍用作一方镇纸，是严重的"使用不足"。因此，他要反其道而行之，要从中发掘应该有用而被多数人弃用终至罕为人知的语词素材，以及虽然可能无用仍不失美学价值或认识价值（如对拉丁、希腊两语的认知）的宝贝。希阿这话不无道理。读了他的书，这几天洗澡时，当搓背的丝瓜筋达不到背部某处时，脑际便浮上一个《大牛津》收录、经希阿评注的生僻词acnestis，原意是：动物挠痒时舌、爪、尾均难以达到的那个背部"盲点"部位。读者诸君可能都见过聪明的猫狗背靠柱子摩擦止痒，可有谁识得这个词？又有谁能从现当代英语中找到一个词，来准确表述这个"有痒难搔"的部位？正写本文时，又有友人来约餐叙。我蛰居素食成习，不喜喧闹饭局，希阿从《大牛津》引得一词教我：deipnophobia（餐叙恐惧），乃两个希腊词deipno和phobia的合成。识得此词正其时也，类乎当年林彪"副统帅"所谓的"急用先学"。有点意思吧？

话说希阿从拥有两万多种不同辞书的纽约某书商处购得重量超过137磅的20卷本《大牛津》后，某个周一早上9点27分，5箱大书递到，希阿使劲儿嗅入书香，觉得那味儿比一辆新车散发的气味好闻多了,一边"唐突无礼地"移走了《世纪词典》(网上有位年轻朋友向奉《世纪词典》为圭臬,必不喜闻)和《韦氏》三版,在书架上为《大牛津》腾出空间。15分钟折腾之后,一杯浓咖啡在手,希阿已破卷开读了。边读,边以一纸一笔记下自己不识而单看释义当属有用或可用的多音节长大难词,希阿兴味甚浓,心虔志诚,据他自己说凌晨三四点钟就起身在字堆中披沙剖璞,不时还要到他坐拥的近千种其他辞书中去寻找佐证或反证。叵料如此起坐不辍,费时良多,更有邻家菜香勾起食指大动时的干扰,阅读进度宛若蜗行;坐读时间一长,头痛、腰酸、眼涩齐齐袭来。用上放大镜致聚焦圈内外有别,大小不匀,功效有限。友人建议他用投影仪,又嫌覆书掀页麻烦,这才决定换个地方阅读。希阿试过公园长椅和公共图书馆,最后终于选定纽约市立大学亨特学院图书馆的地下室法文部(因不谙法文可排除干扰),毕其全功,修成"正果"。

　　希阿的全书掐头去尾,共分26章,对应英语的26个字母。以第一章A字部为例,他列举32个词,或自己动笔,或引用前人定义,为每词提供一句简明释文,然后略加评论。这评论文字最有意思,或质疑此词何以湮没失传,或从词源角度解释其构成,介绍同义、近义或反义词,或发表戏谑议论,甚至挖空心思配个趣例。我到《韦氏》三版去查这32个词,发现仅收5个;复去2007年版的《新牛津英语词典》查比,不出所料,重合的仅1词。这一方面说明《大牛津》收词量确实大(实际上并非当时之最大,《芬克与威格纳尔斯》、《世纪》、《梅里埃姆—韦伯斯特》都称收词更多——笔者按);另一方面,说明时代进步,用语嬗递,盛之有衰,生之必死,乃唯其常也,语言概莫能外。捣腾出一些老古董,相寻于无穷,看看前人曾如何确切又生动地表达普适的人类思想、襟怀、感情、遭际、经验等等,附带着传递一种风霜难老的美感,我看这是希阿此书最大的功绩所在。一些如上文引述的仍属有用的词被淘汰,而人类从未亲见的如 dinosaur(恐龙,源自拉丁)却流传至今,两三岁的稚童都时时挂于口边,除去陆地恐龙,还能分辨空中飞的和水里游的。这词汇的存殁背后究竟有没有以及接受何种神秘规律支配,希阿的作品也颇能发人深究的好奇心。

譬如说,A 字部所列 32 词中,除了上文引到的 acnestis 一词有相当实用性外,我们在生活中都经历过"心里明明想要,嘴上偏偏谢绝"的言不由衷场合,这类并非发自衷心的妄言用今天的英语来描述,可能相当费劲,五六百年前的人只需用上一个 accimus 单词即可穷尽其义;淋浴时看着夹带肥皂沫的脏水经下水口被冲刷出去,那脏水叫 abluvion(对于认识 ablution 的人,此词易记);没有做好预习的学生最怕在堂上被老师一再叫起答问,亦即当代人所说的 to be called upon frequently in class,而一个古词 advocitate 据说在表述意义之外,还微妙传达了学童惴惴不安的心绪;all-overish《韦氏》三版也收了,释义译成中文是"(1)隐隐不安的(2)微恙的",似乎偏偏忽略了 all-over(全身)这层意思,而《大牛津》的释文针对"浑身上下不舒服的"自我感受,特别是在病因不明时,可谓一语中的(希阿打趣说,下次打电话请病假时此词可用);"ass"+"-y"=assy,即今人所谓的 asinine,希阿戏称,早从《大牛津》时代开始,词典编者便不可不注意"四字母词"了!

希阿的评论文字有时颇有继承比尔斯(Ambrose Bierce)《魔鬼词典》(*The Devil's Dictionary*)风格的特点,如把 dilapidator(听任房屋破败废圮之人)等同于今日纽约的无良房主,房客见此必然雀跃。希阿评论中的同义、近义或反义比较,似也得各种类词词典(thesauri)之真传,至少说明他看过或用过不少这类辞书。"妻管严"uxoriousness 已经可算个罕用难词了(至少本人的电脑不识,示红报警,据说当年钱锺书先生也不识),可是今天中国学英语的人,为通过 GRE 考试,好像特别需要认得这个词——我曾被屡次考问。若问它的反义词,有兴趣的读者不妨请看《大牛津》收的"妻溺爱"maritality。

在全书 26 章每一章词汇表之前,希阿还总要写下一段文字,虽未必与后列词汇有关,但无不涉及他本人自幼迷字的经历和辞书编纂的方方面面,时而也会宕开一笔,写写图书馆工作人员的特征或自己去芝加哥参加北美辞书学会年会的观感等等。其中虽有读者熟知的西西弗斯推石上山又不断滚落的"洋愚公"的典故,有英国登山家马勒利(George Mallory)1923 年回答《纽约时报》采访攀登珠穆朗玛峰动机时的名言:"因为山峰在那里"等"为学心难满"的醒世恒言,使人有 hard-selling(过于"诲人不倦")之感,但也含不少有用的信息(如 set 和 make 两词何者内容更丰)、睿智的判断(如对学生词典和学界通行的文献罗列所持的保留看法)和精彩的机智。说到后者,原来作者从小就像哈利·波特一样戴着眼镜,直到 19 岁镜片碎裂又没钱配戴新镜,全靠眯眼自我调节视力,如此混过多年。开始通读《大牛津》后,视力急剧下降,于是 20 年后重返同一家眼镜店去验光配镜。这番经历以"我从不相信体积越做越小而价格越来越贵的东西,也不愿让 600 美元从钱包流出,跃上我的鼻梁去呆着"这样的描写告终,读上去是篇很不错的随笔(见原书 H 章)。2007 年 7 月 18 日下午 2 点 17 分,《大牛津》全部读完,得失该如何厘定呢?希阿自称最大收获是童年一大愿望得以满足:一生什么事情都不必干,成天坐着阅读;其次是由衷悟得英语是门恢廓灿烂的语言,编纂词典的人值得尊崇(壳牌石油假借韦氏招牌在地铁站推销的滑头货不在其列)。说到损失,视力恶化,腰背成疾,因为掛酌用词,说话疙疙瘩瘩,语速明显减慢,不但"前言"、"后记"两个词要用拉丁文,给女友留张便条也要写得像学术论文;再有就是咖啡喝多,牙齿染上巧克力色。大事甫成,必生失落。问他下一步准备做什么,答曰:重读《大牛津》。

襄汾崩坝、有毒奶粉、奥运假唱、虚报年龄……这类见闻多了,难免受到"阴谋论"的影响,人会变成"canine scholar"(笔者对"犬儒"二字的恶搞戏译)。据说希阿每天读9至10个小时的词典,一周5日,从不间断。即使不把周末刨去,一年按365天计算,每日的阅读量也要摊到58页左右。词典不像文学作品,没有小说的情节、诗歌的意境、戏剧的对话、散文的谋篇,且又是高度程式化的,不要说通读,即便是连续查阅,必然疲劳生厌。纽约报人杰考伯斯(A. J. Jacobs)通读32卷本的《大英百科全书》可能是在信息爆炸时代,追求成为"全知人"(*The Know-It-All*,杰氏作品书题),带有与职业有关的一定的功利性。而在读书已经成为古典行为方式的今天,咱们的希阿先生,在玄黄翻腾的纽约(近日不是雷曼兄弟和美林又相继出事了吗?)完全净身,逐字逐句精细通读《大牛津》,其中是否有诈?敢请贤明读者诸君与笔者一起考量考量。

(原载2008年9月28日《东方早报·上海书评》)

老 记 难 为

——《民国采访战》读后闲话

"民国热"中听说有一本题为 My Years in China, 1926—1941（《我的驻华岁月:1926—1941》）的书,把上世纪二三十年代中国发生的大事"一网打尽",值得一读。作者是美国《纽约时报》当年的驻华首席记者。网上评论说,学国际政治、中国/东亚历史或新闻专业的学生,可把此书作为教辅读物,即使业外人用来闲读,也是佳品。我属后者,于是翘足引领多时。可是待书递到,却已是中文译本,书题亦改作《民国采访战》。纵然译者杨植峰校友态度严谨,言必有据,存疑处一一注明,文笔又好,全书除个别植字小疵（如 277 页的"摸黑"应作"抹黑"、"警事厅"应作"警视厅"）外①,晓畅可读,但译本毕竟不能毫发不爽地还原原文风姿。就以作者名字 Hallett Abend 为例,译文作"阿班"②,哪位读者如不顾首尾,随手翻书批阅,见到"阿班事件",很可能把"阿班"其人误作日籍或华籍。我问过英美人,均称此名鲜见,多为德裔,但读作/ˈeibend/大概无错。所以,如果译作"埃班德",是不是见字

---

① 另外,"跑马场"沪上统称"跑马厅"。
② 据《近代来华外国人名辞典》（中国社会科学出版社 1984 年 6 月第二次印刷）,此记者中文名为亚朋德。

即知其西人身份？原汁原味问题，再好的译家也难以处理得尽善尽美。我要说的是，读原文就不会发生此类可能的误解。

关于全书内容精要，封里和腰封都有引自译序的文字提示，此处不赘。从翻译求信的角度说，《民国采访战》这个书题偏离原文甚远；若从图书卖点考虑，则又是个借风使船的高招。一个"战"字活脱脱说明，"抢"新闻（即英文所称 scooping 是也），特别是为争取独家发表，那"你死我活"的程度，有时实不让战事。所以，除非靠官方预拟新闻稿吃饭，老记还真需要拿出点"战士"的劲儿来。别看阿班是富得流油的美国大报驻华首席，像煞一个"无冕之王"，住百老汇，打高尔夫，但南京国民党宣传部因为他写宋美龄犯上，追着要驱逐他出境，封杀邮路，新闻文稿非曲线发送不可；日本便衣宪兵中夜入侵，翻箱倒柜，复将他打个鼻青脸肿；激怒美国海军上将，招致侪辈嫉恨，同根相煎；刚刚在天津目击了日机狂轰南开大学，又为从华北尽快赶回上海报道"八·一三"淞沪抗战，一路在封闭的统舱挨烤加晕船，全身起泡蜕皮，回到上海又险在永安公司（应为先施公司，下同——笔者注）被炸死，从尸体堆里爬出，急忙去打破伤风针……当然，比之牺牲在今日战地或恐怖主义枪口下的记者来说，"战士"阿班还是够幸运的，但就置身冰泮，脚踏枳棘的处境而论，并无二致。老记难为呵！

阿班在华从业几近十五年，终至老成练达。孙悟空抓过一把风闻一闻会连呼"妖精"，阿班的新闻嗅觉与老孙那本事可有一比。最富戏剧性的是他对 1936 年"西安事变"新闻的捕捉和判读。12 月 12 日晚 8 点 30 分，他给宋子文打电话，被告知外出；旋拨端纳酒店的号码，秘书回话也是外出；再拨宋美龄住处，得悉又是外出，而且三人都去了孔祥熙家。要说宋、孔开家庭会议，与澳人端纳何涉？对了，端纳先后当过张学良和蒋介石的顾问，而此时蒋正在张的辖区督促剿共。

这阵"妖风"过处,被孙猴子抓了个正着,岂肯放过?接着,他便使出今日"狗仔队"死缠烂打的功夫,一遍遍给孔府去电话,探听虚实。经过半小时的折腾,蒋介石西安被执的消息终于被他探得,旋发纽约,美东时间早上9点正,这条独家新闻已以滚动灯文闪烁于时报广场①。当然这一特例也说明,老记要抢占新闻制高点,人脉(特别是层峰)经营必不可少。以后,埃德加·斯诺、安娜·路易斯·斯特朗的从业经历也充分证明了这一点。毛主席向尼克松示好,叱林彪"四个'伟大'讨嫌"以及"纸老虎"论,不都是用外记之口对外发布的吗?

　　广结人缘是硬币的一面,另一面是老记要经得起诱惑,顶得住压力。上海"一二·八"事变后,为诱使阿班笔下留情,报导有利于日方,日本军官上门公开行贿,献上厚厚一叠钞票,外加日人喜用的"请多多关照"一类谀辞。偏偏阿班不吃这一套,不但拒纳,还把这事闹得个满城风雨,弄得行贿人最后只得登门道歉。新闻人的操守从中可见一斑。至于抗压,上文已经约略提到,其中南京方面驱逐不成,就由检禁大员信手"斧正"他的新闻稿件,要不,做点屑小动作,由电报局发电员故意拖拉刁难,兼带索贿;日本方面除派人"肢体修理",信电威胁已成常态,还要买通仆人以伪造机密文件、鸦片、左轮手枪等偷运入室,栽赃陷害。到了最后,弄到阿班非雇用个人保镖不可的地步;再往后,只好一走了之。面对软硬两手,阿班始终执著于职业操守,非事实不报。如"八·一三"时,永安公司被中国空军误炸,国民党当局当然否认而归咎于日方,毕竟南京路上中国无辜百姓死伤逾千!他于是从

---

　　① Times Square(注意英语第一词为复数!)一般都译作"时代广场",其实不确。因此地矗立《纽约时报》总部大厦而得名,故以译作"时报广场"为宜。

采访泊于黄浦江的美国军舰观察哨入手，复去确证炸弹系意大利制造的750磅开花弹，由上海海关于某年某月某日进口，由此真相终于大白。阿班的职业操守还表现在，如有必要，绝对不透露消息来源。德、意、日轴心结盟这件大事，阿班是在三国签约前四天就发了消息的，新闻稿之详，不逊情报（毋庸讳言，驻外记者兼做一点情报副业几成国际惯例，派出和接受双方都心知肚明，我看阿班也不例外——当然，像当年苏联的理查德·佐尔格那样，主副业不分，搞得太过火，只好听由东京警视厅绞死了）：诸如德国赴日代表团的人数及成员履历、何日从西伯利亚乘坐火车进入"满洲国"、何日抵达东京、下榻于何间酒店，等等，唯独对消息来源始终讳莫如深。这使我想起旧中国《中央日报》某老记，居然在官报上揭露四大家族之一的舞弊劣迹。消息传开，朝野哗然。"有关部门"自然来逼问消息来源，直到蒋介石亲自出面。可那老记宁可自己罹祸，也不觳觫伏罪而交代消息来源，謇谔之风可钦。

读阿班的这本书时，深感旧中国积弱之悲哀，今日崛起之不易。这儿说到的悲哀，那年参观旅顺日俄战争旧址时就非常强烈。试想，腾出一块宝地，让两家列强放手厮杀，清廷居然还大刺刺公开宣布"严守中立"！《民国采访战》中从济南惨案写到上海的"孤岛时期"，字里行间莫不森森然矗立着一个贫弱中国的阴影。内河里横七竖八泊着的外国军舰，有时炮击中国革命军队，有时互相炮击而殃及池鱼；围绕上海国际饭店的一场宴会，美日双方可以不顾中国行人安危，交手动武……这样的历史，国人确应日习不忘，自勉不堕。同样具有警示意义的是，从书中写到的宁汉分裂，东北易帜，中原大战，到两广事件，汪伪投降，不难看到国人中各派力量，如何不是撕破脸皮打内战，就是面和心不和，折腾不止，既易出汉奸，也丰产暴民。如何实现并珍惜和谐，尊崇自信、宽容和诚实，彻底摈弃专制和暴力，如何以民主和法制实实在在来个中华民族的大团结，读者当然不能指望阿班在书里说明，可我读着读着，似乎读出这点意味来了。

阿班对新闻事业的执著，确实令人肃然起敬。据他自称，十五年中每次回国度假，鲜有不提前结束、赶回远东续职的。友人调侃说：听说你想去爱达荷抓鲑鱼，那些鱼等了你那么久，怕都长成庞然大物了。第二次世界大战对于人类自然是场浩劫，但是时局的每一变化不啻如"海妖之歌"响起，蛊惑着他奔往战场搜罗新闻。可能是我的偏见，也可能是因为时移世易，今日里的有些老记似也足够执著，一路追赶，把戴安娜送上黄泉路，或者因抢拍明星女儿照片被做爸爸的掐了脖子。但这种执著的终极结果又是什么？我是搞不懂。

《民国采访战》还有不少令我长见识的内容，譬如过去说到二战时的日本军队，强调最多的是官兵的残暴和武士道精神（因而战斗力较强），仿佛那就是一架高效运转的战争机器，较少揭露其内部的腐化朽败。阿班以实例发奸擿伏，说明日本军方高层奸宄当道，与三菱、三井等大企业勾结，垄断走私、贩毒等勾当，从而有助于人们重新认识日军，以后在文学作品里也别老是描写面向东方切腹自杀那一套了。他对司徒雷登、林白、麦克阿瑟等人的负面描述都有实例作后盾，相当令人信服。唯有关于胡适博士作为上海公学校长被国民党当局判了死刑，是他在《纽约时报》上的一篇呼吁，性命始得保全这一节，是否属实，恕我存疑。阿班和他的欧美朋友们骂日本人的话相当难听，在我们黄种人耳里，明显带有侮辱性，即使在今日讲究"政治正确"的美国人听来，恐怕也难以接受。美国国内的历史修正主义派不是在诘问吗：为什么那两颗原子弹非要投到日本而不投到德国去呢？

（原载 2008 年 8 月 3 日《东方早报·上海书评》）

怯怯地问一声：
"禁烟派人士一读，如何？"

鼠年之初，写过一篇小文"过街老鼠的哀鸣"，是为烟民说话的。原怕没人肯冒天下之大不韪刊布这样的文章，写过算数就是了。后来居然被一位并不吸烟的女编辑采用，作者好不高兴。不过，女编辑是否因此收到过暴跳如雷的读者抗议来信甚或针对作者的 hate mail，要不就是体恤我的感受，压下不转，那都不得而知了。

看到没什么反应，"过街老鼠"又变得不安分起来。近读几本关于烟草的洋书，觉得信息富足，见解别致，斗胆写下这篇书评，既与尚未戒烟的同好分享，又希望至死靡他的禁烟派人士也来一读。夷人乖论，不足为训，权当"警世狂言"可也。

本文要说到的第一本书是"菲伯（出版社）丛书——纵论抽烟"。这是一部选集，2000年在伦敦出版。选编者名叫詹姆士·沃尔顿，是个媒体人，曾在《每日电讯报》和英国无线四台工作，1962年生，对我而言可算个"少壮派"了。后生小子的研究工作做得相当周详，搜辑材料从哥伦布到克林顿，古往今来，文学、神话、新闻、影剧、法律、私人日记等等五花八门，无所不涉。仅文学一类，就兼顾小说、自传、诗歌、戏剧、神话、传说，等等。除了对500年历史的回顾，如实引用有代表性的禁烟和纵烟两派观点,有闻必录,多见阙殆,基本不失公允。编者其人还不乏幽默感,把全书分作20章,说是正好对应一包香烟所容纳的20支之数。

  选集首引北美印第安修伦(Heuron)人的神话,全文如下:"上古时,土地蛮荒,大神遣一美艳裸女救世。女右手触地,豆即生,左手触地,米顿长,女坐地处,遂有烟草。"选集也就由此始发,引用哥伦布发现新大陆(1492年)前后的日记,详述烟草由北美引入欧洲之初的各种轶闻。如英人殖民北美,故尤属意于烟斗(一般共识,将烟草引入英国的是后来被英王詹姆士一世处死于伦敦塔的沃尔特·劳雷爵士,罪名之一便是此人是"万恶的烟草之父"。可也有史家把烟草作为历史的分水岭,英国的伊丽莎白一世女王盛世,功在烟草);西班牙人殖民南美居多,故抽香烟成风;而法国驻葡萄牙大使则把烟草以鼻烟形式带进法国宫廷,以至此人的名字Nicot后在拉丁语中成为普通名词Nicotine(尼古丁)。烟草一经引入,禁、纵两派即应运而生,前者主要是教会势力和宫廷卫道士一族,更有一些外省"阿乡","烟知"未开,见人鼻孔冒烟而大惊,忙不迭猛泼啤酒灭火;纵烟一派在吞云吐雾之余,坚称烟草可以通便,还可治霍乱、偏头痛、花柳病(无怪乎福楼拜在妓寮做"俯卧撑"的同时仍烟不离口)等等。更稀奇的是,在18世纪的英国,还有救治溺水人的一个土法,即以风箱把烟草的烟从尻口鼓入,以助人工呼吸。医务界在今天无疑已成禁烟派中流砥柱,可当年其中却不乏纵烟派。一位西班牙医师在1571年写过一篇题为《新大陆来的好消息》的文章,称烟草可治二十多种疾病,神奇犹如万应药,于是旋被译作英文,广泛流传。过了300年,权威医学杂志《柳叶刀》还曾在1857年煞有介事地讨论过烟草对疾病的疗效。直至上世纪90年代末期禁风大炽之后,编选人还听到一则趣闻,说是在某所英国数一数二的大医院里,几个大夫诊断一病人由于

怯怯地问一声:"禁烟派人士一读,如何?"

长期抽烟,已无法施行手术。会诊既毕,医生们走出病房,并不星散,而是扎堆吸烟休息去也(for a cigarette break)。所以说,纵有宗教和道德方面的禁律,纵有医界连年长篇累牍发布统计数字,就催老致死的自由基、肺气肿、肺癌、心脏病、被动吸烟等等警告大众,纵有政府威权施压(从1604年英王詹姆士一世发表的《对烟草发起反攻》到1998年美国的《总体解决协议》[MSA]),纵然早从亨利·福特时代起大牌公司就有明文拒收吸烟职工的规定,纵有小说家在作品里描述烟民末日(诸如向每支香烟注进氰化钾、军警用催泪瓦斯追捕最后几名潜逃烟民),烟民人数虽有剧减——美国减少了30%强——可继续吞云吐雾的"死士"或称"敢死队"还是不少的,而与此同时,反弹也开始了。选集中收了也许是今日美国被引用率最高的政治讽刺作家P. J.欧鲁克的一段话:"美国出问题了。问题不在危险,而在于追求过分的安全……突然间,大家都在戒酒戒烟,少喝咖啡,少进糖和盐,拒食牛羊类红肉……全是以安全的名义。我们国家已经历过多次分裂:北方对南方,黑人对白人,劳工对资方。我不知道国家还能不能经受烟民对非烟民的分裂而继续存在。"关于医学界的警告,选辑的另一处引文是业内权威人士、某荣休教授的话:"说被动吸烟40年必死的话,像'阴谋理论'的梦呓;佩皮斯(指以其日记著称的17世纪英国文人Samuel Pepys——笔者注)确实记录了因舌尖两滴尼古丁而死去的猫,但人猫机理毕竟不同。科学不能与'大多数人的一致意见'等同。烟草致病乃至致死的鼓噪,其实只能说明吾人预防医学(preventive medicine)之落后无能。"至于政府威权,反弹论者说:"烟草大辩论实质上涉及自由问题——社会对其成员的选择自由限制到什么程度的问题。"选集以希特勒为例,这位威权"元首"在维也纳做小混混时,一天抽烟25至40支之多,而当他意识到如此狂抽,靡费至钜,这才把烟戒了。后来,他把香烟看成是红种人对白人的阴险报复,制定苛严的禁烟法规,还宣称若不是当年他把香烟扔进了多瑙河,何来第三帝国的辉煌?讽刺的是,威权"元首"刚刚自杀被焚尸,他的手下便忙着在地堡里点烟猛抽,而在1945年的柏林废墟堆里,香烟竟成了最抢手的货币!4岁偷抽第一支烟、一生抽去半吨烟草、写出逾百部作品、活了89岁的英国作家坎普顿·麦肯齐爵爷如此嘲笑希特勒:"他痛恨烟草,一定是凭直觉认识到,要是自己屈服于烟草的镇静作用,他的脑溃疡就会被治好;一旦啃噬着他内心的狂怒稍得缓解,他将变成一个正常人。是的,我敢肯定,希特勒害怕烟草,就像麦克白害怕睡觉一样。"

早在1930年,有人写过一部《吸烟的历史》,在前言中作者要读者在读完全书之后猜一猜,作者本人是否抽烟。我们的詹姆士·沃尔顿先生可没弄那么多玄虚,而是坦承,为选辑这本菲伯丛书,自己大概抽了4万支烟。选辑于是出现某种倾斜,也就不足为奇了。确实,《牛津禁烟伴读词典》、司法部长们、医学界禁烟派的材料,他用了不少,所谓烟瘾者,不过是"鄙念复萌的奴性表现",还有兰姆、萨克雷等人文学作品中淑女厌恶男子抽烟、闺房烟臭绕梁不去,终至婚变的描写,甚至也不忌讳有人破口大骂:"赌徒、妓女和疯子一概都是烟鬼。"另一方面,他又把历史上的吸烟名人"一网打尽",通过别人的笔,写出不少有趣的故事,活脱脱一部 Smoking Who's Who(抽烟名人录),简直像书中有书。无产阶级革命导师马克思,据他女婿拉法格回忆,说过:"《资本论》一书甚至还不够我为写出这本书所花的烟钱。"可怜的爱因斯坦本是无可救药的瘾君子,在医生、秘书、女儿夹攻之下被迫戒烟。烟瘾大作时,只好跑到朋友家乞讨,甚至沦落到在街上拾烟蒂(乔治·奥威尔在《巴黎、伦敦落魄记》里也写到流浪儿朋友如何送来四个湿渍渍的污秽烟头,让这位奥兄感恩不尽)。匈牙利音乐家李斯特甚至能从无名作曲家某部 C 小调奏鸣曲作品中听出对方抽烟,他自己弹钢琴时居然有右手夹支雪茄的本事(这点恕我存疑,同疑读者可看 Adrian Williams 1990 年作品:*Portrait of Liszt*)! 就抽烟数量来看,不少名人已从"鬼"羽化登"仙":如果说弗洛伊德一天抽 20 支还只是寻常"烟鬼",那么约翰·厄普达克在成功戒烟之前,简直就是"烟仙"。他自称在哈佛一天要抽 3 盒,还爱熟练玩弄一烟一抽、两烟同抽(double-inhale)、口鼻环抽(French-inhale)、唇吐烟圈等多种花样。

选集的信息性和趣味性还在于全书的第二部分拨出相当篇幅,供读者从引文研讨与吸烟有关的各种附属专题:战争与吸烟、监狱生活与吸烟、外交与吸烟、烟草走私、烟草税收、烟草广告、自我限量与戒烟、抽烟礼仪、烟民金字塔与势利、吸烟与性及性诱惑,等等。看看这些罗列的专题,可读性已经一目了然。譬如,说到妇女与抽烟,编者从英国女王维多利亚如何厌恶烟草开始引述,而出于逆反和对男女平权的追求,"新女性"如何在 19 世纪末开始抽烟,又如何发现烟草有奇妙的减肥功能而致女性抽烟"于今为烈"。编者还不时以烟草为由头,掺入若干历史八卦。例如二战期间斯大林一再敦促英美开辟对德第二战场,而英美则希望看到德苏两败俱伤而拖宕再三。一次,斯、丘会谈之后,斯突告丘,下榻处已为丘准备好厚礼一份——一位苏联女郎。丘答宁可斯赠大量雪茄,更合脾胃。回得酒店,老丘床上果有一女,但来者是个六岁小妞,并持一牌,上书:"等我发育,第二战场可已开辟?"又如克林顿与莱温斯基瓣雨尤云之时,堂堂大总统行状猥琐下作,拿根雪茄作"郭先生"。按莱小姐的描述,"他放根雪茄在嘴里咬,过后把雪茄拿在手里……有点淫秽地看着它,那样……我也就看那雪茄,又看着他说,什么时候,这玩意儿我们也可以做。"1998 年的这段绯闻实与吸烟关系不大,选编在此怕是录以备考罢了。

除了上述选集,关注或有意参与烟草大辩论的读者,还可读《香烟大战:"小小白奴主"的胜利》(女作者名 Cassandra Tate,2000 年)、《政治正确,医学博士:政治正确如何蛊蚀医学》(女作者名 Sally L. Satel,2000 年)、《为你自己好:禁烟十字军和公众健康至上》(作者 Jacob Sullum,1998 年)等。钱锺书先生说:"世间事理,每具双边二柄,正反仇合,理殊趣合(将此"合"字改作"同"字,如何?)。"禁、纵两方面的意见都听一听,当无弊害。

至于笔者本人,美国作家、34 岁戒过烟后来"鄙念复萌"的马克·吐温的一句话颇能写真:"戒烟乃是我做过的最容易的事情,因为这事我已做过一千次了。"

(原载 2008 年 9 月 21 日《东方早报·上海书评》)

"热,平,挤":三箭射地球

　　以前的一位学生、现在联合国当同声译员的杨女士告诉我说,她是托马斯·弗理德曼(Thomas Friedman)的铁杆"粉丝"。那时,我刚读完《纽约时报》这位三得普列策奖的记者大人的2005年畅销书《世界是平的》。诚实地说,那本书投我印象并不太好。初看书题,以为作者要从地理角度挑战哥伦布,谁知他之所以持"地平说",原来是因为在对印度一家"信息系统"公司总裁的访谈中,后者不经意间说了句:"操场正在平整(用的是英文动词 being leveled)。"10分钟后,弗君在归程车上突然悟出对方说的其实是一句金玉良言:柏林墙倒了,世界各国的中产阶级正在崛起,在生活程度方面相互接轨,信息畅行无阻而成对称,坑坑洼洼给填平了,这世界不是变得"平"(英文形容词 flat)了吗?原来这个"平"字不是与椭圆相对的"扁平"的"平",而是"平整"、"平均"、"平等"的"平":来到印度这样传统被认为贫穷的地方,开出租车的头戴3M棒球帽,某些地方的环境又像在富国一样,有上好高尔夫球场,球场四周都是"必胜客"的巨幅广告:"百万字节般的各色风味",生活方式迅速西方化。然而,从"to level"到"flat",我总觉得全书立论有点牵强乖谬。当然,后文的十大"平等化因素"的罗列还不乏信息,而记者惯于描述见闻轶事细部的文笔,内中虽也多含统计数字,毕竟比干巴巴的经济类学术论文有趣,但是因此说弗君是"当下美国最重要的专栏作家",我考证了一下,乃是出诸弗君在《纽约时报》的同仁米德(Walter Russell Mead)之口,是否袍泽互谀,只有请读者诸君自己去判断了。

继"平"书之后,弗君又在今年推出一部新作:《热,平,挤:我们为什么需要一场绿色革命以及美国将如何因此新生》(以下简称《热》书)。此书可算前书经扩写之后形成的姐妹篇,主旨差不多,都是环保和拯救地球一类的意思。其实,"末日警号"早就有人吹响。上世纪60年代被化工行业某些人骂作"歇斯底里老太婆"的雷切尔·卡森(Rachel Carson)写的《死寂的春天》,当时就争议不断,最后导致笔者年轻时候再熟悉不过的杀虫剂DDT遭禁,就属这类文字;稍近则有比尔·麦吉本(Bill McKibben)的《大自然的终结》(1989年)和前美国副总统、人称"臭氧之子"的戈尔(Al Gore)的奥斯卡获奖纪录片《难言之隐的真相》(2006年)等。这本是一个"乌鸦嘴"走红的时代,今次的诺贝尔经济学奖不是颁给了美国的"危机先声"保罗·克罗格曼吗?看来,我们这儿一些人主张的"报喜不报忧",绝对是属于"前现代"的陈腐意识形态了。

"热,平,挤"三箭齐发,朝地球射来,形成表示雪上加霜、祸不单行意思的"完美风暴"。书中对"热"和"挤"两箭,相对着墨较少,诚如有经验的读者所料,弗君只是大量引用了现有关于全球气候变暖或人口增长的数据资料。当然,调查研究也不少,一会儿爬上加州伯克利山顶,找劳伦斯国家实验室专家,一会儿采访比尔·盖茨,还不惮辛劳,到世界落后地区作"文化苦旅"。因此较之前书,新鲜的东西也有,如卡特利娜飓风在本书中已可用作全球变暖的重要论据之一(虽有权威气象学家质疑此说);又如全球人口将从今天的67亿增加到本世纪中叶的预计数92亿,其中最令人忧虑的当是耗能严重的中产阶级的膨胀,也就是"平""挤"两箭的重合。《热》书的重中之重亦在于此。产业革命以还,地球原已千疮百孔,进入后现代,不发达国家"脱贫"而致中产阶级大批崛起,生活中冰箱、电视、电脑、手机、汽车缺一不可,争着抢着要"复制"美国生活方式。这样,矿物燃料资源是否指日将被耗尽?——除非各国出台峻厉苛严又行之有效的节能法规。替代能源(太阳能、地热能、风能、水能,还有巴西人搞得很有声势的种甘蔗提取的乙醇能等等)①是否只是"生态想象"(ecomagination),远水救不了近火?地球是否因欠债太多而成"次贷"星球?面对太多这样的问题,弗君当然不相信什么"250个拯救地球的简易方法"(包括"如何行绿色房事"),那是他在医院候诊时信手捡起一本杂志时读到的。他宁可先给时代定性,叫做"能量-气候时代",简称 E.C.E.,然后提出自己"代号绿色"的行动计划,要求各国像当年拼杀"冷战"一样地实施这项计划,甚至必须比那时更为上心。

弗君在《热》书里一说美国,二说世界。先看看他说到美国时有无什么新鲜的观感。有。那就是批评 9·11"情结":朝野齐刷刷死盯着这个日子,"高筑墙"防恐,两种心态占了上风,一谓"dumb as we wanna be"(知笨犯笨),二谓"we'll get around to it when we get around to it"(临机处置不迟),焦点于是错置,反而忘了 9·11 之后还有 9·12,忘了反恐同时都该干些什么其他正经事情;忙着帮伊拉克"立国"而忘了美国自己急需来一次新的"立国"。弗君用了一句他自称是中国谚语的话——我"上穷碧落下黄泉"也想不出有这么条谚语——大意是:风向转时,有人筑墙,有人建风车(中国人好像只踏水车,英文叫 waterwheel,没见过欧式风车的)。美国经过 9·11 全神贯注于前者,忽视后者,真乃"知笨犯笨"。除了 9·11,《热》书杀青时,次贷危机已经冒头,所以弗君害怕

---

① 民主党总统候选人奥巴马保证,如果当选,将在这方面投入 1 300 亿的研发经费,多乎哉不多也!

一个"次贷美国"的出现。幸好,当时投资银行出局、华尔街大崩盘的金融危机尚未发生,"海啸"尚未由美及英冲击大西洋彼岸,全球尚未慌乱救市,还没人提出 de-globalization(去全球化)的新理念,不然作者可以用来说事的材料就要多得多,不知将伊于胡底。

弗君对美国能源政策的抨击,在我这个对国际政治知之不多的一般读者看来,也是言之成理的。这不但表现在历届总统和国会在能源政策上的摇摆态度(在这方面最为缺乏远见的是里根,他把前任卡特装在白宫屋顶的太阳能摄取器统统拆了!),也不单单表现在国会山上,民主党多代表汽车制造商和汽车工人工会,而共和党一般都为石油大王说话,两相博弈牴牾,更反映了美国倚靠进口外油已成第二天性,政客为求选票,不敢要求公众作出牺牲,哪怕1加仑加1块美金的汽油税。在这方面,弗君异想天开,说是要美国过上一天(他强调只能是一天)中国式的日子试试。他指的是一个命令下来,2008年6月1日起,中国商铺全部禁用塑料购物袋的事。由此又想到,使用无铅汽油,中国只花1年时间于2000年实现,而对美国说来,嘴皮子磨来又磨去,竟为此花去22年(1973—1995)的工夫。美国能源政策的最大失误,在弗君看来,是9·11之后给美国自己和恐怖组织同时供血而不自觉。一边从国外源源进油,自我输血,一边石油美元滚滚流出,经某些石油输出国之手,辗转落入恐怖组织腰包,以资助下一波的自杀袭击。弗君以加州大学洛杉矶分校教授罗斯(Michael L. Ross)2001年以169个国家为例作出的研究成果《石油妨碍民主吗?》为基础——有评论说以下是弗君首创观点,笔者不敢苟同——总结出所谓"石油政治第一定律",即大凡油价上涨,民主必然削弱,反之亦然。据说2001年时的普京是"可以信赖的",因为当时油价低迷,一桶仅25—30美元;待到油价飙升到每桶百美元,普京就准变脸;

1950年代,在出产石油以前,中东富油各国虽军事政变不绝,就生活方式和文化形态论,原已相当自由化,原教旨穆斯林(作者称之为"沙漠穆斯林")比之开罗等处的"城市穆斯林"显得势单力薄。出油卖油致富以后,反而明显转向保守,伊斯兰基要主义抬头,以致闹出今年5月1日开罗君悦大酒店宣布禁酒,并将价值1 400万美元的酒类倾倒一空的国际笑话。波斯湾诸国中,弗君似特别属意于巴林,原因是1998年该国油尽井闭,政治乾坤却反而从此清朗起来。

弗君在"平"字上做足工夫的同时,不忘美国第一。绿色革命,对他来说,就是美国自救与美国救世合二而一。弗君自称完全理解不发达国家新兴中产阶级对美国的不平衡心理:"我们吃完开胃小吃,享用了主菜,又把甜品差不多吃光,这时请他们过来喝杯咖啡,一边还对他们说:'饭钱咱们对半拆账吧?'"(此话原为一位埃及阁僚对弗君所说。)后来者当然不高兴。所以,美国必须带头节能,研发与信息技术(IT)一样重要的能源技术(ET)。他对中国学生口头上说:"你们要是能撑背跳到我们前面去(leap-frog),欢迎",可实际上知道,中国人还停留在偷盗窨井盖以利用废铁资源的阶段。看到新加坡的机场比美国机场更为现代化,轮到弗君不平衡了,于是嘲笑不发达国家新兴城市天际线被横七竖八的起重机吊臂破坏得丑陋不堪,城市"像是需要理发";印度的现代化天桥开通,先要大做法事,通车前预尝大塞车的滋味;北京某富豪小区里,厨下一应现代化设备俱全,却偏要摆出塑料仿真水果,反显老土;酒店、饭庄什么名字不好取,偏叫海德公园、好莱坞等等。在作者看来,对世界各地新兴中产阶级而言,美国生活方式也不是那么容易简单"复制"的。

《热》书最后一部分——全书共分5大部分——专论中国。中国的污染是骇人的,排污居世界首位,毛主席如活在今天,断不肯下长江游泳。弗君认为,从某种意义说,中国绿色革命的成败,决定着地球的命运,而他这部《热》书的精粹不妨以两个问题概括:"美国能真正领导一场绿色革命吗?"以及"中国能跟上来吗?"他引用前《远东经济评论》编者钱达(Nayan Chanda)的比喻,认为中国像1994年美国影片《生死时速》里的那辆巴士,时速50英里,不得减速或停车,否则爆炸。中国走的是从毛主义到GDP主义继而向着绿色GDP主义前进之路,而邓公名言中的"白猫,黑猫"不改成"绿色",猫和老鼠只有统统完蛋。对于GDP主义,弗君是这样定义的:"治理国家的是我们,尔等民众只顾富起来就是。尔等只要接受治理。我们保证你们越来越富。"他还提出一个匪夷所思的问题:先给中国人民"呼吸的自由"(freedom to breathe),焉知这一自由不会最终导致"言论的自由"(freedom to speak)?果真如此,那将是世界民主运动的一大创新。弗君还认定:从毛主义转到GDP主义,固然困难;要从污染型GDP主义转到清洁的GDP主义,就像给那辆疯跑中的巴士换引擎,难中见险。特别如果在转型过程中,朝涤夕污,为官者都有双重人格,进一步退两步。当然,弗君对中国最近发生的毒奶、溃坝等事件没来得及评论,在写作的那一刻,这位理想主义者希望看到的是,美国成为一个"民主的中国",即在维持美国式民主不变的前提下,借鉴了中国自上而下命令式的行事惯例。当然,弗君屡访中国,对"上有政策,下有对策"深有体会。就像办公室空调最低打到26℃的限制令,一半以上单位做不到,幸好有媒体给曝了光。

有人已经在嘲笑弗君了,说《热》书出版以后的第一个月,他老兄的促销行程已经排定。坐着珍宝喷气机在天上飞来飞去,至少排出3吨二氧化碳,相当于城市越野(SUV)跑半年的废气量。

(原载2008年10月26日《东方早报·上海书评》)

"坚持下去！
苦日子差不多到头了！"
——给布什送行

这是 2006 年美国出版的一本小册子《乔治·W·布什下台倒计时》的副题。与此相配，还有一本 2007 年问世的《倒计时 2008》挂历，都由伊利诺依州一家托名"歇斯底里引文源籍"(Sourcebook Hysteria)的出版商摘编刊行，据说热卖一时。上述手册编得很有意思，每页下方标出年、月、日，布什在哪天说过什么值得一记的话，包括错话，流水账上都载得一清二楚，而且提醒读者，说话这天，离开这位美利坚合众国第 43 任总统下台，还有多少日子(有以日、周、月计算的，小数点后的尾数也不忽略，如 99.14 个星期；或精确到小时和分秒，如 480 小时、2 626 560 分钟、141 955 200 秒钟)。此种体例编排，说明编者与许多美国公民一样，已迫不及待地等候布什赶快谢幕。手册的第一页记录了 2001 年 1 月 20 日的一条布什语录，时距总统下台还有 2 922 天。换言之，那边布什刚刚兴高采烈地宣誓就职，光被四表，这厢已有人视他为行尸走肉，扳着手指准备给他送终了。

布什是不是有言语障碍，幼时语文习得如何，可能得由方正专家检验判断。但是他的斯布纳式口误(Spoonerism；斯氏是牛津学者，以说话时音素穿凿误置著称，如将"kiss and cuddle"[亲吻＋搂抱]说成"cuss and kiddle"[咒骂＋渔网])、迈拉普劳普夫人式的用辞失当(Malopropism 迈夫人是英国18世纪剧作家谢立丹笔下人物,心想"pinnacle"[巅峰],口中吐出的却是"pineapple"[凤梨],美国有人戏仿 Commander-in-Chief[最高统帅],称布什为 Maloprop-in-Chief[头号迈夫人])乃至最低级的文法错误,使他屡屡成为笑柄。笔者多年前写过一篇小文,专门介绍"布什误用语",所据乃此人上任伊始时的记录。那些 Bushisms 也许可以归咎于出身德州农家的他还不善于巧言利舌,对公众演说时难免紧张。两任总统做下来,特别是据说身藏鼓鼓囊囊的语言提示器之后,笔者觉得布什颇有长进,至少言语障碍未呈变本加厉之势。因此《倒计时手册》罗列的口误,多数还是早期犯下的。但就是这些错误,其中一些严格说来,是有政治后果的。如在提到反恐时说,要去"find those who would do harm to us and get them out of harm's way",由于 get sb. out of harm's way 的意思是使某人不受伤害(布什显然不解其意而反转误用),这话不就成了号召大家保护恐怖分子？《倒计时手册》罗列的其他例子有:将"weapons of mass destruction"(大规模杀伤性武器)说成"weapons of mass production"(批量生产的武器);将美加边境相安无事说成"Border relations between Canada and Mexico have never been better"(说话时脑子里显然记挂着美国与北南两个邻国——特别是有大量非法移民涌入的南部邻国墨西哥——的边境,由于口脑脱节以致加拿大竟与墨西哥接壤);因为 United States 与 United Nations 仅一词之差,"美国参议院"曾在他口中成了"联合国参议院";the United States of America 中的 of 这个小词,一时口滑,竟成 and,"美国的决心"于是便成了"the resolve of the Unites States *and* America",旋成语无伦次,不知所云的经典一例。

"坚持下去！苦日子差不多到头了！"

"杀伤性"略小些的口误更是比比皆是。试举数例："Families is where our nation finds hope, where wings take dream"（比喻用法中梦可展翅，翅膀何能接受梦想？wing 和 dream 两词恰好倒置）；"I'm honored to shake the hand of a brave Iraqi citizen who had his hand cut off by Saddam Hussein"（断手怎握？）；"Who could have envisioned an erection in Iraq?"（erection[勃起]自然是 election[选举]之误）；"More and more of our imports come from overseas"（进口物品还有不是来自海外的？超级废话）；"I know what I believe. I will continue to articulate what I believe and what I believe—I believe what I believe is right"（用 believe 说绕口令）；"In my judgment, when the United States says there will be serious consequences, and if there isn't[sic 原文如此]serious consequences, it creates adverse consequences"（这回用上 consequences 来绕了）；"I like my buddies from West Texas. I liked them when I was young, I liked them when I was middle-age, I like them before I was president, and I like them during president, and I like them after president"（从误用 middle-age 而非 middle-aged 往后，枪法大乱）；等等。

至于布什的逻辑和文法错误，如"Well, I think if you say you're going to do something and don't do it, that's trustworthiness"（言不信者可以信赖）和"he and her"、"relations is"、"children is"、"hands I have shaked"、"Internets more few"之类，使人不得不怀疑耶鲁大学当年是怎么接纳他入校，又如何允他合格毕业的。让这样一位张口便错的总统来侈谈教育特别是阅读的重要性，这儿有位美国老师对我说，她宁可跪地求他"Shut up!"可这位仁兄不但不闭嘴，说得兴致上来时，口无遮拦，还胡乱造词。最丑名远扬的是 mis-＋underestimate 这个表示"低估"意义的动词。被人指谬的总统倒也并不恼羞成怒，反而沾沾自喜，而且之后照样屡用不休。《倒计时手册》又搜辑了不少布什的其他创新词：Hispanically（意思不外乎：“以说西班牙语美国人的方式”或"就说西班牙语的美国人而论"）、transformationed、formators、analyzation等。在这方面，说布什是滥用英语构词法大王，大概不算冤枉。而所谓的Bushisms，已有人编到第5辑，副题故意套用布什本人的话：损害美国的新途径。那是2005年由炉边出版社刊印的，编者名叫Jacob Weisberg。

与《倒计时手册》相匹配的挂历也是娱人佳品。小女是个铁杆"倒布派"，曾对我说："一看布什尊容，就相信人是从猴子变来的。"看看挂历上那些照片，有蓦地露头做鬼脸的，有北京记者会后，门推拉不开而返身做尴尬自嘲表情的，有吐舌头舔手指的，有扬着玉米棒子登上"空军一号"的；这一页上，气满志骄，下一页变得愁眉锁眼，额头遍布"电车路"（沪语，指皱纹），再掀一页，眼前活脱脱跃出一个小丑，从那多变表情和姿势，看得出挂历主角不是为了拍政治模特儿标准照而特地在摆pose的。爱好图像甚于文字的读者，可看同样也是2005年出版的《布什漫画大全》，搜辑者是美国漫画家协会主席Daryle Cagle。

言论也好，形象也罢，布什毕竟是个精明的政治家。木讷、颠顸、憨态可掬，敢于自嘲，你操着南方口音叫他Dubye（字母W的方言读音），他也不生气。这一切可能正是他作秀的一部分，意在制造一种美国人称之为guy-ness的草根亲和印象。此人之所以能两次当选（小女说"一次是赖皮的"），看来与这种修养和技巧不无关系。说错了话，笑一笑，把election说成erection，改正过来就是了，反显得人情味十足。记得香港回归前，中方指责英国的港督彭定康捣鬼，某官员于是在大会上扬声呵斥：香港局势恶化"责任全在[照本宣科时读错了]中方[这时发现读错，急改]英方"，结果被外电讽刺

"坚持下去！苦日子差不多到头了！"

说是中英各打五十大板，而且是中方先挨。要是这位官员有点布什风格，发现读错，赶快承认："我读错了；我要说的是'责任全在英方'"，态度之严正一点不受影响，更不会招人调侃了。据说最近某位领导同志曾严厉批评照本宣科的套话、官话和废话，大意是说：与新的社会群体说话，说不上去；与困难群众说话，说不下去；与青年学生说话，说不进去；与老同志说话，给顶了回去。很多场合，我们就是处于这样一种失语的状态。怎么能使群众信服呢？富有外交工作经验的老人也说，我们的欢迎辞开宗明义总要排列好几个"尊敬的……"，说完已经三分钟过去，然后是"在这春暖花开的大好季节"等空话。在这方面要有所改进，布什的guy-ness是否也有一点可供借鉴的东西，值得我们这儿搞宣传、外交、传播的专家研究。

　　但是你若因此把布什看作一位成功的总统，我估计许许多多的美国人会摇头不迭。9·11、阿富汗和伊拉克两地打仗、卡特利娜飓风、沙特阿拉伯和中国迅速成为债权大国、干细胞、环境、能源、次贷危机、金融海啸……这些败绩灾变，在普通美国人眼里，都与布什领导无方有关，有的人还因此怀念花花公子克林顿。据"重大议题百科网"载，美国的贫困人口比例在克林顿时代下降3.5％，即减少了640万人，而在布什时代上升了1.3％，即增加540万人；失业人口比例在克林顿时代从7.3％降至4.2％，布什上台后又从4.2％升至4.7％；家庭收入的平均值在克林顿时代增加了5 825美元，布什执政期间则减少1 273美元。无怪乎，小女断言，布什欠下的债，到她女儿一代也未必还得清；无怪乎，这一回的共和党候选人麦凯恩坚决要跟布什划清界线，视布什拉票为"死亡之吻"。布什这人骨子里的信念，远非他那憨态可传达万一。第一任宣誓就职之后，他就说过一段名言："I'm the commander—see, I don't need to explain—I do not need to explain why I say things. That's the interesting thing about being president."（我是统帅——知道吗，我不必解释——我不必解释我为什么说这说那。当总统就是这一点有意思。）2000年12月18日，这个自称"决定事情的人"（decider）狂妄宣称："If this were a dictatorship, it'd be a heck of a lot easier, just so long as I'm the dictator."（如果这里推行的是独裁政体，那事情要容易许多许多，只要那独裁者是我。）2002年1月24日，他把战争与抚养双胞胎相比，明言自己宁可选择战争。所以，若被他不擅辞令，憨态可掬的表象所迷惑，以为布什是个什么善类，那可就大错特错了。

2006年5月,当被问到总统任内何时可算最佳时刻时，美利坚合众国第四十三任总统乔治·W·布什答道："那天在自己家的湖里钓到一条重7.5磅的大嘴鲈鱼。"今日离他挂玺去职还有56天，谨以这篇书评给他送行，并祝他垂钓好运。

(原载2008年12月14日《东方早报·上海书评》)

履豨篇

爆炸声余音绕梁

济南出了个雇凶杀人的人大常委会主任,行凶的又是个警队队长。此事传出,舆论哗然。

有位原籍山东的老友谈到这事时说:"那边奥运倒计时喜气洋洋,俺山东地界出了这么件大案、丑事,真丢尽了山东人的脸。"我说,要说丢脸,那可是丢了全党、全国的脸。幸好,事情报道透明,判决果断,一定程度上,亡羊补牢,把坏事变成了好事。

贪官、坏官、恶官买凶杀人的事见闻多了。据说谁有兴趣"百度"搜索一下,可得约六万案例的结果。尤其令人发指的是,长恶不悛的犯事者中间不乏盘踞政法、纪检等高位的官员。现在反贪剧不大在电视黄金时段播了,偶尔一见,发现贪官与奸商或黑老大密谋的戏,过去常放到高尔夫球场等私密场所去拍,现在多改在了办公室,当着小插座上的国旗和党旗,堂而皇之搞阴谋,倒像是有意要挑战或辱没了两面旗帜似的。

这回济南爆炸案的特点在于,元凶是省会市的人民代表大会常务委员会的主任。那《宪法》里说得好:"中华人民共和国的一切权力归于人民……全国人民代表大会和地方各级人民代表大会都由民主选举产生,对人民负责,受人民监督。"按常例看,济南姓段的那厮,先前总也不外乎是党政大员,年龄过线,这才放到人大安置。至于其中程序是否民主,兹事体大,非我草民可以置喙。但这回雇凶在闹市当街制造恐怖爆炸,其效应不亚于本·拉登袭来,这"负责"和"监督"云云,只能是最最无情的讽刺了。报上还发了一幅段某在东窗事发前官场发言时的照片,那颐指气使的模样,对照其自2000年以来的劣迹看,无疑又是一大讽刺。

有人哂曰:腐败已成"可持续发展"和"前仆后继"之势。振裘提领,看来这政治改革再不提上议事日程,委实是不行了。

(原载 2007 年 8 月 13 日《新民晚报》)

邪教主还是孺子牛？

从网络和平面媒体先后看到一幅三千学子撅着屁股集体跪拜英语老师的照片，场面确实惊心动魄。对此，有人叫好，说是有助于改善礼乐崩坏的世风；有人攻讦，责问学子半青半黄，理会未透，就要他们轻易屈膝，情状颇似某种邪教崇拜，不是精神病灶是什么？

尊师、谢师本没有错。"拜师"，作为一种投入某人门下求学的象征说法，也无大谬。只是在这拜金社会，劣师和恶师的故事也听到不少：课堂讲授像条虫，回家家教像条龙；本职教学无精打采，令学生欠伸思睡，且三天打鱼两天晒网，甚至以早餐烫伤上腭为由可以放课不上，而乘坐飞机当评委，做委员，进京当学官或判官，却永远一往无前，甚至抱病也要赶上这场子；若是有人邀约演讲，可毫无赧色地报出天价"束脩"；因为长期无心向学，著文、编书、写书难有创见，只好皮附洋人或拾他人牙慧，甚至在学生宵旰焦劳写出的论文上也要捷足先登，抢当第一作者，欺世盗名（据说有已被揭发的剽公，不降反升，荣登校长宝座的）；扩招积极，麾下可麇集两位数甚或三位数的研究生，学生虽无缘亲炙教诲或奖掖，但必须为"老板"勤奋打工服务，甚至及于菜场和庖厨，乃至卧室；远交近攻，一面拥几个平庸洋人自诩自重，另一面又内战内行，"相攻如仇雠"，以町畦之见排挤、封杀国内同行，凶神恶煞,"辣手摧花";办一家所谓的"核心学刊",实为打造个"聚宝盆",还煞有介事地通知投稿人:"经研究决定,见信须即电汇600元版面费";公费买卖文凭或伪造文凭,以假冒伪劣换取一个官场得意,得意后忘形,作奸犯科,苞苴公行,直到最后落得个一枪毙命的下场……在这种贪墨败度的环境里,集体跪拜究竟有助于改善抑或恶化礼乐崩坏的世风,实乃一疑。同理,内部风气蛊坏至此,到外面去开办什么孔子学院,电视和平面媒介争相宣传儒教,除了让圈中识者体味到一点讽刺意味之外,到底有多少功效,我亦存疑。

从小学到研究生,我一共读过二十年的书,受教于人无计。除去当年余姚县阳明镇第二国民小学的一位公民课老师曾"扑作教刑"暴打我手心外——挨打回来,家长尝云:"老师打,买来打",意指该打,打得好——其他所有的教师都给我留下了孺子牛般的难忘印象。同是上述余姚二小的国文老师华惜荪,曾教会我们这群稚童学唱李叔同的"长亭外,古道边",以及她在国民党政权败亡前夕根据同曲改填的词"革命青年须珍重,切莫心彷徨"等,曲词至今萦绕耳畔;之后又有上海市敬业中学的俄语老师汪恩光,热烈促发我对外语的喜好,指点迷津,循循善诱,可说是塑造了我的雏形。(汪老师在"文革"中自杀于文庙路200号母校礼堂,那所我们首次集体学唱《歌唱祖国》的礼堂,可叹!)至于影响所及更近更深一些的诸位大学老师,我已在不同场合写过多文,此处不赘。翻看老师们的群像,一个个诲人不倦,敬事不暇。学生的本周作业,下周必批改讲评,有的甚至不使过夜,哪像今天的某些教师,学生本学期的作业,半年过去,还没打出一个分数!师而不表,难怪我一学生在某位名儒姓氏旁边愤批"如此老贼!"四字。至于跪拜大礼,我未曾对任何一位老师行过。倒是若干年前有个学生,因为业荒于嬉,博士论文的提纲三稿未能通过,曾在诉求之际,突然双膝一曲,跪了我一个措手不及。恂栗之余,恻隐大动,一时曾想让他再试写一次,记得还曾以男子汉勿"轻折活动的膝关节"(莎士比亚语:crook the pregnant hinges of the knee)诫之。此生最后毕竟没能取得博士学位。只是想起他那一跪,我至今五内不安。(此生如得见此文,能否指出当年导师失职之处,以重续尔汝之交?)李尔王跪女,罗马大将科利奥兰纳斯母子对跪,也无不具有强烈的震撼作用。只是不知近日受三千学子跪拜的英语老师做何观感?除了人民币,这是个普遍贬值的时代,莫非跪拜也贬值了?无怪乎偌大中国,遍地"粉丝"。

《礼记》载:"请业则起,请益则起。"对学生而言,尊师有理,跪拜不当。对教师而言,立志做一头孺子牛,足矣!

(原载《无轨列车》,上海书店出版社 2008 年 1 月版)

"信息对称"就能平等？

今年 10 月 10 日《文汇报》"笔会"栏刊出邓伟志先生《谁说"八零后"差劲》一文。鄙人无意参与评价"八零后"（试评整整一代人，易生以偏概全、不辨骊黄之弊），只想对邓文中的一个观点提出质疑。

"信息不对称就有先知先觉，后知后觉，人与人……难平等，"邓文如是说，而现在有了电脑和互联网，"地球变平了"（这显然是搬用了洋人 Thomas Friedman 的近论），"地平人也平，平等出积极性，平等出生产力。"

首先，我不否认，信息的对称传播确实是与平等成正比的。据说现今世上还有除了极少数当权者，百姓大众上不了互联网的电子死角。信息的极度不对称，好像致使那儿的平等仅限于人人在衣领上或胸前挂枚领袖像徽章。

但是，自 1789 年法国大革命以来，平等首先是个政治理念。试以旧中国为例，若不是蒋家王朝那"一个主义、一个政党、一个领袖"的顽固帝王式政治理念和独裁统治，哪来中国共产党领导下的人民民主革命？即便就事论事谈信息，史量才不照样在沪杭公路上遭暗杀？"七君子"不照样被投入监狱？报纸不照样屡开"天窗"？进步书籍不照样迭遭检禁吗？虽然当时还没有电脑和互联网，国民党御用的《中央日报》里也还有个别消息灵通人士，占着信息的优势，发稿

"信息对称"就能平等？

揭发"四大家族"巧取豪夺。为着这篇新闻稿，信息来源不也被追查个没完没了？若不是国际舆论因此震动，当事人险些身陷囹圄。

从经济的角度看，平等涉及资源和财富的分配和占有。我们不妨把目光从旧中国转移到今天的市场经济。在我们中间也许确有少数人利用电脑和互联网，占领了信息高地，炒股得手，炒房有方，一夜脱贫致富。可为什么人人可以使用的电脑和互联网并未帮助我们缩小贫富差距，实现贫富和谐共处，反而扩大了差距，妨碍了和谐？据今年8月8日亚洲开发银行发表的《亚洲分配不均情况报告》称，在作为考察对象的22个国家中，中国已成为贫富悬殊最大的国家。从理论上说，信息面前，人人平等，每个人都可利用电脑上网，实现邓先生所说的"信息对称"。但是信息相对对称之日，恰恰就是经济平等离大部分人愈行愈远之时：弱势群体上不了学，看不起病，现在还要从口袋里多掏几张钞票去买猪肉，填补财富再分配过程中因强势群体致富而造成的缺口。

至于社会地位与待遇方面的不平等，那是悠久文化中经年累月偏见沉淀的结果，信息对称或不对称，与此完全无涉。若干年前有一伟人去世，至于患的是什么病，又是如何抢救而终至药石罔效等等信息，自是国家机密，传播极不对称，确有先知先觉和不知不觉之分。可是，当哀乐奏起，我突然发现信息平等其实并不重要，唯有死亡，才像宋玉说的，"不择贵贱高下而赐"，最终消除地位和待遇的不平等。因为几天前我的一个平头百姓亲戚刚刚死去，那追悼仪式上播放的也是同一首哀乐曲子。原来，在哀乐面前，才有几百年来仁人志士孜孜以求的平等，就像丹麦王子哈姆雷特在掘墓人处说的，亚历山大大帝和恺撒大帝只有死了，化作尘土了，与别人的寒灰黏结一起，去做瓶塞子，才是实现了最终真正的平等。

看来，平等是个复杂问题，远不是信息一旦对称就能自动解决的,还是请社会学家、历史学家、经济学家、信息学家等各路大仙同来议论,多闻阙疑,慎言其余为好。

(原载2007年11月2日《文汇报》,题为《"信息对称"与平等》)

宠物"去势"

读过一篇英国某兽医散文后,请学生做关于宠物的命题作文。一位哲学系的学生英文表达虽不怎么的,却写出一句颇有哲理的结语,译成汉语是:"人畜关系渐趋密切,说明人际关系的日益疏离。"此话当然值得社会上蓄宠一族深思。

然若进一步思考人畜关系,蓄养宠物主要还是人的单方面意志行为,似乎谈不上双向选择。我看到一些发达国家的蓄宠现象,常发生一个疑问:为什么待宠物长到一定年龄,总要送到兽医那儿去行"去势"手术(英文里叫"to neuter",俗称"阉了"、"骟了")?原因当然是为了避免宠物发育成熟后交配带来的种种麻烦。就像夜猫叫春,扰人清眠,谁个不烦?!人狗、人猫等的关系再似胶漆,宠物在青春期遭受腐刑,多数是免不了的。

可怜的宠物就此被终生剥夺了现时广告语中所谓的"性福"。我见过一条去了势的雄伟大狗,趴在软垫上,使劲啃咬垫面,权充代偿性交尾。若是当着家人的面,如此献丑,终是隐私,倒也罢了。要命的是,狗非"万物灵长",管你客厅里坐的是何方神圣,激动起来,当着众人的面就如此这般地一番发泄。这时候,狗的主人,我的直系亲属,一个自称铁杆的动物保护主义者,也觉得难以为情,连连呵斥;我在一旁陪着受窘,再三变换话题,转移注意,总也无法使社交气氛恢复正常。事后想想,大狗失态,本性使然,何罪之有?主人发飙,无非为了颜面,倒是证明:即便在这种时刻,人关注的还是人自己!动物保护主义者的激昂辞令即便堆积成吨,经人的行动反证,不免显得虚假。蓄宠这事,不究是非,尽可从者如流;收养弃畜,爱珑如璧,更是人文大善。只是人类一天不改自身总体上的虚伪、残忍、优越感和主宰欲,人与人自然只好继续疏离,而人畜关系渐趋密切的境界毕竟也只能是乌托邦罢了。

(原载2006年3月28日《新民晚报》)

签证有感

沪人谋求某大国入境签证先要付款电话索号,然后约定面谈时间,譬如某年某月某日上午9点。可是不到7点,签证处的门外已经排起一字长蛇阵。8点多往里放人时,前约的面谈编号和时刻其实已完全不起作用,代之以 first come, first served 的原则。经安检和第一道接表手续,分到每位移民局面谈官受理时,表格难免先后错置,于是连"先来先谈"这点规矩也顾不上了,用英文说,此时局面已相当的 haphazard(随意)了,一会儿叫017号,继而突跃至857号。就这样,鄙人排队加等候,共花四个半小时,换来一分钟的面谈。我不明白,某国那么讲究效率,为什么不能按上述排号逐人接谈。至于一日可大致接谈几人,从而约作一小时的人数,那是再简单不过的统计,不用得诺贝尔奖就可计算出来的吧?

我于是寻思,为什么不按事先编号、严格按钟点约会接谈,而任由申请人浪费大块时间排队久候,变有序为无序?唯一的答案是,某国在世人眼中亲和力日下,上海滩上这"一字长蛇"也许可说是某种"feel-good factor"(良好感觉因素)吧——我是说对某国人而论。我们这儿配合默契,从不干预,于是签证"长蛇"俨然已是上海滩一景。

国人也真能觅商机,一到那签证现场,即有人蜂拥而上,向你出售长蛇阵前面的某个位置,价值75块人民币;如要寄存手机等禁止带入的个人随身物品,索价50块。排入"长蛇"后自有人前来"指导"签证须知,俨然以某国签证官代理的身份,查检所填表格是否准确,所需资讯是否齐备。你若接受此种服务,自然要付相应费用。我问此类 visa-related industry(与签证相关行业)的某位青年从业人员,收成如何。对方答称,不用付税,工作时间完全弹性,比在公司里干差不到哪儿去。

签证回来,不知怎么的,心头涌起一阵莫名的悲凉。

(原载 2006 年 7 月 18 日《新民晚报》)

"因偷来个揪"

先要说明一下,本文文题乃是英文 intellectual 的戏译,就像钱锺书先生把 Eliot 译成"爱利恶德",唐德刚先生把 ideology 译作"意蒂牢结"一样。

中国自古视"士"为"四民之首",除去不幸沦为资产阶级"皮"上的"毛"以及后来"臭老九"的那些年,知识分子在社会上还是颇有些地位的。笔者为什么用如此促狭的"因偷来个揪"五个音不像音,义不像义,又像是音义兼顾的汉字来称呼知识分子呢?容在下细细道来。

日前收到北京外国语大学一友人来信,称在他们那儿攻读博后的某君,原是我们这儿的产品,"译剽"(此词是我的发明,可专指识外文的人从域外剽窃的行为)一文,发在他们的院刊上,被人识破揭发,他们要发一点严正启事之类的批评文字,特来打个招呼。我除了毫无保留地支持北外同志这么做以外,不免反躬自省,不知某君在我们这儿攻博期间手脚是否干净?须知,"译剽"要成为英文里称之为 thieving instinct(偷窃本能)这样的恶习,恐怕不是朝夕间修炼可成。我于是又想到今日学人中的"下载一族",把鼠标点到"谷歌"(Google),什么样的靡辞宏文不是手到擒来?我教书四十年,虽非火眼金睛,同一篇文章里若妍蚩起落太大,自问还能看出一点破绽而起疑。问题是电脑玩得不如别人,"谷歌"半天也找不到靡辞宏文从何而来。一位在此执教的美国同行对我说,她曾为坐实一宗网上剽案,花去四个小时!其韧劲和网上功夫令我羡煞,那嫉恶如仇的职业精神,更使我感佩。近看CNN报道,美国大学生中也有"cut and paste cheaters"(剪贴作弊)一族——据说每三人中就有一人属此。看来,在这方面,华洋可以媲美。

恶不可隐。称上文某君为"因偷来个揪",决非强类之辞。透过孤例,探出头去一看,哇,不得了啦。这不,那位打假斗士方舟子先生不也把目光转移到学界来了,而且揪住了名牌大学里的偷儿。还有什么磨芯片的,明明主要是民工兄弟的业绩,也要算在"因偷来个揪"名下。算什么呢?"磨剽"吧?记得上世纪70年代批判胡守钧先生时,在大字报上看到有人揭发胡先生说过:"(大意)知识分子中有最好的人,也有最坏的人。"当时我就"中毒"共鸣了。"因偷来个揪"们正部分代表着胡"光谱"中的"最坏"下端。

至于为什么好端端的intellectual不做,偏要冒一冒险去当"因偷来个揪",这涉及体制、道德、世风,兹事体大,就不是短短一篇小文说得清楚的了。

(原载2006年4月25日《新民晚报》)

平安夜不平安

时值圣诞前夜,复旦大学自曝家丑,对学术行为不端的三名教授予以处理,并公诸报端。第一名正好是我们学院的,而且与我同姓,一时"外文学院陆某某"恶名远播。本以为现在读报人口萎缩,少得可怜,一张报纸递到,扫上两眼,有时裁切不佳,两页连体,也无心扒拉,一甩手便入废纸堆,等候循环再生去了。谁知这条消息读到的人似乎还不少,因为正值平安夜,那晚家中的座机加手机几近打爆,弄得我应接不暇。来电往往先尴尬地"嗝嗝"一声,然后像泳池冬日入水之初般试探着问:"怎么回事?"我知道这是种话语技巧,实际上等于在问"那作案的是你吗?"于是乎,我一遍又一遍地向来电者说明那陆非此陆,老朽没有犯事。好奇心重一点的还要打听细节,我也只好耐着性子把那位仁兄如何以"批发"手段,把洋人一部教人如何写论文的书,原封不动、酣畅淋漓地抄袭了70%左右(那是事发之后学院里指定两位教授比核的发现),详述一遍。这样的剽窃+克隆,居然也出书了;书出,有心的读者发现了抄袭的蛛丝马迹,便从南京匿名来信举报,这才有了学院派人比核,真相大白的后话。当事人实已届退休之年,只因恋栈,缠求回聘,据说又余勇可贾,还去了某所兄弟院校"客座"一番。这回出事,他倒也是应对有术,一是使出故技,学旧上海某些人摆平纠纷时的招儿,即所谓"拜码头"是也,上门逐个找学术委员唱"是我错",唱毕,照例就是"没有功劳也有苦劳"之类的表白;二是先发制人,递上一纸"本人要求不再回聘"的申请,拿到学术委员会来要求认可。当场就有尚未极度颠顸的委员提出,表述不当,应将"本人要求"改为"学术委员会决定",把施事与受事关系来个拨乱反正,这才上报到校学术道德委员会去。尘埃就此落定。巨料事隔小半年,不知出于什么动机,校方又突然出来公开杀威,兼之语焉不详,用上汉语里指称氤氲迷离的"某某",区区便势必成为 a whipping boy(古时陪太子读书,太子不乖时,代挨鞭挞的小厮)而平安夜不得平安了。

来电求证的有学生(尤多已经毕业离校的)、学生的家长(还惊动了上海市肺科医院前院长)和亲朋。本地为主,也有外地的。后来知道,更多的人并不直接询问,而是辗转打听。其中多数当然是不明内情,也有平素与我过从尚密甚至对我知之颇深的人。这就令人不胜唏嘘了。据说,有的朋友一问再问,似乎非弄出个谣言重复多次必然成真的效果不可。有人对我说,这是发现"草丛藏蛇"(a snake in the grass)的机会。我却不那么想。遭人忌恨固然有别人那头的原因,当事本人更应检讨自己的言行:人谋有无不忠?交友有无不信?传业有无不习?修若至极,何谤不息!有的人倒并非一定出于怨怼,只是行事作风素来迥异,早就将陆某视作"非我族类",巴不得你出点儿丑闻呢。新"儒林"就是这种样子,你有什么办法?

复旦外文学院曾有二陆较多为圈人所知,居我之前的是陆国强教授。此番是非,可曾也影响到国强兄?他的平安夜可平安否?

2007 年 12 月

附录

这个"本家"不好当

朱绩崧

年终都要算账。复旦大学刚刚算了笔学术道德账,本月17日一口气自曝了全年内查实的三起抄袭案,点了七位大小文抄公的名,对失职失察的两位导师也没客气,不怕外扬家丑。

按理说这是件整肃澄清学术氛围的大好事。可昨日一到各大媒体处,八成因为老记们爱惜涉事诸公(多是年轻人)声誉,为失足者讳,故不报真名,仅列其姓,甚或是代以姓名拼音的首字母。这下便莫来由引出了歧义多解的麻烦。

三案之首是我所在的外文学院有某公"领衔"抄袭美国教材案。此公姓陆,教授、博导、前副院长,见诸报端、网上、荧屏时,自然就是"陆教授"或"L教授"。恰恰在本院,陆姓教授有三人之"众"。报道所指的"陆教授"乃年资最低者,因从事公共英语教育,英文系学生基本不知其何许人也。另两位则是全国英文界无人不晓的陆国强教授和陆谷孙教授。(两位中,前者在教我本科三年级时退休;后者是我的导师,坚持一线教学至今。)

有晚起积习的我,今日早早被手机铃声频频闹醒。恼火啊!以为是来拜西洋年的。一看,哭笑不得了:都是校外或院外友朋发来的短信,垂询"东窗事发者,是否尊师耶?"只得一一作复,简述真相。晚饭前,家母又"掰掰较"(沪语:偷偷地)拿着《晚报》来问:"我和你爸爸想,这不可能是你们陆老师呀……"晚饭后,自称"当事人"的陆老师短信来了,说他手机、座机均被打爆,也都是来探"陆教授"详情的。他还叹道:"怕是国强兄今夜也不'平安'"——正值西方圣诞节前的"平安夜"嘛。据我另一位老师讲,他尊翁看过报就问他:这怎么可能是你们的陆国强老师呢?!

  能听到解释的,自然疑虑廓清。可还有多得多的读者、观众,他们没工夫特意登录复旦主页查那份指名道姓的公报,却很可能因为只闻复旦外文有此陆,便把彼陆的案子扣在此陆头上,然后大叹英文界连泰斗都做出此等劣事,复旦连"校宝"都犯下此等秽案云云。客观上造成的结果就是:犯错者的隐私得到了微不足道的保护,无辜者的名声却受了难以估量的玷污。细想想,这隐私还真的没法不保护。一来光华楼高,摩天插云,怕哪位脸皮一薄,把自己"付诸地心引力",毕竟要以"治病救人"为主;二来不保护的话,反而对犯错者会有一点"好处",即扬名,虽则不是芳名。北大的王铭铭、交大的陈进不都是一夜间跌落进大众视野焦点的么?

  唉,谁叫"陆"自南朝起就是江南大姓呢?说到底,咱们中国人几百年就这么一部《百家姓》,谱系学上的多样性不足。一人恶名昭彰,德操好、觉悟高的同姓者往往深感丢人:这个"本家"不好当哟。秦涧泉(名大士,江宁人,乾隆十七年壬申科状元)过杭州岳坟,一句"人从宋后羞名桧,我到坟前愧姓秦"尽道此情。

  但不知我的两位陆老师,眼睁睁让人扣上黑锅一大口,心底可有几分状元郎般的委屈呢?作为学生,在此算是斗胆代为一辩吧。

2007 年 12 月 24 日午夜

特 色 辨

中国特色社会主义一语的含义,经过十七大,更加明确了,那就是马克思主义与中国实际相结合的与时俱进的结晶。但是,平时听人谈论中国特色,颇有些不够严肃之处,故有一辨之必要。

幽莠之幼似禾。并非所有外国没有或看不到的东西都可一概叫做中国特色。你譬如说我们这儿的级别意识,那恐怕是封建主义的积淀过于厚重留下的遗形,与马克思直到邓小平等各位革命导师所曾倡导的巴黎公社的"公仆原则"相悖,不是什么好东西。可有人偏执于级别意识,双手一撒,告别人世后,也要在讣告里塞进一句(即便用括号)"享受局级待遇"之类的话;就连蜚声海内外寺庙里的老和尚,也不忘向别人介绍,自己是司局级干部,可以屁股冒烟乘坐奥迪;校长、系主任、作协主席这般的学术职务,还有管刘翔、姚明等人的专业人士,也都硬要挤搡着往官员序列去做比照,认准了相当于哪一级的干部,就可享受与级别相应的待遇;据说一度吃香的白领,现在也注目级别森严的官场了,2007年的国家公务员考试,报考人数逾百万,成为名符其实的"天下第一考"。级别意识,外国当然也有。正像恩格斯在《法兰西内战》导言中指出的那样,由社会公仆变成社会主人,这种情况在以往所有的国家中,从世袭的君主国到民主的共和国,都是不可避免的。只是人家不会把校长和部长等同，也不愿或不敢彰显级别差异，而级别如若跟权力挂钩过密而至于滥用后者，弄得不好让狗仔队打探了去，就容易变成丑闻，更是忌讳。我们这儿不一样，有了相当级别的某些人，生怕人家"狗眼看人低"，显摆自己的特殊性还来不及，于是乎级别差异凸显。社会上等级意识根深蒂固，连在媒体上发张照片的尺寸，在公众场合鱼贯露面时前后的间距疏密，都成了一门学问，而当差异如此凸显时，和谐又从何谈起？由此一辨，可知顽固又强烈的级别意识与中国特色社会主义，何其格格不入。

当然，反对等级意识，也不是提倡绝对平均。当年延安的干部四个口袋，战士两个口袋，原也不是什么大不了的差异，今天看来，更是以一毛而欲见骥。还是拿巴黎公社说事吧：公社公职人员的待遇还是有一定差别的，最高与最低的差别约为 5 倍，即最高工资为每年 6 000 法郎，最低为 1 200 法郎；针对身兼数职的报酬问题，公社规定取消兼职薪金，隐性收入更被禁止，像警察委员皮诺泰尔、军事代表克吕泽烈，就是因渎职消费而遭开除的。这些措施打破了旧官僚的特权制度，阻塞了投机钻营、升官发财的途径，体现了理想中的社会主义政权机关的本色。我想这也是中国特色社会主义题中应有之义吧。若是眼下一时达不到先贤高德，总也应该朝着这个方向努力，一步步拆除森严的等级樊篱才是。

（原载 2007 年 11 月 8 日《南方周末》）

题字落下笑柄

《英汉大词典》第二版于今年4月正式出版后,曾为有数的几位读者——大多是我的学生——题字签名。每当要往那乳白色的扉页落笔着墨时,我常想起丘吉尔当年习画之初的感受,"支起的画布洁白无瑕,笔悬半空,重若巨椽,战战兢兢,不敢去冒犯那雪白的护盾。"一种奇怪的亵渎感油然而生。虽说幼时曾被父亲督导着练过几笔柳体,终因不能持之以恒,兼之后来学了外语,多写"蟹行文",汉字书法便被冷落。电脑流行后,正儿八经写汉字的机会更少。现在非让我题字,心中不免惴惴。

当年先父写得一手好字,且视书法为雅事。老人家曾称,落笔前必须凝神静思,正襟危坐,怀抱肃敬,万念俱空,又说笔画横竖,必须平直有力,一气呵成,如若歪斜扭曲,气若游丝,只能说明写字人心术不正。现在流行签名售书,一人执笔疾书甚至乱涂,众人围观,说得好听一点是"笔走龙蛇",在懂一点书法的人看来,倒像"张天师画符"。本来的雅人雅事,顿时畸变为表演艺术,如此勉强为之,自然断无可观。

可是偏偏当下的中国社会"粉丝"麇沸蚁聚,追星签名成风;贵人所到之处,必有捧场的托儿,吃喝既毕,还要附庸风雅,坚索墨宝;单位出纪念刊之类的集子,非有头头脑脑的题字,不足以显示权威……于是,关于题字的笑话也就应运而生。

最近,某个与语文有关的协会的主席写了个"茂"字,"戊"里边多了一点,引得舆论哗然。其实,多年以前,地位远比这位主席显赫尊贵的另一位主席早就在应写"纸"字时,信手写作"纸",右偏旁的"氐"字底下,赫然多了墨汁饱满的一点(那位主席喜读古书,我曾有"纸"、"纸"二字或为异体而相通之疑。查了半天字典才证明当事人写了别字,那"纸"字读作 dī,指缫丝下脚)。有了加点的,必有漏点的。江南某座大桥曾请一位大人物题名,桥名中有个"太"字,写字人一走神,掉落一点,而成"大"字。我曾有幸游览大桥,仔细端详过那据说是后来加上的一点。大人物的字本来就写得歪歪扭扭,那醒目的一点,位置因而更显别扭。同是此人,全不知以自己那笔字示众要贻笑大方,反倒只听周围谄人怂恿,到处涂鸦,自取其辱。一位已经退休的大学校长曾告诉我,大人物视察他主事的那所学校时,曾欣然挥毫留言,其中有个"人类"的"类"字。为了炫耀自己学殖有根,大人物故意写了个繁体汉字,不料加上右偏旁的"页"字之后,意犹未尽,给左偏旁的"类"字也来了个画蛇添足,竟写成了"米田共"(即繁体"粪"字),幸好被左右发现,才在公布之前及时改了过来。这位退休校长是位数学家,寻常谨言慎行,不出规矩绳尺之外,相信这个段子决不是八卦。

　　从中悟出一个道理:既是雅事,还是留给雅人去做为好。不然字题得越滥,留给后世笑柄越多,何苦?

(原载 2008 年 2 月 28 日《南方周末》)

郎 才 女 貌？

堂表弟妹的儿女们，还有一些毕业几年的学生，都到了适婚年龄，又恰逢据说是大吉大利的金猪年，于是溽暑一过，婚礼密集。

如今的婚礼铺张扬厉自不在话下，还讲究中西和古今合璧：既有新郎作骑士状单膝下跪求婚的表演，又有中国古典式的"三拜"和不知哪里学来的"八戒背新娘"。不但是中西合璧，有的新招儿好像在古今中外婚礼史上都是见所未见，闻所未闻，诸如肥皂泡满场飞之类。婚礼上，除了一对新人，唱重头戏的当数婚庆公司派出的司仪。充当司仪的似以男性居多，嗓门洪亮，高音无翼而飞，有的还能用美声唱一曲《我的太阳》助兴。司仪大概也有过行业培训，集电视节目主持人哗众取宠和相声演员捧哏逗噱的本事于一身，两个小时的堂会唱下来，声嘶力竭，赚点银子，据说还要纳税，也够难为的了。

婚礼司仪被人责俗，已屡有所闻。于是有的司仪就去翻查词典，引几句古语，冒充雅人深致。我听到过有人引用"在天愿作比翼鸟，在地愿为连理枝"的诗句，献给新郎新娘。那厢，一对新人也笑盈盈地把这当作吉言贺辞，照单全收。虽说用比翼连枝比喻夫妻恩爱久已有之，只是把《长恨歌》里的这两句照搬到婚礼上，使人联想起唐明皇和杨贵妃的爱情悲剧,那是大大不合时宜的——使人想起鲁迅"这孩子将来要死的"那则预言。同理,引用苏轼《水调歌头》中的"但愿人长久,千里共婵娟",乍一听,貌言华华,振玉玲玲。仔细一品,不对了,像是在预言新人终将别离,只能从相隔遥远的两处,可怜巴巴地抬头共看明月以寄托相思;引用王维"红豆生南国"(边说边撒出一把"红豆"——从远处看去像是涂上红色颜料的M&M巧克力)一诗的司仪,全不顾那红豆是怨妇恸哭亡夫直至倒毙树下而变的不祥出典。好在认真汲长的人并不多,好些名作家都不问结局悲喜,拿来红豆便与爱情简单画上等号,又何必苛求婚礼司仪呢?还有一次,司仪不知从哪儿发掘出了元杂剧里的词儿,咿呀唱将起来,只听得词里有"粉儿搽,眉儿画"这样的字眼。大家虽不懂意思,却听得一阵肉麻(粤人称"肉酸"?)。我是事后多方查寻了半天,才弄明白唱的是《西厢》,用的典故乃是生僻的汉朝"张敞画眉"。

司仪用得最多最滥的是"郎才女貌"、"举案齐眉"之类的话。前者是恭维套语,即便郎不才,女无貌,也要在婚礼上说上n遍;后者是因近年来仿古风大作,在婚礼上才时有所闻的,似尚不如前者耳熟能详。大凡人们听惯了的话,即使虚假悖理,总被当作益世良言,难得有人去质疑。其实,如果新娘是个新派的女权主义者,可能会从"郎才女貌"四个字解读出轻视女性的意味来:难道女性只能以"貌"胜人?须知,年轻的时候,"色授魂予",几年一过,生出"审美疲劳",便"色衰爱寝"也。1949年后相当长一段时间里,我们只有两部法律:《宪法》和《婚姻法》。有识者称,之所以有后者且可与《宪法》齐名,是专为进城之后抛弃乡下黄脸婆的现代陈世美们量身定制的;今天社会上变相纳妾、糟糠下堂、老夫少妻的事例更是层出不穷。在西方,也有谚语说到貌之不驻和貌之浅薄,如:Beauty is skin deep(拙译:美貌只是一张皮)。听到"郎才

郎 才 女 貌？

女貌"一语,我曾兀自奇想:要是有哪个新娘站出来责问一句"难道我只有一张皮吗?"那婚宴上会是种什么景象? 还有"举案齐眉",听上去好像是说夫妇应该相敬如宾,倒也应景。但如穷根究底,翻读《后汉书·梁鸿传》,又能发现女性歧视的痕迹:梁妻见丈夫回家,端上饭食时,"不敢于鸿前仰视,举案齐眉"。幸好今天中国的社会实际是,男权式微,"洗手作羹汤"的丈夫越来越多,任婚礼司仪们去随口说说,倒也罢了。

拙文只为引人辨别美恶,全无坏了婚庆公司生意的意思。更何况,聒噪再多,生意必然照样兴隆。

(原载 2008 年 6 月 19 日《南方周末》)

以小见大话"管理"

有些时日了,管理——狭义的和广义的——一直是门显学。于是管理部门像一只只八爪章鱼,应运而生,大盖帽和各色制服成为一大中国特色。即使在高等学校这样的地方,管理虽别称职能部门,还不时自谦两句"我们是为广大师生服务的",可说出话来毕竟有强势心理作后盾,也是一言九鼎,令我等侧目噤声。

说件小事:今年苦夏,正是宋朝朱淑真所谓的"困人天气"。为赶项目,还文债,一日不停地开着空调干活。虽说有几天看世界杯到凌晨,白天还是不敢怠慢。一日,突接某职能部门电话,指定日期召开项目负责人会议,届时有领导莅临指导。本来是个寻常的会议通知,可线路那边的"职能人"(听声音是毕业不久找到职能部门就业的一大批新人中的一位,据说此类新人中有不少将是硕士、博士的优选候补)口口声声强调"领导到场"和"开会在光华楼",引得我很是反感,不免随口讽刺了一句:"嚯,光华楼启用了?可见会议重要。"对方懵懂,对讽刺并无反应,反复强调"领导到场"的重要性之后,挂了电话,让我独自在那儿生闷气:领导怎么啦?会事必躬亲研经铸史做项目,还是能自掏腰包发放项目经费?须知那经费可全是纳税人的钱!哦,是了,领导可以对你提出的项目说"yes"或"no",也可算是操着生杀大权吧,看来这个会还得去捧捧场才是。谁知当日夜里又接职能部门电话,说你陆某已结项,开会就不必来了(如何上午电话不说?)。我刚想松口气,不料电话那头突然变得正言厉色起来:"你报销了出国签证费(按:我是去香港中文大学,说出国是"政治不正确";另外,办证的另一职能部门明明说过可以报销,还有责任人背签),那是违规的,要吐还出来;另外有'正大'(校内一餐厅)就餐费,好在次数不多,算了,不计较了!"我这人自知浑身上下有数不尽的缺点弱点,常惹得领导不开心,但不敢化公为私,最恨揩油。因此在电话上我就声明不可能有就餐费这项支出,哪知对方言之凿凿,我生怕是哪个参与项目的弟子曾犯馋而背着去大啖,于是只好诺诺。第二天,心存疑惑的我拿出经费本逐页查检,从头到尾也没见一项餐费记录。在"正大"的开销倒是有的,那是酷暑期间某日宿舍突然停电,曾花 100 块钱躲到招待所空调房去工作一天的费用。我知道,复旦手握巨额项目经费的大户有的是,本人这个到位仅 56 000 元(规定拨款额 70 000 元)、经两年花去 13 000 元且已结项的"小儿科"项目,尚且受到如此鹰瞵鹗视,可见职能部门管理的力度于一斑了。复旦的项目大户们,小心啊!而对那些焚膏继晷或费尽心机还揽不到一个项目的广大师生,也就是大学的主人翁们,咱们的管理部门更不知是以何种目光看待的。譬如说,校长论坛上没有一位不说必须着力培养"个性"学生。只是当学生真的显示出一点与众不同的淋漓元气时,有关管理部门往往就要挠头蹙眉了,非拉回到"批量化"的一统标准不可。

  管理当然是必要的:规圜矩方,权重衡平,这学校才办得下去。可是近年来的管理膨胀我以为是对上述规矩和权衡等管理理据本身的颠覆!我不知道现在职能部门与教师在人数、工薪、职称方面的比例是多少,不过膨胀会不会带来文牍主义，带来有悖环保的 A4"纸张爆炸"，我想大家有目共睹。至于膨胀有没有其他恶果，诸如尸位素餐、老鹤乘轩、近水得月，朵颐酬酢等等，兹事体大，容不得我等置喙，还是再说件小事。学生成绩单是个微不足道的教学细节吧，教师评分有诸如 A－、B＋等之别，其中如 B＋与 B－之间可能有十数分的上落，可是经职能部门电脑处理，成绩送到学生手里，＋－之差已统被抹煞，唯有公共课如政治课成绩犹保存着＋－的差别！小小一张成绩单可以实行"双重标准"，何谈管理的规范化？夸大一点来说，又何谈"争创一流"？管理在英文里叫作 management，我真害怕管理膨胀会导致 mismanagement 和／或 micromanagement 呢！如近来报道的某省考试院可以扣押高校的录取通知书"留中不发"，除非高校掏出"买路钱"来，荒唐不荒唐？真个应了"利令智昏"四字！从报上还读到管理部门"检查卡拉 OK 曲目哪些可唱，哪些不准唱"之类管头管脚的奇闻。咋不干脆把歌厅舞榭统统关了，不就太平吗？莫不是怕 GDP 因此下跌吧？我想花在管理曲目方面的时间和精力，要是改而投入到追查"办证"等非法造假上面来，则社会幸甚。君不见，精心制作的复旦大学正门指示牌矗立不久，就被人赫然涂上"办证"电话号码了，像是在嘲弄挑衅有关管理部门。这管理部门也真无能，只好把涂有电话号码的下端"截肢"，留下一块残缺的指示牌完事……

  记得诺贝尔文学奖得主、英国小说家威廉·戈尔丁透过作品《蝇王》里荒岛小霸主之口说过："管理、约束、控制、干预，方见威权的力量。"另一方面，岛上自也有懦弱童子甘受管束，甚而至于不受管束就不自在。这样，双方一拍即合，自然而然形成了一个"蝇王"社区。记得故事里唯有一个"小四眼"匹基(Piggy，意译可称"小猪"；目下大红大紫的哈利·波特也戴眼镜，据说即以匹基为原型)崇尚理智和人性，不服威权高压管束。面对管理膨胀,校园里甚至社会上是不是也应该提倡一下这种"小四眼"精神?

以小见大,漫说管理,意在表达一名教师深深的忧虑而非浅薄的嗔怨,识者明鉴。

(原载 2008 年 1 月 3 日《南方周末》,题为《校园里的管理》)

良辰吉日

奥运行将开幕,好戏这就开场。正养精蓄锐,准备从电视"饱和观战"呢。

听说开幕式是定在2008年8月8日晚8时8分举行。这个8字在中国民俗中因为音近"发"字,意味吉祥,选中这么一个吉日良辰,做大动作,行大典礼,就像除夕、迎财神时节大放爆竹,万炮齐鸣,倒也顺合民意。

只是这稍带迷信色彩的前现代"良辰吉日"是不是有点和"鸟巢"啊、"水立方"啊这些后现代的建筑不太协调?奥组会说,不必管那些。定下时间属"软件"范畴,设施属"硬件"范畴,软硬之间"井水不犯河水"可也。

有人考证过,说八即发,源自粤语,并非普适华夏。这老广确也厉害,今日之中国,不问东西南北,选婚期要往8字靠,卖房8楼最俏,捐个含8字的车牌照会,买个含8字的手机号码,都非花大钱不可。我曾建议,尊"八"起见,习用语"八字尚无一撇"从此弃用为好,换作"九字尚无一撇"如何?原来只是流传于民间的迷信,这回居然登堂入室,与奥运开幕挂上钩,弄得国际皆知,看样子确是搞大了,说不定什么时候还会成为联合国特批的"非物质文化遗产"的一部分呢。

可迷信终究是迷信。要靠迷信祈福,是不是说明我们的自信已消耗得差不多了?

2008年8月

过街老鼠的哀鸣

鼠年快到了,请听听一只过街老鼠的哀鸣。

这只过街老鼠就是鄙人。之所以在人人喊打声中过街鼠窜,因为我是个烟民。

地球人都在大叫禁烟,轮得到你一只老鼠吱声唱反调吗?是的,吸烟有害健康,不但是烟民自己的,更重要的当然是所谓吸入二手烟的他人的健康。所以,香烟壳子上要印上警告,即使画上骷髅吓吓人也不为过;所以,英文里会用上大堆"棺材钉子"之类难听的词语来形容香烟;所以,在国外,即使是寒冬腊月,也可见个别烟民避开众人,躲到大楼门外,像瘪三似的,冒着刺骨寒风,抖抖索索,猛抽几口过瘾;所以,即使在直系亲属家里,你也只能躲到中央空调冷暖不及的车库里去吸烟,不然,等你走出自己的房间,你会发现不知什么时候,直系亲属已搬来个开到最强档的鼓风机对准你伺候着了。

如今,到处讲究可持续发展,生态友好已是政治正确的重要内容。臭氧层出现破洞这样了不得的大事,据说与抽烟也不无关系。看来,烟民已不是什么瘪三,该是罪犯了——若不是他们对国家税收还有贡献的话。于是,什么"人权"、"尊严"之类的堂皇字眼,都与烟民不靠谱了。

可是我看二战时代罗、丘、斯三巨头开会的新闻纪录片时,经常纳闷,三人都是一边开会,议论瓜分势力范围,一边吞云吐雾;还有我们以前的领导人毛、邓二公,检阅当年的红卫兵或公开演说时,手指间还夹着一支烟。那时候臭氧层咋不出问题呀？如何几十年的功夫,这抽烟便成为恶不忍闻,罪不可逭了呢？再往前溯源,在莎士比亚时代的英国,烟草可曾因是名贵的奢侈品而大行其道呵。据统计,仅伦敦一地就有7 000家香烟店。当时的人认定,从大处说,吸烟可对付花柳病、偏头痛等疾患,预防瘟疫；从小处说,可掩盖口臭。所以,伊顿公学的男童如被发现不好好保存烟草,就是违犯校规,要受杖责的！

　　赶快打住,老鼠,不然怕是哀鸣未完,先把你当"四害"之一剿杀了。

　　本人的烟龄够长。那是上世纪50年代末、60年代初吧,学校里先是全民大炼钢铁,紧接着是"大兵团"批判巴尔扎克,每晚都是挑灯夜战,不到凌晨,不得沾床。为驱困倦,由班上年龄稍大的"调干生"带头,小字辈们,不分男女,也都学起了抽烟。后来,经过长时间"疾风暴雨"式的群众运动,教学秩序总算渐趋正常,"好小囡"们陆续把烟扔了,一个个退出了"大兵团",只剩下我等几个顽冥不化的,兀自悲叹"又弱一个!"再后来到了经济困难时期,香烟凭票供应,瘾君子们可着实苦过一阵:把老师扔在教室里的烟蒂剥开,取出烟丝,晒过太阳,填充烟斗;托关系买来没有商标包装的白壳子香烟,一包只卖8分钱,质量如何,不言而喻。也许因为经历过"烟馑"日子,戒烟才变得更难。抽了戒,戒了又抽,我们这些没出息的被人称之为"八戒"一族。当然,也有冒天下之大不韪,标榜抽烟的。贾植芳先生就是一位。他曾亲口对我说,不吸烟,不喝酒,搞什么文科？可贾老在健康恶化之后,毕竟还是戒了烟。无独有偶,北方的杨宪益先生也曾是"左右开弓"(指烟酒二毒俱全)的。年过九旬的老寿星同样出于健康

过街老鼠的哀鸣

原因,现在把酒给戒了,可香烟照抽不误。我系还曾有一位乔治·桑式的洋派女教师,只会说一口流利的英文,却曾用佶屈聱牙的汉语,对人说:"那戒烟的痛苦是慢慢儿,慢慢儿的,就像思想改造一样。"

前些年心脏不好,我倒是顺利地戒了烟,而且一戒就是五年。不料身体稍好,某次,正好有位从前的学生送来两条熊猫牌,说那可是邓小平这般的大人物抽的,其时正好又在赶一件限时限刻必须完成的什么事情,骨头一轻,警戒门槛一撤,点上一根呼了起来,哪知道这一发便不可收了,乖乖把自己重新打入过街老鼠的队伍。

哀鸣的最后,是希望非烟民不要真把烟民当作老鼠赶尽杀绝,本是同根生嘛。约之以礼,禁之以法:可以严格规定在公众场合不准抽烟;可以凭身份证购烟,防止少年成瘾;可以劝诫一方吸烟的男女不要轻率联姻,以防二手烟危害,弄得不好变成"闪婚"之后"闪离"的借口;另外建一些只对烟民开放的设施(在香港应该包括公园),注明"Smokers Only";最好再请哪位重量级人物发明一种类乎化学马桶的装置,把烟雾化作固态或液态,就地消灭,勿使飘到大气层去。

哀鸣小文,意在取得非烟民与烟民的和谐,还不知道有哪家报刊肯登载呢。

(原载 2008 年 2 月 3 日《新民晚报》)

小 题 大 做

某地开会,主持人说市长另有重要会议,不克准时到场。谁知市长这时已在主席台就座,闻言站起身来,向会众致意。

就这么点事情,一个小小的技术错误,报道与不报道,好像都没什么大不了的,至少在我这个读过几本新闻学教材的人看来,决不在必须报道之列,除非你这个当记者的还负有替领导干部作"起居注"的兼职。

更离奇的是,这么个八卦或花絮类细节见报之后,同业叫好,说是"误报市长晚到难得幽默","这则新闻能发出来,从某个方面证明了当地风气之平和,舆论之宽松"云云。恕我愚鲁,第一,我看不出如此浅层的技术错误中有几多幽默可言,而此类事情在你我的生活中分分秒秒都会发生,何来"难得"一说?第二,媒体报道了这个细节,就是风气平和,舆论宽松?莫非不报道,就是暴戾,就是峻刻?这衡量风气和舆论的门槛似乎也降得太低些了吧?按此衡量,应该也能够越过这条门槛的"五个 Ws"(且不说八卦、花絮)还多着呢。

上述引语中有"从某个方面"一说,这个"某"字的"所指",从语用学角度说,确有"宽打窄用"之妙。从误报市长晚到这么一个小题目,做出民风和舆论的大文章来,是不是也

"从某个方面"说明了媒体的尴尬?

前些日子媒体突又语笑喧哗,还纷纷报道某大法官仰天大笑镜头被摄影记者所捕捉,复赞照片居然刊出于报端而未遭禁,可见开明。我是个学英文的,见到这样的报道,第一反应就是自言自语咕哝一句"不就是拍了一张所谓'candid picture'(乘人不备拍下的照片)吗? Big deal(有啥好大惊小怪的)!"可你还别说,给做官的拍照,确是大有讲究的。不是吗?某地一官作报告,生怕读错字句从头到尾埋头看稿,摄影记者始终没能拍到金相玉质,发了一张据说是有损当事人光辉形象的照片,就此丢了饭碗。这两个例子,我以为,都值得收进我们的新闻教科书,不为其他目的,立此存照而已。

我们的官员难道是靠标准照来树立形象的?而凡是标准照必须目不斜视,表情严肃,面若冠玉,敬慎威仪,即便是皓首苍颜,也要加工到一头乌黑,眼如点漆。这样,与普通人的距离拉开,威仪或许是有了,可新闻摄影的真实性只好让位于僵硬的教条主义,信息透明云云,岂不沦为空谈虚诺?

深入一层想想,媒体刊登官员什么样的照片,多少尺寸的照片,可能还涉及官民亲和的问题。有时候,做官的自己倒并不一定太在乎形象光辉与否,像邓公小平当年就曾当众拿身材矮小自嘲(大意):"矮点好喔,天塌下来有长子顶着。"须知领导越是这样平实说话,越有亲民的作用。不是吗?群众游行队伍中就打出过"小平,你好!"的标语。这样亲切的官民互动对于建设和谐社会,作用是不言而喻的。可惜,这样的事例难得一见。议论领导形象的话,当事人自己说得,别人说不得——至少级别不够高的官认为不但自己说不得,也不能让别人说。

好在就在同一天报纸的第一版上,看到领导强调要多反映"群众关心的实际问题",尤要重视"重点、热点、难点"问题。在和谐社会、阳光政府的口号声里,连"7.1％！1月CPI涨幅创11年新高"都可成为头版通栏,想来媒体的朋友们应该还可大有作为的。

(原载2008年2月21日《新民晚报》,题为《是以小见大还是小题大做?》)

最可爱的人?

春晚有个相声节目《疯狂股迷》引起了争议,讨伐者居多,说"拿股民'开涮'太过分","中国股民是中国经济建设年代里最可爱的人",等等。因为看中国男子足球队与伊拉克队的比赛,我并未看到那个相声节目,倒是有同仁当时就打来电话,说春晚节目里就数这段相声还算出彩。鉴于前后左右有那么多股民,我当时就回答说,笑过以后准被骂杀。果不其然,现在口水泼来了。春晚的主事者们也真是的,眼下中国贪官那么多,拿个典型狠狠"涮"它一番,让大家解解恶气,那效果肯定会好得多,可能一是怕官怒难犯,又囿于戒律,这才只好拿草民来寻开心了。

说股民"拿出自己的辛苦钱、血汗钱支援经济建设",这在客观效果上可能部分说得通,但从主观愿望上完全排除侥幸暴富的投机心理,从行为特征上完全排除狂热的拜金主义,任你说破大天,我也不肯相信股民就是最可爱的人。前几天子夜迎财神的爆竹大战,肯定混杂着股民对上一年年底股市探底再探底的冲天怒吼,同时也是对奥运年牛市的响遏行云的呼唤。被爆竹炸伤或扰眠的市民詈骂犹恐不及,没谁会觉得"可爱"吧?

"最可爱的人"一语,如未记错,出于魏巍的一篇专写抗美援朝时中国人民志愿军的记叙文,还曾收入中学课本作教材。参加那场被别人拖下水的战争并牺牲在遥远异国的战士确实可爱又可敬,只是今天还有多少人记得他们?他们在异国的坟茔还完好吗?他们使用的武器不少据说都是借债买来的,后来还得由他们祖国的父老以饥馑为代价偿还。他们的主帅呢?战后区区几年即被揪出打倒。任何一场战争,无可避免地总有官兵被俘。那么他们那些被俘遣返的同伴(被胁迫去了台湾的不说)又是怎样的遭遇呢?战争拉锯了几年,结果回到了出发点,还把外国舰队引到卧榻之旁,本来唾手可得的蕞尔小岛,现在要玩"独立"和"去中国化"了。从这种种方向看,最可爱与最可怜实在并非是楚河汉界。所以,"最可爱的人"一语,情人节里花前月下对着你的那位私下用用还可以,用以指称某个群体,还是谨慎些的好。

2008年2月

有没有"硬道理"?

有一位复姓的有名人物近在一所有名的大学破口大骂南方的几张报纸,尤其是某报在汶川地震期间竟用上了"震出一个新中国"的大标题。笔者当时见到这题目,也曾大不以为然。现在证据来了。当舆论界还有相当数量复姓先生这样的人物横行之时,震得出一个新中国吗?

复姓大人应该知道,我们早就签了《世界人权宣言》,甚至某位领导人在新闻发布会上也曾理直气壮地宣称,有些价值观念并非资产阶级所特有的专利。对此,我的理解是世界万物中存在着一些亘古不变的"硬道理",譬如说工人做工必须得到工资,公务员做官不能以公谋私搞腐败等等。我是个教书匠,坚信教书育人就是古今中外教育界的"硬道理"。复姓先生肯定马上要追问:教什么书,育什么人?允我引《论语》四字:文、行、忠、信。这四字的含义是开放的,随你用什么阶级分析法去解读,都是站得住脚的。教书育人这一"硬道理"自然也包括当教师的要尊重、维护学生正当的基本权利。

这儿且不说解放前夕国统区的第二条战线上,教师如何冒险去保出因为"反饥饿,反内战"而被捕的进步学生,就说说小事一桩。这几日正是学年结束,毕业生离校的前夕,各校大概都要举行一定的仪式吧。鄙人所在单位今天举行毕业典礼,大教授们除了个别几位,多数缺席。学生和远道赶来的家长大概也只好在心底嘀咕。我却想到了另一番景象:如果今日举行的不是在学生一生中具有里程碑意义的毕业典礼,而是什么事涉名利的两院院士、"长江学者"等等的争评,我们尊敬的教授先生们会轻易放弃机会缺席吗?怕是趋之若鹜还来不及。

  问题是这样的"硬道理"在不少人心中早已不是时时处处适用,甚至也贬值得可以了。这是多少年不讲道理有软硬之分,"硬道理"是决不可任意缺席的恶果。问题的严重性在于,媒体稍稍"熏"一"熏",便社鼠尽去,抑或"熏"都"熏"不得?"硬道理"其实一点也不抽象虚空。做了工,及时发工资而不得拖欠;占了地,给人合理补偿;贪污的,该关该杀,晓谕天下;执法的,不可知法犯法,滥用私刑;给婴幼做奶粉、玩具的,不准明知风险,还要胡乱添加化学物品;教书的,多把学生当回事……就很不错了。至于王安石等古人所说的"百姓所以养国家也,未闻以国家养百姓者也"之类的深奥理论,也就是德国政府刻在大楼门前的爱因斯坦语录——虽说爱因斯坦已放弃了德国国籍——还是等复姓先生这样的精英去详述吧。

  "硬道理"就在你我的生活里普遍存在着,是最起码的道义准则,轻易地弃若敝屣,老百姓不会答应,连邓公也可能在地下骂我们是不肖子孙呢。

2008 年 12 月

孩子,你咋不逃一次课?

　　看到幼嫩的肢体被地震摧折,看着那一字排开的童尸,听到父母呼天抢地的嚎哭,谁不椎心泣血?我在心底对这些冤魂呼喊:"孩子,你咋不逃一次课呢?就像都德笔下那小法朗士常做的那样,去林子里摸鸟蛋,看士兵出操……"那样,山崩地裂时在户外的你可能就会逃过在旁觊觎的死神。

　　说什么都晚了。

(原载 2008 年 5 月 20 日《新民晚报》)

这儿都是天使?

我发现我们是非常在乎获奖的一群。除了"两奥"(奥运和奥斯卡)情结,做文字工作的,多少年来眼巴巴地望着军火商人诺贝尔的遗产,那模样简直有点可怜了。哪个外国作家一得奖,搞出版的甚至连作品都没读完,遑论是否形成自己的判断,紧赶慢追找人翻译成中文,占领书市的制高点,管它有无读者,或者虽有读者,又有几人读懂。至于和平奖,老是涉及凋瘵和恺悌的政治判断,常闹得蜩螗大噪,那是另一回事。

近日,有个美籍华裔作家在大洋彼岸得了个什么终身成就奖,鼓噪又起。其实这位女士的大作我在上世纪90年代教过,那时用的教材是诺顿的《文学新天地》(*New Worlds of Literature*)。其时,"政治正确"正大行其道,强调"otherness"(异质,也有人译作"他者")和"alternative"(另类的)成风,少数族裔的作品尤受重视,华人家庭里的什么媒妁之言、姑嫂勃谿、手足阋墙、男尊女卑、雀战斗智等等描写,无不被赋予挑战白人男权的社会意义,同时又有身处边缘而要进入美国主流文化的迫切甚至躁狂心理。有个少数族裔作家写过一首"镜子"诗,译成中文是这样的(英文恕不引,标点是我擅加的):

"大家老问我,我的老家在哪里,

这儿都是天使？

> 儿子这样说，
> 问题是，从内心说我是美国人
> 从外表看我是东方人。
> 不，达格，
> 把那外表藏到里面去，
> 这才是美国人的模样。

我替美墨女作家 Sandra Cisneros 的《芒果街的小屋》中译本写过一篇短序，其中最后一段也是告诫中国学生在学英语之初，还是追求准确为要，勿盲目学用另类英语的瑰奇。责过不忽于细微，在我是想尽过来人之周。叵料出版社怕这"蛇足"一添，会影响销售，给删去了。

扯远了！本文要说的这位作家正是因"异质"加"另类"而成名。但是拿她的作品来教中国学生学英语，我试验过后的唯一观感是：谢谢一家门。后来有些改革开放后从中国大陆去的新移民也用英文写作，我也找来读了。内容且不论，单就语言而论，我实在看不出有什么巧丽过人之处，居然在网上看到被青年朋友轻易尊奉为"当今华人英语作家第一人"等等。反正，作为英语教书匠，我要劝学生，与其读什么"美"啊、"金"啊等人的英文作品，还是读读传统主义者书单里适合你自己选择兴趣的篇什。

一个很奇怪的事实：我们在国内看到不少令人沮丧甚至愤怒的事情，往往火冒三丈。跑出国门，距离一拉开，反而发现比较有容忍的雅量了。但始终不能认同的是，那些从未在这儿长期生活过的人，今后也不准备在大陆扎根落户的，或道听途说，或匆匆走马看花之后，把这儿看作人间天堂。第一次去美国适值北京审判"四人帮"，我在加州伯克莱亲见有人戴着江青的像章招摇过市（那是少不更事的美国青年学生），当时就想"要是你在'五七'干校养过猪，还戴这像章吗？"对美国佬还可以"不知不罪"的理由打发，对于跟大陆仍以这样或那样的方式藕断而丝连的华人,像某位从瑞典军火商遗产中曾分得过一杯羹的某公,好像就不能这样代为开脱了。又像这位最近获得老美终身成就奖的作家,说什么大陆所到之处,她碰到的全是"天使"。作家啊,请你留下来往深处体验,属于"非天使"一类的贪官奸商还少吗?

最后送这位作家一句古话:言虽至工,不离是非。更何况你言非工,至少我不敢拿这样的英文去教我的学生。

(原载 2008 年 10 月 19 日《东方早报》)

天哪，还"拳拳之心"！

在报上看到某康姓大贪官的自白，差一点"隔夜饭也要呕出来"！引用几句如下：

"我为祖国、为民族和理想奋斗的信念不是一天两天形成的，也不会因为这么大的跟斗而丢弃，我的这种理想从来没有泯灭，我仍然抱有拳拳之心……"

天哪，早从1993年开始受贿，任前后左右有多少贪官被关被杀，仍以自己前赴后继的一贯行动，雄辩地为执政党乃至祖国、民族抹黑，到了法庭，居然轻描淡写说是跌了个"跟斗"，还有脸捶胸顿足侈谈"理想"，亮出"拳拳之心"，说这人是无耻之尤当不为过吧？

倒是从康某的劣迹可以生发若干联想。

联想之一："不是一天两天形成的"。从报道看，这人至少是个大学生，极有可能还混到过更高的学位，不然难登浦东新区副区长的宝座。虽不知此人是何校产品，我有把握说，在校时一定是个在学生里面当官的，而且是不学有术、长袖善舞的那一种，官本位思想深入骨髓，出得校门，这才能飞黄腾达。学生做官，我在上世纪80年代曾以为是大好事，因为这些人占了信息高地，有识见，还多少沾了些书香，不会廉耻感全无。可就是这样的官，近来出事的屡有所闻：陈良宇的大秘书、最近因坝溃事故被免职的山西省头头……我倒有个建议,把东窗事发的人排着队列张表,专看他们在求学时代的经历和职务,一份上交教育部,一份呈送党中央。看看该怎么教育、管束这些学生干部,防微虑远,可能对学校的学生工作,甚至整个教育事业,不无益处。

联想之二:秘书堂而皇之进办公室行贿。想来那办公室里也有置于小插座的国旗和党旗。太多见不得老百姓的勾当,以前还要躲到度假村、高尔夫球场去密谋,现在罪恶公然登堂入室,鼠辈弹冠相庆,肆无忌惮,这不辱没了两面红旗吗?建议还是撤了为好,至少还能保持党和国家的一丝尊严。

联想之三:就在昨天的报上读到走在南京路步行街上被"骚扰"20次的报道。骚扰者中肯定有游手好闲之徒、"微缩版"的"三鹿奶粉"之流,可能还有屑小。可我看这些想赚几个小钱的市民中即便有可恶的,也不乏可怜人。像招揽生意的"摩的",索10块钱拉人到城隍庙,那距离少说也有两三个巴士站。严冬酷暑,这钱容易赚吗?你看,人家康大贪官动辄就是几百万几千万的进账(看不懂的是,报道说康某工资收入335.91万元,这位公仆"为人民服务"了几年?哪来这么高的工资积存?),"摩的"们想赚几个辛苦小钱却被驱赶、管束、欺凌,谋生如此不易。难道不用去内陆腹地,不用到边陲蛮荒,只消在中国第一大都市里的第一繁华大街上走上半个小时,就能体验贫富的巨大差距了?

小文写完,友人哂我:康某算什么"大"贪官,小巫而已。

(原载 2008 年 9 月 25 日《东方早报》)

2008 年国庆感言
——应《南方周末》邀约所撰

我想我能为国家做的是:位卑未敢忘忧国。从终极意义说,爱国不可能不忧国,而且是那种韩愈所谓的"纯信之士,忧国如家"般的忧,或如陆游所吟"苦心虽呕何由出,病骨非谗亦自销"。

祖国是绝对的,不可选择的——即便对获得他国国籍的游子来说,也是如此。国家与个人并不存在或取或予的关系,所以我以为贵报"你要国家为你做什么"是个伪命题。国家与治理国家者是两个截然不同、不容混淆的概念。国庆之际,弄清这个概念,愿上下戮力,祛贪愎逐利,更勿同根急煎而致国残名辱。天佑我中华!

(原载 2008 年 10 月 2 日《南方周末》)

送 扑 满

在《新民晚报》上读到《扑满》一文,作者也姓陆,五百年前同一家,看来曾入私塾发蒙,必定是老前辈了。随着宗人的话题,今日也来说说"扑满"。

话说汉武帝时拜相封侯的公孙弘,曾收到友人送来的一个扑满。"扑满者,以土为器,以蓄钱。且有其入窍,而无出窍,满则扑之。土,粗物也;钱,重货也。入而不出,积而不散,故扑之。聚敛而不能散者,将有扑满之败,可不诫欤?"嚯,"满则扑"(这与现代可存可取的"储钱罐"机理不同),一味聚敛,贪得无厌,终要落得个瓦裂土崩的结局,原来这扑满还有如此哲理性的启发。时届年关,送个扑满给做官的朋友,如何?

据说公孙弘还收到过生刍一束。"生刍一束,其人如玉。"那是《诗经》里的话,说是以嫩草一束送人,有人格相许的意思,即所谓草虽贱,不能脱落君子是也。除扑满和生刍,还有素丝一繐(读作 suì,是丝织品积累的计量单位),象征自微至著,积少成多。立功勋,效名节,莫不如此。以上三物,赠送高官,含义不言自明。

本文的构思成于饭后散步时,想着想着,噗哧笑出声来,因为眼前出现后现代荒诞剧的一幕:一个陀思妥耶夫斯基笔下人物式的角儿,臂弯绕丝,一手持草,一手捧个扑满,去官

送 扑 满

邸送礼。第四堵墙那边,一个官太太正起劲数钱,一边说出台词:"数得奴家这手都要抽筋了。"舞台暗处,突然窜出一个司阍保安,扭住来者,就要捉将官里去。这时幕落,灯光打出剧名字幕:送扑满。

(原载 2008 年 12 月 29 日《新民晚报》)

敛财有术：校庆验钞

报载某地一所小学纪念建校80周年，软硬兼施地要家长慷慨解囊，居然大剌剌抬出两部验钞机，往校门口一放，验收家长们的捐款。记者报导，家长出的"份子钱"200至500元不等（乖乖，这"竹杠"敲得比奥巴马竞选还厉害！）。消息附有照片，想来当非虚假新闻。教育部大员看到，会不会厥倒？

校庆验钞，我想是中国人办教育以来开天辟地的创举了。其原创性就表现在赤裸裸的贪欲，廉耻心的彻底丧失，用句俗话说，就是"想钱想疯了"。恶不自恶恶必极，这话真是一点不假。不管是百年老校，还是半百甚至历史沿革更为晚近的新校，近年来各大学都在争相操办校庆，若非收入不菲，名声也不会因此一振，谁愿无事瞎忙？上行下效，难怪现在中小学也跟了上来。我们不是非常在乎国际排名吗？就操办校庆的规模、频度、影响所及的人群数、银子的付出与收入而论，我估计中国可以稳排世界前列。

大办校庆的同时，咱们的教育事业怎么样了？本人当教书匠四十年有奇，对有些摩登现象是越来越看不懂了。学校的职能部门尽管都会自谦"我们是为师生服务的"，同时却不断地衙门化。学生为留学做份成绩单找人盖章，也会像个皮球似地在各办公室间给踢来踢去，折腾个三两天还搞不定是事情的常规，一次办成反成畸态。图书馆里多的是找不到书的管理员,即使找到了借给你,也是一副老大不情愿的神态,上海话里叫做"死样怪气"。夏末秋初,百人的大教室里拉上遮挡骄阳的窗帘,两排十个吊扇懒洋洋转动着各自的翼板,师生们汗流浃背,而管理层那边,每个办公室都是一个立式大空调,轻轻发着营营声送凉。教师中已完成"原始资本积累"的忙着 CEO 化,在天上飞来飞去做判官、"赶场子",教书育人的天职早已随着珍宝机喷气而作烟云散;资历稍浅一些的人为还房贷或是早日实现"小小康",非挣外快不可,于是"上课像条虫,家教像条龙";而具有最起码的责任感和道德底线意识,知识之外尚有担当、见识、胸襟的老师似乎正渐成稀有,独特的个性好像非由小丑般的红色花格裤帮着张扬不可(事见某政法大学留法归来的"另类")。功利的学生受到更加功利的家长驱迫,挣扎着要挤进职业市场去,早早就把知识殿堂的尊严视作笑柄,身在课堂或实验室,心在交易所或白领办公大楼;一些身处"倒金字塔"(指内外四祖、父母二人及本人)底端的孩子心理脆弱,一点点刺激就会导致反应过度,于是手弑教师的事,遂屡有发生……

校庆验钞就像宏大叙事图画中的一个细部,让大家看到腐烂和朽败已到何种程度。敬请主事者们警惕:燫火虽微,弄得不好卒能燎原啊!

(原载 2008 年 12 月 4 日《南方周末》)

论文啊，论文！

友人搜索哈佛学生论文文题，发现许多"小题大做"的例子，譬如其中一篇专论《莎剧中死于舞台的人物是怎么跑到后台去的》。我并未把文章找来一读，友人也没有。据我所知，莎剧演出时若有角色死去，一般都是陈尸舞台，非等一场一幕结束不可，不像中国旧戏里那样，一路踉踉跄跄跌进后台，用上表意手法。读到过这样一则趣闻：《奥赛罗》里的摩尔人杀了苔斯塔蒙娜，之后还有至少25分钟的戏，苔女只好静静躺着"假死"等戏演完，有的女演员闲得无聊，竟有在舞台上呼呼睡去的。朱丽叶假死被乳媪发现后引得家人大乱，至少也要"睡"过100多行的戏文；后在墓地，还要静候罗密欧跟派里斯伯爵决斗、罗密欧自尽，还阳过来双双殉情之后，又要等亲王上台当着这对"死鸳鸯"，苦口婆心，明法审令地说上一大通，使罗朱两家修好之后，才得终场，最后解脱回到后台。《汉姆雷特》剧终前，台上有四具"尸体"，其中母后倒地时间最长，离剧终也有差不多100行台词之隔。《泰特斯·安德洛尼喀斯》依各种版本场景分割不同，剧终时台上应有四至六具"尸体"，提示文字明白告诉演员，全剧演完"抬尸而下"（Exeunt [with the bodies]）……如何把这么具体而微的一个技术性细节，敷衍成几万字的博士论文，我想非高人驯手不能为。除了上文提到的各种事实，论文肯定还要望今参古,比兴希腊古剧,讨论"三一律",再一路说到伊丽莎白一世和詹姆士一世时代英国的剧场构成,演出习俗,观众组成和趣味等等,说不定还得掺入一些理论元素,比较斯多葛派和基督教的生死观什么的,以增加学术"含金量"。但是从文题推想,怎么说都只能是以材料、信息罗列和展示为主的作品。这篇论文的下场如何不详。不过从作者的偏善之巧,也可看出他/她并不是不懂命篇经略的"傻博士"。若问这样的文章于经国济世何益,我说就作者严格训练辑思能力,从此世间多一智人,难道不也是贡献吗?

最近,一位弟子写论文,比较深入地从史学角度和英语词典编纂发展沿革的结合上,为《牛津大词典》定位,堆砌他辛苦发掘的实例多多,说明这部英语世界中里程碑式的作品如何艰难诞生,在微观结构的各个方面如何既有继承又有创新,编者们如何殚精竭虑,代代传承,又或多或少打上个人的印记。作者的视界从英伦到欧洲大陆,复过大洋伸展到北美,从比较各版的不同,观察英国殖民历史的演变。作者用上数学统计方法,细化分析词典引例来源重心的变化和转移,以改变一般读者印象主义的成见。论文令人信服地证明,在使用电脑之前,一部大词典要做到体例上的绝对统一以及杜绝一切错误,那是不可能的;讨论到词典编者的共性和个性时,还得涉猎传记;为了增加学术的"含金量",以文字说明问题后,犹感不足,非制表绘图不可。

还有的弟子写论文,习惯成自然,在文献检索方面花去大块大块的时间和极多极多的精力,就付出而论,几乎成了论文写作的主要环节。这文献检索的事,或称信息摄入(input),说穿了,是没有底的。某甲的一番高论,必然会引出某乙、某丙等一连串以微识萌、以近论远的信息发散,非要论文作者旁搜远绍不可。正如唐代王勃所言:"天下之理,不可穷也。"时限概念强的作者,或者说分寸感强的人,会替自己预设一个倒计时的框架，信息尽可无限辐射，搜集和摄取则必须有限，以便为信息产出（output）即写作，留出充裕的时间，如此也才可能做到行文"繁略殊形，隐显异术，抑引随时，变通适会"（刘勰《文心雕龙》语），并且不时修改从 input 引出的观感和理念。我们有些青年学子写论文不到最后一分钟不交卷，常常就是因为知识储备不足，"摄入"忘情，到得"产出"环节，在时间方面便捉襟见肘了。

　　总之，写论文的确是件苦事。现今中国社会不少人看不起博士，认为学位都是混得的。我不否认忽悠分子的存在（而且不少），也知道有的学校兼办"文凭工厂"而胡乱出售（"售"与"授"恰好同音）学位，社会上更有长盛不衰的"办证"行业。但从我本人指导的学生角度，我倒也要替他们说句公道话：请讥讽"傻博士"的敏慧人，不许抄袭，都来独力写篇十万字的论文试试如何？须知，西方早期初行哲学博士制度时，那些学子的特权可不得了。谁在旁边玩游戏吵得博士分心，谁毗邻学校建造高楼遮蔽阳光，博士都可勒令制止；甚至教书 20 年即可享受与伯爵同样的待遇，且从此不得再给这些人物戴上镣铐下狱（详见加州大学洛杉矶分校教授威廉·克拉克著《学术魅力与研究型大学之起源》一书 187 页）。我写这篇小文自然不是为博士们争什么特权，而且明知再怎么争也是白搭。我只是想替博士群落中真正向学之士说几句话，并呼吁社会各界亲智而非反智而已。

（原载 2008 年 12 月 21 日《南方都市报》）

嘶凤篇

我 的 父 亲
——Alphonse Daudet《星期一的故事》中译本代序

在一篇旧文中,我曾写过这么一段话:"现世给了我不少虚荣,老实说我都不怎么看重。最令我自豪的是:我是我父亲的儿子……'子欲养而亲不待',先父对我的殷望和'不为燥湿轻重,不为穷达易饰'的教诲,衷心铭感,匪言可宣!"

我说的是肺腑之言。我始终扮演不好什么委员啊、劳模啊、名师啊之类的角色,但我一直想做个父亲的好儿子,以长驻记忆的父亲的修身言行,当作绳墨,努力"克隆"出一个无愧于他的儿子来。

朋友、学生、学生的学生、素昧平生的读者都想知道关于我父亲的事,特别是陆灏宗兄屡次催促,使我踟蹰不安,似乎从他第一次出题至今,这样不日不月地拖着,今日不为,于计已晚,就要此恨绵绵了。然而上文说的"匪言可宣"又确是大实话。就在这种两难的处境中,我开始战战兢兢做这篇"命题作文"。言语有时确实是苍白无力的,但愿下面的文字不致亵渎父亲:非徒无益,而反害之!

先父 达成公,讳鸿逵。当时江浙一带出了个悍匪,与父亲同名,先父为避嫌而以字行,竟成毕生,与我的两个叔父鸿畴(冯亦代银行工作时代之友)和鸿渐(曾是复旦大学校友会理事)辈名遂殊。后来知道,"达成"二字原作"达臣",是我祖姑丈(不知这个称谓是否正确,指的是我父亲的大姑父。若谬,请家谱学者指正)朱敏人(名元树,晚清甲辰科翰林,上海财大朱斯煌教授之父)根据孟子"不达不成章"古训改过来的。我们陆家,包括我这一代"孙"字辈在内的男性新生婴儿和"範"字辈的女婴,都请这位"朱家公公"起名,直到他去世。父亲名字里的这个"达"字可能已深深埋在我的潜意识里,偶有学生要我题几个字,我常会写下"学无先后,达者为师"这样的句子。就连见到如唐达成先生这样的名字,都会生出一种亲切感来。

　　读了上段,读者诸君可能误以为我们余姚陆家是什么名门望族。非也。虽也曾听说过陆氏这一支可上溯到抱着小皇帝蹈海的陆秀夫,可谁也没去认真考究过真伪(若非攀高接贵不可,干吗不就近溯证绍兴的陆游,非去江苏搬个陆忠烈来?——我时有这样的疑问)。倒是后来问过同乡闻人余秋雨,在他应邀回去读评县志时,可曾见有关余姚南城东泰门陆氏的记载,余君答无。可见我家即使不是最底层的草根,也属名不见经传的升斗小民。这可从父亲五六岁时只能在家认方块字发蒙而无钱上学得到证明(由祖父　汝舟公每天出门前教会祖母樊氏太夫人,再由祖母转教,祖母本人也因此得以扫盲,经长年积累,后来竟能读懂普通信札和一些弹词小说)。祖父酷爱翰墨,雅好书法,只是迫于生计而供职钱庄,俟家境稍有好转,才得以送长子先进私塾,后入县立高小。据父亲回忆,当年的高小,最后几年既要读经,又习英文,科目之多以及教学水准之高,"不让今日中学"。父亲高小毕业之后原拟外出升学,却又因族中叔祖投机失败,债台高筑,家中经济情况再次恶化而被迫进钱庄当了个小文书(父亲因此常说自己没有寻常意义上的童年),半年仅得大洋

6块。父亲不甘就此埋没,遂于1919年15岁时来上海投考中法学堂(校址为今日沪上八仙桥的光明中学)。学堂分初、中、高三级,其中高级相当于震旦大学预科,教员多为法国神父。父亲晚年自称:"只要有书读,枯鱼还可入水。"在中法学堂三年,他每学期跳越一级,据说创造了学堂历史上进步最快的纪录。我至今保存着学堂奖给优秀生的厚重洋装书,如《拉封丹寓言》以及比寻常旅行箱缩小五六倍的硬皮书箱。因学堂不供膳宿,只能走读,父亲借居亲戚家楼梯下方一般人家堆放煤球的狭仄空间栖身。寄人篱下,不能率性夜读,父亲又正处体魄和性格定型之际,如此处处受到约束,慢慢便养成了他自称"文弱无力,寡言少语,少年老成"的个性特征。

1921年,父亲北上投考法人经办的陇海铁路车务见习生,在百余名考生中以第一名录取,因而得以留在郑州的总工程司办公处当练习生,从打字、收发等琐细杂务做起,五年后被提擢为比利时籍总工程师(记得名叫"格雷斯",多年后与父亲仍有雁鱼之交)的秘书。父亲在繁忙工作的同时,不弃文墨爱好,"单日学中文,双日学法文",开始把中国小说译成法文,并用法文写作长篇的叙事文,其中相当一部分刊布在《北京政闻周报》(*La Politique de Pekin*)上。父亲说投稿的目的不在稿酬(他清楚记得,当时稿费为每页两块),而是为"一雪未上大学之耻"。1995年,我膑骨骨折初愈,应邀去郑州讲学。侪辈知我寻常不喜张扬,远避嚣尘,这次如何欣然拄杖远行?其实我的隐秘意图在于踩一踩父亲当年留下的足迹。到了郑州,曾四处打听陇海铁路总工程司旧址而未果,悻悻然若有所失而归。

继陇海铁路之后,父亲先后谋职于报酬较丰的通成(经理周作民)、华年(经理黄师让)等公司,足迹遍及半个中国,又外驻越南(时称"安南")海防一年——这是父亲一生中唯一"易饰"而穿西服的一年——直至抗战爆发始回到上海。祖父享年五十八而逝,时年未及而立的父亲从此便担负起全家的生计,维持祖母、我母及我大姐生活之外,尚需供付我一叔二姑的学费,还要悉索敝赋,清偿同胞手足经营不善导致的亏负,使先人遗泽和父亲本人近十年的积蓄尽于一旦。父亲晚年告我,那一段日子实在难过,自己节衣缩食不说(从烛光点烟而节约一根火柴,就是一例),因怕高堂震怒,妯娌勃豀,手足失和,尽管内心忧急如焚,表面上还要装得若无其事,块垒郁积,终于闹出一场黄疸。

我出生于日占时期的上海中行别业。在长姐範先之后,幼子谷孙之前,我母还育有二子一女,除二姐範九外,余婴均未存活。时因汪伪储备银行某科长叛变中共遭制裁,日伪对中国人办的银行实行报复而突然扫荡中行宿舍(此事散见于对极司非尔路76号魔窟的多种回忆文章中),我家遂匆匆搬离,迁入建国西路合群坊。我最初的人生记忆便是发生在这里的人和事:入夜,厚重的窗帘拉上,老式的百代留声机开动,传出父亲从秘密渠道买回的《义勇军进行曲》、《大路歌》等唱片的激昂歌声;家中女眷出动去"轧户口米"天黑未归,祖母念佛,父亲踱步不止;大人摁着我理发,我扑腾挣扎,一面大叫:"你们都是日本人啊?!"大年初一,父亲带我去上述"朱家公公"处拜年(因朱留学日本,日人曾诱逼他出任余姚县维持会会长,朱峻拒后而避祸至沪),途遇日军骑兵巡逻,我还特别注意过他们戴的菱形皮口罩,与狼犬戴的极为相似,罩面还开出几个小孔,想来是为透气之用……也是在合群坊,父亲开始教我看图识字,用的教材就是当年中法学堂的奖品《拉封丹寓言》;稍后又教《三字经》、《百家姓》、"对子书"(即《声律启蒙》)等,督促背诵唐诗,还讲《最后一课》等爱国故事。后来,当我长大,在大一的作文里回忆童年,写到《最后一课》给幼嫩的灵魂带来的震撼时,自以为从小接受的是爱国主义教育。谁知"文革"祸起,不知哪位从旧档案里挖掘材料来揭发我,说是"从小狂呼法兰西万岁",是洋奴!再后来,读到《最后一课》作者都德的其他作品,譬如写巴黎公社起义期间,公社士兵如何一边据守街垒,一边轮流嫖娼,又不免大吃一惊!近读美国 David McCullough 2006 年作品《1776》,看到代表所谓正义一方的北美大陆军内部酗酒、暴虐、腐败、反智横行,进一步佐证了父亲晚年对我说过的一句话:"这个主义,那个主义,其实背后最强大的驱动力还是人性。"合群坊的回忆中还有二楼群孩练习四轮溜冰鞋撞翻痰盂的情景。楼上惹祸,引得在底楼的大人上来叱止,如若楼梯上传来母亲轻盈的脚步声,作为孩子王的大姐範先是不会忌惮的;要是步履舒泰,那必是父亲无疑。这时大姐会推出我来做只小小"替罪羊"。父亲上得楼来,不用说话,逼视我们一眼,转身走去,楼上便鸦雀无声了。多少年后,已在攻读研究生的我和翟兄象俊在后来的蓬莱路旧居彻夜卧谈,楼梯上又会传来同样舒泰的脚步声,那是父亲来催促我们睡觉了。

1945 年,抗战胜利前夕,美军 B-29 轰炸机时袭日占上海,关于上海将成焦土的谣言蜂起。全家会商后,决定二叔、三叔分别自立门户,父亲奉祖母携妻孥雇帆船出吴淞口经杭州湾返抵余姚的老屋生活。就是在船上,我记得,父亲教我背下了"孤帆远影碧空尽"等诗句。"文革"中,往返设在崇明的"五七"干校,都要乘坐渡轮经过吴淞口。时隔三十年,我还常回忆起幼时回乡的一幕幕往事:上船检查的日军勒令我三姑戴上眼镜,以与证件核对,并连连逼问"关金有哦?"("关金"者,据朱绩崧老弟告我,乃"海关金单位兑换券"的简称,为国民党统治时期中国海关收税的计算单位。)大人以木箱箱面为桌,陪祖母雀战消磨时光,而我和父亲睡同一个"被头筒"(余姚土话,指被窝),似是此生父与子唯一的一次"肌肤之亲",在拍击船帮的涛声中,一面感受着父亲体温传导的安全感,一面沉沉睡去。船抵庵东,老小从长长的跳板战战兢兢走过,上了在烂泥滩涂等候的牛车,老牛缓步前行,车轮吱呀作声,四周乡野蛙蛤聒噪不止……

在余姚生活的五年给我留下了难以磨灭的回忆。夏日,听得父亲启牖,就得赶快撩开蚊帐下床练字。表哥朱锦心(二姑母之子,父亲视若己子)练颜,我学柳。父亲一再灌输的书法理论是"胸中不正,则眸眊;眸眊,则手抖笔颤。"后来读书多了,方知前一句是孟老夫子的古训,后一句大概是父亲的发挥。观今日"墨猪"、"字妖"之夥,还到处题字,方知老父当年教诲之不谬。除了写字,就是小和尚念经式的背诵。今天还能记得的有《二十四孝》、《增广昔时贤文》(因为主要是跟读其中格言而不见文字,当时曾误将"昔时"二字误作"识字")、《曾文正公家书》等,待背功较佳,再进阶至清代二吴的《古文观止》和《经史百家杂钞》等。父亲同时每晚开讲故事,大多是法国文学中故事性较强的作品,如大仲马的《侠隐记》(即《三剑客》)、《基督山恩仇记》和雨果的《银烛台》(即《悲惨世界》)。听了故事,两个姐姐、表哥和我还要到园子里表演,大家抢着演达太安、让瓦让这样的主角,唯有我大姐始终醉心扮演女阴谋家米勒蒂。后来众人都厌倦了,只留下我一人串演数角,抡起根门闩,独自在那儿手舞足蹈,口中念念有词,蹦达折腾出一额头的痱子,被二姐範九拖着一颗颗掐破,挤出脓水。夜晚,在天井乘凉,父亲教我们识星星的同时,读出"遥看牛郎织女星"等诗句,我们便摇头晃脑跟着吟诵。后门传来叫卖杨梅的声音,女眷们赶去买回大嚼,直到她们的嘴唇在微弱的油灯光下(当年余姚县城晚八时鸣笛断电)变成一张张"血盆大口"。我的描绘,还有我写到外婆走路步态像家里养着的大鹅,父亲听到或见了,会隐隐一笑;在他,这已是种难得的奖励表示了。我这一生没有受过父亲的表扬,除了一次,那时已回上海续读小学,某年考试成绩优秀,他专程到书店买来一册商务版的《辞源》(改编本),在扉页上用工整的毛笔小楷写下:"爲毅兒在上海南市愛群小學六年級本學期考試成績優良特購贈此書誌賀並勵未來 一九五一年一月於上海 達成"(题签繁简体均按原样,此书现仍供奉于书橱)。他最喜欢的是"锦心寄儿",因为表哥用功最勤,成绩优异;挨批评最多的是大姐范先,因为她面目姣好,被选作校花后敢穿着被称作"螳螂装"的高领旗袍上学去。但"锦心寄儿"也有童心大发的时候,率我捕蝈蝈,斗蟋蟀,撑起大匾囮鸟,但只要听得狗吠鹅叫,知道父亲归来,总是匆匆收兵。多少年后,当我已是大上海的一名高中生时,父亲仍严令不许穿皮鞋,不得戴手表。某次,为了显摆,我擅取父亲留在抽屉里的多余手表戴着去上学,不知怎么的,给父亲发现,没等我下课,表哥已由父亲派遣来校,当着同学的面,摘下手表没收而去,放学回家还要写"不告而取即为偷"的检讨书。父亲殁后,我们打开他的私人皮箱,里面积存的唯有孩子们的成绩报告单(从民国三十几年开始)和我的那份检讨书。为教育后代计,我把这些旧物统转小女霁儿保管。世易时移,今天怕是已经不知所终了。

  还是回头再叙几句故乡那五年的生活。傍晚,父亲带我从后门出狭巷照相弄来到姚江边看日落。他指着远处的凤凰山给我讲典故:余姚之所以成不了大城市,是某朝一个奸臣在划定建制时,向皇帝进了谗言,把龙泉山划进城里,凤凰山划到城外。龙内困而成池中物,凤外飞而遁之夭夭,城市的风水遂遭破坏。我似懂非懂地听着,一边看着从关帝庙那边河段漂浮而来的残叶、菜皮等,从我们面前流过,向着江桥方向不疾不徐淌去。小脑瓜里浮上一个疑问:可知这些一去不返的残叶、菜皮是从哪里来的,又要流到哪里去?焉知不正是这幼稚的疑问才引发长大之后对生存的种种思考和探究？

六岁那年,我投考余姚县立第二国民小学,按父亲的意思,径插三年级。可那插班考试很难,有几道题做不出,陪我进考场的三姑母见状,代我答题。所以,我从学的第一步就有作弊污点。后来,录取通知递到,我欣喜若狂,一不留神把脑袋砸在石门槛上,母亲抓过一把香灰敷上止血,从此额头中央留下伤疤至今,父亲说像在惩罚作弊劣迹。我在三年级年龄最小,备受大同学欺负。课后,大家去礼堂玩扯铃,打陀螺,所有的书包(那时所谓书包,其实就是一条帆布带,带端有金属箍扣,捆扎原理与今日旅行箱外面的行李带相仿)必堆积于我一人嫩肩;大同学参加童子军,颈系绿领巾,腰系"智、仁、勇"铜扣皮带,我只有旁观羡慕的份。"文革"时回想起来倒未尝不是好事,因为本人从未参加过任何"反动"组织。1947年初夏某日,学生照例列队唱校歌放午学时,只见家人匆匆跑来,把我和同校的二姐叫出队伍,急奔回家。母亲胡雅韵因患癌症逝世于是日,刚刚断气,子女必须赶去送终。其实我们到得母亲床前,跪下大放悲声时,她已一瞑不视,家中女眷已在替死者更换寿衣,未见母亲生前最后一面而阴阳永隔,一生引以为憾。此后几天,家中挂出白套灯笼,母亲遗体置于堂前,布幔后自有一帮女眷,按着一定的调门嚎哭,悲诉昊天不吊。我作为孝子,凡有客来祭,必须跪地答礼。父亲当时已去上海谋事,被急电召回,只见他走到母亲遗体前,掀开白布盖头,看了母亲最后一眼,就过来对我说他不是祭客,我不必再跪着了。说时,镇定中像是透出对我这八岁稚子而不是对他自己的深沉怜惜。至今我还记得夏日里那粗麻衣帽贴肉、出汗不止的感觉。当年,父亲才四十三岁,母亲殁后,促他续弦的呼声很高,好像父亲也确曾有过一位叫"刘小姐"的女友,但父亲鉴于上有高堂,下有幼孥,出于超人般的责任感,毕竟终身未曾再娶。那时,余姚人把后妈叫做"蛮娘"(抑或"晚娘"?),父亲是否也曾受到这种世俗偏见的影响,我不知道。他寻常又不表露感情,只是从他以后教我背诵的诗里,仿佛能够隐约寻出父亲的感情轨迹。譬如说,"洞房昨夜停红烛,待晓堂前拜舅姑,妆罢低声问夫婿,画眉深浅入时乎"等等,是不是他在回忆当年与母亲新婚至爱的情景?"今日俸钱过十万,与君营奠复营斋"("复"字余姚话里读作/vě/),是不是在对母亲的早逝表示痛惜?教幼子诵读这样的诗句,难道父亲不是在追求一种"代偿性"的(vicarious)宣泄?

母亲早亡,父亲远行,我们便由祖母一手抚养,但学业进退仍由父亲每周至少一信"遥控"监督,他自称为"龙文鞭影"和"长辔远御"。幼时只知口头背诵的诗文,如今渐渐从文字上识得,有一种"重新发现"(rediscovery)的乐趣,诗文原来的意境以及背诵时候的情景双双叠现,对此父亲鼓励说:"记问之学不为学",意思说仅用作谈资或为答问的肤浅知识算不得学问,要"入乎耳,箸乎心"才是。在表哥锦心率领下,我们人人动笔,办了份书房壁报,叫作《幼苗》,挂出一周后取下装订成册,寄父亲审阅。父亲对每篇文章都用红墨水批改。记得我写鲁迅的某篇文章开头,用了一句"当我睁开眼想见见他时,他已不在人世了",居然得了个双圈(至今不觉得是什么佳句);"踵趾相接"是什么意思,是从什么地方抄来,还是真懂而化作了自己的语汇,父亲必定要问个明白。那些年,父亲频频回乡,给我们带来《爱的教育》、陈鹤琴等出版的少儿读物、《三毛流浪记》(没想到约四十年后,在上海译文出版社,会识得满口宁波话的张乐平先生)、朱自清的散文、巴金的三部曲,还有大量的文具和方格稿纸(祖母用来记账,还是用不完)。而他自带的旅途消闲读物,如还珠楼主的《蜀山剑侠传》等,我们则只能偷窥两眼。当时旅次多匪,某次父亲乘坐长途汽车在马渚遭劫,钱物尽失,本来愉快的团聚,于是蒙上了阴影。

父亲通成公司时代的同仁董浩云善自为谋,此时已独力经营中国航运公司,业务日上,力邀父亲去主事总务,后更兼及诉讼文字和航运史等的定稿工作。父亲文辞犀利,不知孰褒孰贬,一时在业界有"陆刀笔"之称,因而颇得董氏倚重;薪酬也较前大增,数年后得以与公司的另外两名高级职员同在上海蓬莱路新式里弄万象新村各购入一栋私宅,但是对丰俭,父亲对子女曾屡有中肯之言:"极俭可,略丰也可,大丰则不敢也。"今人会哂此话是迂腐的中庸之道,但若真个付诸实施,准可渐臻心安理得的境界。记得祖母率我等从余姚抵沪,住入新宅那晚,我身着长棉袍,怀揣两把油布伞(一路上归我负责捧持),从此被早已先期来上海求学的大姐叫作"小余姚"或"余姚小扁头"。底楼客厅里,炉上温热着治疗牙痛的中药,父亲犹伏案工作,见祖母走进,趋前跪迎,为祖母所阻。以后,父亲应董氏之召,调往香港任襄理兼总务,曾为资方拟出种种规章制度,力行罚不避贵,赏不遗贱,颇为董氏欣赏,但受到少数冈游于逸之辈抵制。记得父亲描述部分香港同人平时懒散敷衍,待到董氏从欧美或日本回港,便惊呼"刮台风了"而作敬业忙碌状。办公室士气萎靡若此,父亲心灰意懒,兼之悬念沪上家人,才毅然提出辞呈。董氏几通函电挽留未果,父亲终于在解放初期相当一批沪人南下香港的大背景下,"反其道而行之,"于1952年9月回到上海。

父亲回来,与原来从事少儿出版的应启元合作,搞起中国第一家手风琴厂,取名"百乐"。建手风琴厂,想来当与"一边倒"学习苏联的大形势有关,因为当时的群众性娱乐活动中,俄曲多用手风琴伴奏。父亲从此对我们课督更严,每学期的成绩报告单,连同父亲的评语,都要在客厅张榜公布。大姐以为多此一举,啧有烦言,父亲便在评语中警告,谁敢破坏张贴,他就不再负担谁下学期的学费了,还要大姐好好学习《论共产党员的修养》。父亲有个姨表弟,名叫徐树鑫,解放前在上海摆个小书摊谋生,像许多别的经济情况不佳的亲戚一样,常受父亲接济,同时又慑于"大哥"的威严,非常讲究礼貌,言谈不敢造次。有的亲戚其实并不窘迫,只因"大哥"虽好训诫,告贷无有不准,于是脱去洋装,剥了戒指,换双布鞋,找上门来借钱(其中不少借去再也不还)。上面提到的姨表弟解放前四五年突然失踪,解放后才重新出现。原来,他北上投奔了新四军,1949年随解放军进驻上海,在某百货公司当了军代表。父亲说他像是彻底变了个人,再无往日的恵懦,初次重逢,便口口声声正色劝诫说"大哥不可有暮气,不可自暴自弃"。这给父亲留下深刻印象,认为共产党确能改造人,这是新社会新气象的一个有力佐证。

从本质上说,父亲是个文人,归宿不在商界。于是,应旧友徐懋庸的邀请,他在1956年应聘到北京中国科学院(当时社会科学院尚未分立)哲学研究所工作,主要从事法译汉的工作,算是遂了"重操旧业"的愿望。父亲在这儿经历了"反右"等政治运动,又潜心研究哲学,与"老徐"叔叔更是朝夕相处,无话不谈,诗词应和不断,我想这对于父亲了解商场以外意识形态领域的历史和现状,都有豁前通明的作用。父亲绝对是个刚烈的爱国者。1928年以后中国逐渐收回路权,陇海易手,他为此作文欢呼;日占期间,他让全家听《义勇军进行曲》,又讲《最后一课》,抵制学日文;他与香港当年的殖民地文化格格不入,"不合则去"。从事哲学研究后,"至察则多疑于物",境界由原生态的民粹主义更进了一步,他开始反思陇海铁路法人管理路政时期何以人事清明,运转高效,而国人接管后的局长、处长辈反而以路谋私,中饱私囊,导致管理混乱,事故频发?"这可能得从根深蒂固的文化积淀和民族性中去找原因吧?中国独门独户、自给自足的小农思维何能培育公益意识和公民之道?"阴阳之道,一向一背,在晚年父亲看来,政权的更迭,与其说是某一股力量的胜利,莫如说是另一股力量的失败,而焉知前一股力量不会来个"否定之否定"?他质疑卢梭《忏悔录》的真诚和真实性,认定其对后世的影响是煽情有余,未必没有负面作用;更以卢梭早年丧母,放浪形骸,要我引作镜鉴。他参加《古典文艺理论译丛》以及后来60年代反修"黄皮书"的译编工作以后,对文学翻译的爱好得以重续,曾对罗大冈先生的阿拉贡、艾吕雅等作品的译文,系统提出过意见和建议,蒙罗先生多有采纳,并从此磋商渐频;他曾与北大徐继曾先生合作译事,前几年我还收到过徐君后人寄来的旧译重版稿酬;他译的圣佩韦文论被我系伍蠡甫先生编入《西方文论》教科书;他和徐懋庸合译的三联版加罗蒂专著《人的远景:存在主义,天主教思想,马克思主义》,想来对今日研究"西马"的学者仍有参考价值;他曾想全文译出都德的短篇小说集子《星期一的故事》,终因暴病而未臻其事;他一直想译的大盗亚森鲁宾的故事,久计成灵,幸亏后来由我友徐和瑾借去原文版译出问世,使中国读者知道法国有个比英国的福尔摩斯还厉害的角色……

父亲喜爱北京的四合院,曾有意举家北迁。我投考大学时填写的第一志愿便是北大的法文系,可惜没有考上(施康强兄曾戏言,说幸亏我没考上,他们法文界这才少了个竞争对手。其实施兄有所不知,我多么希望挤入法文圈子,好像非此不能告慰老父,不能倍觉父与子的亲近)。见我已被复旦英文系录取,迁家之议始寝。

父亲为人向来刚直狷介。我幼年习字除去临帖,父亲有时兴之所至,也会写下"世之方物"、"我善养吾浩然之气"等字句要我们模仿。长大后回想,父亲既是帮助我们练书法,更在潜移默化地灌输一种人生态度。我至今仍记得他如何正色训斥当年国民党浙江省省主席黄绍竑的女婿(也算个桂系"太子党"吧),当面称他是"猥琐小人"。但是对弱势人群,不管是亲戚还是朋友，始终不吝援手。表叔裘柱常（族中小辈惯称"树棠叔叔"）被国民党囚于杭州，是父亲进言，由祖父出面保释出狱（裘因表姐之子、我的学生邹羽所撰表叔母顾飞女士传记中曾述及此事，可为佐证）。对自从被鲁迅骂过之后便鲜有好日子过的徐懋庸叔叔，父亲知他吸烟瘾大，即使在退休回沪之后，时将凭票购来的好烟积存后邮寄北京相赠。在香港工作期间，父亲特别照顾的一位"小同事"（据我记忆似乎只是位文员甚或 office boy），在他离职返沪时竟至车站挥泪相送。后来，内地三年大饥荒时期，父亲屡次收到从香港寄来的猪油、花生等邮包，寄发人始终匿名。他笑称这事有点像《银烛台》里的情节了，并猜想那位"让瓦让"就是当年的"小同事"。我于1981年在美国蒙董浩云先生邀请餐叙。董知道国门初开，出去的人回国都要带上几大件，便问我有何需要。我谢绝他的雅意馈赠，只求复印一件家父在他麾下服务时写下的文字。董因此赞扬"达成先生家风不灭"，为此我高兴了好几年，觉得自己是做了一回父亲的儿子。可是，时隔十余年，当浩云先生之子董建华君当上香港特首，我当时正做系主任，很想扩大对外联络，便给他写了一封信求助，请香港老友转交，哪知信去如泥牛入海，全无回音。自讨没趣之余，我仿佛听到了父亲从天上传来的呵斥："谁叫你去攀扯权贵的？活该！"

父亲这样的性格，在对知识分子如"万吨水压机"（父亲原话）般锤炼的政策面前，不免处处碰壁，自然早萌去意。所以，等我1962年大学一毕业，他即以"历史使命终于完成"为辞，立即退休回沪，并开始蓄须。这以后的三年，从"物理存在"意义上说，是我们父子最为亲密的三年。我当时已开始攻读研究生，每个周末从学校回家，父亲必已准备好美食，吃完晚饭，双双步行到近处影院看一场电影。父子同室，但早起的必是父亲，他喜欢口含一粒"大白兔"奶糖，拿起扫帚，从三楼扫到底楼(据说我三叔鸿渐也有扫地习惯。我本人,还有小女陆霁,也特别注意地板清洁。现在连刚满三岁的大外孙女也拿着远远高过她头顶的扫把,煞有介事地面对着摄像机了。"地洁癖"莫非也是一种遗传因子?)。

当然,父亲依然是严厉的。我想要台售价60元的电唱机,父亲说是奢侈品,又可能影响学习,不允;我系的伍蠡甫教授和父亲的旧友董问樵教授来看望他,他都要详细探问我在校的表现(伍先生曾对我说"你家老太爷真是严厉");我用英文记日记,父亲会不时检查,如发现过多写到男女同学关系,必有一番疾言厉色的诲诫。直至今日,老友翟象俊兄还说:"每次见你父亲都有些怕呢。"陆国强、任治稷二兄伉俪当时都与我过从甚密,父亲喜欢他们来切磋学问,每来必备佳肴招待,独自先在厨下吃完粗茶淡饭上楼,于是我们开始打扑克……

1949年以后,父亲有种强烈的有产者恐惧症。故乡余姚的几椽老屋既是私产,又因年久破败,守屋亲戚时来索取维修费用,形成父亲的额外开支,实已成"暹罗白象"。1965年5月1日,乘我二姐夫公假有空,父亲便由他陪伴,亲去余姚,与民政部门洽商,把房屋无偿献交国家。5月17日事竣回沪。翌日,父亲重又按原来节奏起床,工作,傍晚时分照例外出散步一圈。他走过小食摊,见臭豆腐油亮可爱,食指大动。待臭豆腐下肚,突觉嘴干,便又食小冰砖一块。油腻和冷食夹攻,入夜,父亲突然腹痛如绞,旋被送进医院,二姐即电召我赶快从学校回来探视。待我赶到,又告二叔、三叔,这时父亲已做过胃镜等一应检查,因用皮尺度量,发现腹部渐渐隆起,医生已初步断定为坏死性胰腺炎,内出血严重,必须立即手术。不知怎地,我这时已有不祥预感,但在送父亲进手术室时仍一路随侍,举手握拳,想把力量传导给父亲,父子合力挺过这一关。手术四小时后,父亲胸腹部位缠满纱布绷带从手术室出,被推进病房。听主刀医生说,一刀下去,血喷如泉,我顿感天崩地裂,神不主体。是夜,由我和二叔陪侍,父亲始终昏迷,只在神志完全迷乱之中,突问:"今天的报纸来了没有?"又急促地说:"祖宗在罚我。"长夜漫漫,陪侍中我也曾走到病房外晦冥的长廊,对着如水的月光和磊落星空,虔诚跪下,祈祷宇宙间某种超自然的力量,能把父亲从"不曾有旅人返回的未知疆域"拉回来,还给我! 然而,也许真是祖宗惩罚父亲献屋,也许是我对父亲尽孝不够,感动不了列祖列宗,他再也没有醒过来,直到次日(即5月20日)早晨7点25分,向扑倒在他身上的儿子的脸上呼出最后一息。

父亲只活了62岁。我今年已经68岁了,活得比父亲长,至今沐浴着他的遗泽。我深感自己不称不配,只是个德里达所称的"逾期的苟活者"罢了。这几天写这篇长文,东坡一阕词里的几句,老是萦绕耳畔:"几时归去,作个闲人,对一张琴,一壶酒,一抹云"。于我,还另有一"对",那就是,对一个人——我的父亲!

写成于2007年12月7日子夜

附:《星期一的故事》说明及鸣谢

可能是因为内含《最后一课》的缘故,上世纪50年代中期,先父 达成公曾拟为中国当时的青少年读者,译出19世纪法国作家都德短篇小说集《星期一的故事》(另有从日文用语译作《月曜日故事集》的)。译成的10篇爱国故事,出于主客观诸多原因,均未刊布,而不待事竣,已人化谋弃矣! 到了

90年代末期,新闻界的朋友陆灏兄偶见这份搁置已久的译稿,深感父亲大人一笔一画蝇头小楷誊抄功夫之勤,继而检阅篇目,认定多数似仍为当下中国读者所鲜知,遂建议我续译。因我不谙法文,又代我从施蛰存先生的牙签玉轴中捡出英文版①借我。从法文原文译作英文,再经我手译成中文,如此两次"换码",原汁原味会不会失落,失落多少,我很担心,于是便把我的这部分译稿呈请翻译家周克希兄对照法文原著审订。陆灏兄还曾建议,让小女陆霁至少也译一篇,留下祖孙三代合译一书的佳话。女儿此时已在异国做律师多年,虽少不了动笔,当年逐日发来的电邮版《游欧心影录》也文从字顺,洞中肯綮,我曾自叹弗如,但写的是单一洋文,对母语越来越疏远,看见"大好河山"的匾额,居然逆向读出"山河好大"!就这样,啃嚼笔头数天,终无产出,认输放弃。

陆灏要我在译文之前,附加一篇专写我父子薪尽火传关系的代序。先父生前,深谙"天地鬼人,一谦四益"的道理,地下有知,未必喜见儿子做这样的文章;另一方面,写到亲情,必须一心无二,虔敬填膺。寻常日子里,身处闹汩,杂事蝟集,常常是信口浑论,脱手成篇,很难写出镂心铭骨的文字。于是这一拖,又是许久,直到最近,方把这宗文债还了去。

这样,书的组件基本齐整。但都德在法国作家"封神榜"上的排名,至多只占个中前座次吧。父亲当年在小序中曾提到都德与屠格涅夫惺惺相惜,可我也曾见文学考古八卦,说是尽管曾在一起杯觥交错餐叙,尽管都德确实竭力推崇屠格涅夫,后者却不太厚道,在私人日记里评说都德"低能"。在

---

① *Monday Tales*, 1927, Boston: Little, Brown, and Company. 令笔者诧异的是,寻遍全书角角落落,未见译者姓名。这个父子译本共含40篇正,英文版最后一篇"The Blind Emperor"(《瞎子皇帝》)似因篇幅超长而被英译者截作上下两个分篇,致与全书体例殊途,荀子曰"斩(古字"儳"的异体?)而齐",故在这个中文译本中略去此篇。

我 的 父 亲

外国文学作品译介的相对萧条期中,谁还来替你出版这样一位法国作家的翻译作品?另一方面,即使不以资品论人,远的不说,近者如柳鸣九先生、郝运先生等法文大家,都有都德短篇的新译面世,我陆氏父子的拼接又是部分二度"转码"式译本,还能入何人青眼?就在这时,另一位朋友王为松兄从文化香火传承的角度,不嫌骈拇枝指,看中了这个译本,愿意"抢救",总算使这部父子联名的稿子得以一见天日!

上句写到一个"天"字。人多称技工于习,事成于勉,不必天也。我却宁信"谋事在人,成事在天"。回顾这本不厚不灵译作的问世过程,想到孔子指天曰"一",老庄究之为"无",释家体之成"妄",识得这三个字,道可悟也。这几日校订父译,又给自己的译文补苴救弊,忙得不亦乐乎,上述这点小小的体会,识者察之。

谨代表先父并以我个人名义,感谢已故的施蛰存先生,感谢好友周克希先生;衷心感谢两位渊才亮貌的美少年陆灏和王为松君;最后的但并非最不重要的,还要感谢几位提供咨询、文档整理、电脑输入等方面支持的小友:谈珩、朱绩崧、张萱。

2008 年 3 月

(Alphonse Daudet 著,陆达成、陆谷孙译《星期一的故事》,上海书店出版社 2008 年 7 月版;本文删节版曾载 2008 年 5 月 18 日《新民晚报》,题为《明明白白来时路》)

附录

陆谷孙谈都德

盛 韵

您在《我的父亲》一文中曾经提到小时候听父亲讲《最后一课》,这个故事给幼年的您带来了很多震撼。

陆:对。实际上这是因为小时候对阿尔萨斯、洛林的历史沿革不了解,而且这部小说当时在全球各国,包括中国,都很风行,就像一个爱国主义的文化符号一样。我没做过详细的考证,第一位翻译《最后一课》的好像是胡适。

我第一次听父亲讲《最后一课》大约是1944到45年,他先讲拉封丹的寓言,然后他提到还有位作家也蛮有意思的,相当于"拉封丹＋我",这就是爱写小人物的都德,接着讲了《最后一课》。这种震撼一直维持到后来上大学,我记得是中文系的刘国梁先生来上汉语课,每次都要写作文,我就写了小时候读《最后一课》的感想,因为是爱国小说嘛,里面还有"法兰西万岁"这样的文字。最奇怪的是,到了上世纪70年代"文革"中批判我,有人写批判稿,说我这个人一进大学就狂呼"法兰西万岁"。1957年写的作文到了1970年还会被挖出来,可见档案工作之缜密,那索隐罗织的本领实在出色。《最后一课》从此对我有了双重震撼。

当年您父亲给孩子们启蒙还讲些什么?

陆:他喜欢讲故事情节性比较强的,像《银烛台》、《基督山伯爵》之类的。卢梭不但不讲,还不希望我读。卢梭有很多乱七八糟的事情,他是一直持否定态度的。卿卿我我如《茶花女》那种也不讲。他讲《三剑客》六部曲,那记忆力之强,那一口气之长,真所谓 long-winded,什么《二十年后》,一直到后来电视里放过的《铁面人》他全能讲下来。每天晚上开讲,孩子们有的听得认真,有的不认真,我算听得很认真的。总的来说,父亲给孩子们讲的都是比较正面的、正统的故事。

这次重译都德的小说,跟小时候读的感觉有什么不一样?

陆:《最后一课》这一篇是我父亲译的,但是我在整理全部译稿时又重新看了一遍。现在读起来当然和以前感觉不一样,现在我们有了历史背景,知道阿尔萨斯、洛林以前是独立国家,到17世纪被法国占领,占领以后强令学法文,尽管当地70%居民是说德语的。普法战争中法国失败,被迫将之割让给德国,但第一次世界大战以后又归入法国领土;二战初它被纳粹德国占领,二战结束后又被法国收回。我查了一下,后来法国人实行的语言政策要比当年普鲁士人苛严得多。1945年以后,戴高乐要把说德语的全都赶出去,连路名都要改成法文的。现在情况要好一些,阿尔萨斯的首府斯特拉斯堡是欧洲议会的所在地,什么语言都可以讲,体现出整个世界在沟通,在互相包容、互相丰富,这是很好的现象。不过在我个人感觉中,法国和德国好像还在争,凡是默克尔对中国好一些的时候,萨科奇就不好,凡是默克尔对中国不太好的时候,萨科奇就示好,挺好玩的。

本来欧洲地方就不大,以前王室都是通婚的,就像南京的嫁到上海,干吗互相还要打个死去活来?普法战争的起因就是在西班牙王位继承的问题上,法国人和德国人意见不一。俾斯麦也很坏,本来威廉一世回答法方的国书是蛮客气的,答应和法国进行谈判,但是俾斯麦偷改了些措辞,结果激怒了法国人,导致拿破仑三世对德宣战。法国人是非常容易激动的,有点"一触即跳"的味道。从这次奥运火炬问题也能看出来。其实中国人要是多读点莫泊桑啊,都德啊他们怎么描写巴黎人的,就会比较了解他们的性格了,巴黎人就是那样的,喜欢激动,动不动罢工罢课,早年么,还要掘马路、筑街垒,不相干的店铺主忙着下排门,扎堆议国是,老板娘们也喜欢"轧闹猛"。

都德对巴黎公社是什么态度?

陆:都德觉得既有出卖法国利益的内奸,又有暴民。要是他生活在今天的中国,就是汉奸也骂,拳民也骂:汉奸就是跟着普鲁士人走的那种,拳民就是胡来的群氓。巴黎公社起义后,他自己就吓得躲出去了,他哥哥留在巴黎,在报纸上发表连载文章,批判巴黎公社给人们带来的痛苦。《星期一的故事》里面有一篇《拉雪兹神甫公墓之役》,就写得很明白。公社战士是怎么回事呢?他们就是早上来点个卯,然后去找酒喝,找女人玩,在王公贵族富丽堂皇的墓室里面淫乱,到了黄昏领饷的时候又都来了。但是都德对凡尔赛方面,对镇压公社的矮子梯也尔本人的态度也是辛辣批判的。总之他的反战态度很明确。他反对战争本身,同情小人物,同情小孩、老人和动物(而这三者的遭遇又最能打动读者),对巴黎人的特性有比较深入的剖析。

您在翻译过程中最喜欢的是哪几篇?

陆:《布吉维尔的钟》是我翻译得非常满意而且开心的一篇。布吉维尔的钟是法国人造的一口华而不实、毫无价值的钟。普鲁士人把它作为战利品拿回慕尼黑去了,结果慕尼黑的民族性全被它改变了。本来德国人是有条不紊、一丝不苟的,自从有了这架该死的钟以后,博物馆长的家人不再做礼拜,不再啃书本,最终馆长携公家名画潜逃,简直什么坏事都做得出来。本来家里的女眷很守时,上教堂,做女红,有了这架钟以后,就全被败坏了。这一篇很幽默。

还有一篇我比较喜欢的是《小山鹑的告白》,是从一只小鸟的目光看人间世,讲述凶恶的猎人如何不放过自己。这从今天环境保护的角度来看也挺有意思的。以前大家都觉得《最后一课》是个爱国故事集,其实里面有很多其他的内容,包括都德写他在阿尔及尔和科西嘉的观感,那是作家得了花柳病以后疗养去的。当时花柳病是文坛的通病,所以有literary syphilitics这种说法。他得了这种病以后十分痛苦,到最后几年都没法躺平,他自己的"最后一课"其实是性病的痛苦。都德的儿子写过他的传记,说他在进餐的时候突然不行了,就赶紧叫医生,医生来的时候已经没呼吸了,当时的人工呼吸跟现在不一样,是把舌头拉出来,拉一两个小时,结果没奏效,才五十多岁就去世了。

在艺术价值之外,都德的小说是否有作为生活史、社会史的价值?

陆:《星期一的故事》的确挺有意思的,里面有描写南部的海滩景色,也有抨击教会,写圣诞夜的弥撒怎么做。原来那些做弥撒的人早就心不在焉了,因为之后有圣诞大餐,他们脑子里想的全都是美酒佳肴,然后就胡乱把弥撒文快快念完。虽然都德小说的题材很丰富,但从另一方面来说,有些地方也比较狭隘(比如片面夸大的爱国主义),毕竟是一八七几年的作品;当时马克思写《法兰西内战》,出了英文版、法文版,他肯定战争的前半段对普鲁士人来说是正义战争(因为是拿破仑三世先挑起的),又警告那些"爱国者"不要让后半段变了性质,别让法国人割让领土,割让领土以后会后患无穷。马克思当时实际上已经在对"爱国主义"这个提法作出精深的分析了,同时强调国与国之间的对话和互读,不要误读。时至21世纪,我们如何理解爱国主义,如何摆正国家、民族、意识形态、政党乃至个人等各种元素的位置,老祖宗的教诲应当使我们看问题有个比较正确的出发点。我是不同意爱国就要爱某种特定的意识形态的。说到国际误读,我想我们中国人不能要求西方媒体像我们的媒体一样,就好比西方媒体也不能要求中国政府像西方政府一样吧。有时候误读的关键就出现在这里。如果说都德在1873年误读普法战争,误读阿尔萨斯人的语言问题,尚且情有可原,我们今天遇事就误读便有些说不过去了。不过也难说,毕竟人总还是人嘛。

都德在《最后一课》中描写的说法语的阿尔萨斯人其实是小众,但为什么这篇小说能有那么大的影响呢?

陆:因为他的小说的受众并不局限在阿尔萨斯、洛林,而是整个法国民众。这个民族对荣誉非常看重,祖国不等于而且高于执政者,有时甚至有些畸态。为什么那儿政权交替这么频繁,一会儿共和,一会儿出个袁世凯式的人物复辟帝制(很不像英国),就是因为他们承受不起一点点失败或挫折,一失败马上就要换政府,都德捕捉到了法国人对于荣誉极为敏感的心理。

都德在当时法国文学界的地位如何?

陆:地位不是太高,但还是有些地位的。他跟福楼拜、莫泊桑、梅里美、龚古尔兄弟都有来往,他曾经做过拿破仑的宠臣莫内公爵的秘书,写的剧本也曾经被皇后看中,花柳病也是那时候在宫廷里染上的。他的独幕剧写得不是那么得心应手,后来觉得自己的才华还是在小说方面。他算是很多产,当然文学成就比上不福楼拜等人,但我觉得他还是写了不少好东西的,比如写法国南方,写塔拉斯孔,写普鲁旺斯,福楼拜、莫泊桑、左拉都不如他,因为他是南方人,南方人喜欢吹牛,就像他笔下的达达令,但也不无可爱之处,看着不觉得讨厌。所以从文学地位上,他是法国自然主义流派里的二流人物,但从写南方的风光、人物的性格方面来说,他还是高手。而且他把南方的古老不变和巴黎的日新月异、光怪陆离并置起来,这点我觉得其他人都没有做到。他也写到阿尔及利亚、科西嘉等海外风物,从当时来说已经很不容易了。他的短篇小说《雅克》曾经令乔治·桑落泪,这是当时文坛的一段佳话。《雅克》写的是一个私生子的故事,非常感人。在

我 的 父 亲

《逃难》这篇里，母亲带儿子逃难到巴黎，在贫民窟里安家，但这个孩子一直在怀念乡野的自由生活，晚上在巴黎街头透风散步的时候，他唯一的开心时刻就是看马，马让他觉得又靠近了乡村生活。这跟我刚刚从余姚到上海的感受差不多，所以特别有共鸣。都德有时候也会创新，比如"蓝胡子"的故事，他说是因为"蓝胡子"的妻子不忠，要给"蓝胡子"翻案，跟现在的"恶搞"差不多吧。

我父亲翻译《星期一的故事》时最喜欢的是《忆阿尔萨斯》，这是一篇完全写景的文章，而都德用词是很讲究的，属于"光色派"，我父亲用的是法文本，所以大概特别能体会原文的妙处。都德不是严格意义上的自然主义作家，不像是那种做科学实验、用显微镜观察的风格，但他的文字还是很生动的。

您平时的翻译习惯是怎样的？

陆：我翻译《星期一的故事》的时候很投入，因为想尽早完成。我翻译了30篇，还"亵渎"（即校对）了父亲翻译的10篇，一共花了一个多月。翻得来劲时可以译到晚上十一二点，每天几千字没什么问题。我一般翻译的时候不太休息，喜欢一气呵成。每次翻译，即英文所谓的每一次 sitting，往往刚开始的时候可能会有些疙疙瘩瘩，用词总不满意，但进入轨道以后就顺了，顺了之后千万不要停，直到非停不可的时候。

您对外国文学的业余爱好者有什么阅读建议？

陆：我觉得现在外国小说出得不少，但是没人看。我建议还是从中学开始强调外国文学，过了这可塑年龄，要让一个人喜爱外国文学就比较难了。现在讲到文学，我们自己的东西，像楚辞、汉赋、唐诗、宋词、元曲、明清话本，要学生大批量地读，我看不现实，还是以晚近为主。除了鲁迅、胡适那一代的，好像没多少人愿意推崇李叔同、沈从文、丰子恺的。与此同时，多介绍些外国的，没坏处。比如契诃夫的《万尼亚舅舅》、莫泊桑一些短篇，都可以放进课本。都德的《最后一课》现在看来不太符合事实，那么可以用他的《柏林之围》或《雅克》。但重要的是在中学阶段启发对外国文学的爱好，最好每个班能培养出个位数的痴迷者。现在有多媒体，讲《天方夜谭》不妨鼓励学生课外听里姆斯基-科萨科夫的交响曲；读《日瓦戈医生》，配上电影。还是从经典开始，不要一下子跳到后现代，这样断层太大。时下诺贝尔奖得主的作品，有的也可以读，比如多丽丝·莱辛。但过于晦涩的作品不宜。在课本之外的阅读范围可以大一些。我中学时在一家小书摊租书看，每个月花两块钱，每天都可以换新书，《约翰·克里斯朵夫》、《安娜·卡列尼娜》等都是那个时候读的。总之，文学兴趣的培养一定要从小开始，而学习文学也一定要注重外国文学的修养。

（原载 2008 年 7 月 20 日《东方早报·上海书评》）

说 真 话 难

巴金老人提倡说真话。他老人家逝世后,众口哓哓一阵之后舆论界似复归沉寂。我却在这时读到德国剧作家布莱希特的小文《写真话的五种困难》,想放一通马后炮。

布氏陈述的第一难是勇气。接下去依次分别是:识别真伪的能力、以真话用作武器的艺术(即我们所说的"春秋笔法"?)、发挥真话效应的胆识、在公众中散布真话的手段(亦即"话语权"吧?)。

毫无疑问,说真话需要勇气,极大的道德勇气。巴老曾自我批评在相当长一段时间里自己懦弱,胆怯。大人物尚且如此,遑论我们这些"小八腊子"了。我曾参与过举拳成林,狂呼打倒;也曾不得不随着大流,助纣为虐,落井下石,最后落到唾面自干的下贱境地而终不敢咕哝一句真话。有人说这是外部环境逼迫所致,也有人说是当事人本身缺钙。两说都有道理,但似乎又都不能完全解释勇气的缺失。真正要探索话语勇气,我看脱不了哲学思考的勇气:人的原初、存在/存在性、历史性、焦虑、关注、担当,当然最后还有湮没和死亡。1968年苦夏某个黄昏,我曾作为亲属去上海南市区某民办小学认尸并见证姑母自杀现场。那是一个空间逼仄、光线晦冥的小学生厕所,裸梁低矮,姑母即投环于此。要在这么一丁点儿的空间完成自杀动作,非有铁定的死亡决心和勇气乃至技巧不可。我的另一位亲属割断动脉,鲜血喷溅,染红隔离室墙头而死,也够惊心动魄。一位大学老师和师母因不堪剃"阴阳头"的凌辱,穿戴齐整,面对面相距咫尺悬梁自尽,屋里孤灯如豆,桌上翻开着一本《圣经》……死的勇气远远超过了说出真话(纵然缇骑们不予采信,甚至因此会来割了你的喉管)的勇气,这是当年大部分毅然以死抗争者们的共性。由此看来,真正的勇气来自对于如柏拉图在《智者篇》(*Sophist*)中所提隽永问题"存在或虚空?"的大彻大悟(其实,存在确是相对而偶然的)。在完全看透虚伪话语专政的实质之后,深谙"不要和愚盲的人空作争论"(普希金语)之理,这些人如柏拉图所说,从原初的偶然性存在,飞跃而抵达绝对的虚空彼岸,无视救赎,不论来世,我视此为真正的大勇——尽管从古到今也有渺小无谓的自杀,尽管就在上述那个年代也有即便自杀后还留下遗书山呼"万岁"的。

说真话的勇气有时会伪装得很巧妙,貌似激昂,实为虚勇,在拥有话语霸权者那儿更是如此。记得有位大人物曾号召广开言路,提倡"五不怕",我们当时听了觉得说话人确乎把话说到了极致,言辞逼真,勇气超群,由不得你不信。就连寻常头脑清醒的某位沪上翻译大家也为这言辞的真诚和勇气所倾倒,致信海外爱子时不忘赞颂。我敢说,说话的那一刻,说话者本人也已被自己的气魄所魅惑,口无遮拦地刹不住车了。实践是检验真理的唯一标准。后来的事实证明,那种话语勇气只是阵发性虚勇袭来时的信口开河,更何况"五不怕"并不适用于说话人本身,尽管高谈阔论无妨。虽则如此,恐怕说话人心灵深处也不无惧怕:怕别人觊觎,怕"众庶"聒噪,怕死后鞭尸……至于究竟怕什么,只有说话人自己知道了。

布莱希特提到识别真伪的能力,其重要性有时可能并不亚于勇气。想当年中国的红卫兵满口豪言壮语,你说他意识到自己就是在说假话？未必。至少其中有相当一部分是受了蛊惑，真伪不辨。直到他们被利用够了，一脚踢到穷乡僻壤去接受"再教育"、"修理地球"，顺便解决棘手的就业问题，这时大概才悟出当年"真话"之伪。但要他们说真话忏悔，对多数人而言，难莫大焉。当年参与打死过中学校长的什么"要武"小姐，今天稳做美国富婆，问到她当年作为，不就讳莫如深了吗？

关于"春秋笔法"和话语权两端，其实是有关联的。近读某"左王"回忆录对此尤有体会。因为拥有话语权，回忆录里那种说别人"放肆"、"轻佻"、"下贱"的谩骂，那种睥视一切的张狂，使人相信即使是过气人物，只要拥有话语权，何必用上"春秋笔法"？倒是在提到当年曾经以审查人身份如何霸占被审查对象老婆的本人"放肆"、"轻佻"、"下贱"的劣迹时，不敢说真话了，有点被迫"春秋"了，还拉虎皮作大旗，最好把别人的嘴也统统封住。有趣的是，把这样的作品付诸枣梨的，据说已被捉将官里去，写书的作者本人反倒安然无恙，尽可继续骂娘，连带着说假话无妨！

有识者称，即便是世所公认的大家，如写《忏悔录》的卢梭，读上去坦诚，实则含有不少虚假成分；欧内斯特·海明威自称钓到大鱼，却有人看到作家其实是潜入鱼肆买来的。由此是否更能证明说真话之难？

也许，人之初，性本"伪"吧？

（原载《悦读Mook》第4卷，二十一世纪出版社2007年8月版）

讲一点过去的事情

　　与应届毕业生摄影、聚餐时,总有人邀我讲话,我自揣年老身孤,当慎口过,不敢放肆。热闹一阵回得家来,却发现有许多话本可对他们絮叨絮叨,至少可以把自己学生时期的一些经历描述一番,引大家笑一阵也好,免得因为从此各奔东西而"酸的馒头"(sentimental,借用李欧梵嬉译)。

　　今天的大学毕业生,即便找份自己和家长都满意的职业不太容易,毕竟是从千军万马中杀出跨越了"独木桥"的精锐,又置身倒金字塔(四个祖辈→两个父母→独生子女)的底端,更是金马玉堂中人,万千宠爱集于一身。当年,我们做学生的时候,那可完全是别一番景象:运动加劳动,使偌大校园放不下一张平静的书桌;家里再得宠的宝宝囡囡,来到学校就是普通的齿轮和螺丝钉,别人见你长了锈斑,照样要拆下来清洗修理一番。其中犟头倔脑的,非把你整成驯服工具不可。有些经历,在当时曾使当事人战战栗栗,恨恨遑遑,但经过时间的淘洗,似乎不再是一味丑陋,慧眼人反倒从中悟得幽默,甚至还有些许人性的真谛,复述与今人共享,焉知没有教益?

　　先说说当年的功课之一:游行。那时每晚8点钟有档节目,叫做全国人民广播电台联播,校广播站自然必须转播。隔三差五的必有最新最高指示从这儿传出。一听到最新最高,各座宿舍大楼必渐次灯灭,学生涌出,在钟楼下集合,打出校旗,从江湾向市中心的人民广场游行而去。游行队伍一路高喊刚刚收听到的指示,意在晓谕市民,宣传不过夜,同时自表忠心。可是那指示不见得每回都是唾珠咳玉,有的是一般常识,譬如说到"吐故纳新",记得一人领呼:"一个人有动脉、静脉,"群众便齐声虔诚响应;接着:"经过心脏进行血液循环",又是虔诚响应;"吐出二氧化碳,吸进新鲜氧气",再次虔诚响应。哪个如分身有术,肉身留在队伍里,元神跳到天空,看看下面举拳如林的壮观场面,再品一品口号的内容,不扑哧笑出声来才怪呢。就这样,一路行来,一路嚎叫,回到学校总也是午夜时分了。那时还没颁布游行法,学生尽可自动啸聚又自行解散。解散后,食堂还为革命小将供应夜宵。因为免费,饕餮一族往往非吃个肚圆不可。

　　再说说批判中的趣事。那时,谁要是入了革命对象的"另册",那就像缀上了一个霍桑笔下的"红字",或像今天的SARS病人,群众远避唯恐不及。记得有一回上电车,空位甚多。正当我找到一个空位坐下时,身旁空位被一位奔泉渴鹿似的乘客捷足占据,因为来势太猛,此人一个泰山压顶,几乎扑进我的怀里。待到此人回过头来,双方始看清彼此面目。那是我的一位老师。老师原来大概准备说句"对不起"之类的道歉话,一见是我这个"另册"人,即刻变得鹰瞵鹗视,因怕与我为伍,一个箭步舍空位而去。谁知这时电车正好刹车,老师收不住脚步,保不住平衡,一个趔趄倒在一名女乘客身上,被误以为图谋不轨而给狠狠地数落了几句,自己闹了个大红脸完事。批判会上,好玩的事情也很多,上至中央文革某大员在全市电视广播大会上读错毛主席语录——把"下定决心,不怕牺牲"读作"下定牺牲,不怕决心"——下到基层领导批判辞中的"一血见针"、"狡奸巨滑"、"背着工宣队进行吃酒"(无怪乎今日"进行"泛滥!)、"赤 kē kē(裸裸)"、"红 dān

dān(彤彤)"，笑料其实是很多的。只是当时谁也不敢莞尔，再说肌肉早就僵硬，笑不出来了。

从前有首热门歌曲，叫作《听妈妈讲那过去的故事》。面对今天的大学毕业生，我们这些爷爷奶奶辈的教师是不是也可以且应该讲讲"过去的事情"？不然，历史湮没了，何谈传承？开张再多的孔子学院，恐怕也是白搭。

（原载2007年7月12日《南方周末》）

回忆的触媒

饭后散步行过复旦校园外的商业街,见两男两女大学生模样的人频频回头看我,一番交头接耳之后径直走到我跟前要求签名。经问,果然是某某系的学生,是刚吃完情人节大餐,正续奔下一个娱乐目标而去。尽管我始终不明白,我非超女,签名有啥意思,但还是不敢违命。涂抹既毕,我不禁回想起学生认识教师的另一种方式来。

那是"文革"期间第一届工农兵学生入校之初的事。为了勿使学生一见长胡子的就乱叫老师,各系都举行过一种我称之为"防疫式"的认师会,亦即把全系教师中的"革命对象"集中起来,并重点批判其中若干人,给学生打防疫针(而真正上岗的教师大多是"革命动力",自另有相认方式)。外文系"防疫"在一教1237大教室举行,"问题人物"全在右前方6排呈方块坐定,叫到谁的名字,谁就要站起回身低头,认罪如仪。与此同时,学生自然也就记住了谁的嘴脸。我是当年6排中最年轻的一个,并未遭到批判或点名,似属陪绑性质。我的一位老师因为拒绝受辱,眼镜被打落在地。批判他的那位主旨发言人原是我同届学友,据说国民党时代是个"三青团",到了共产党时代摇身一变,"左"得可爱,改革开放以后又跑到美国定居去也。

散步的时候好思考,回忆的触媒特别多,信步踱进书店,看到《洛丽塔》大渱法度的广告,便从师生相认想到了"文革"当年的又一个下午。那次是上面派下任务来,要外文教师到某书库去分捡抄家图书。照例,"革命动力"全部出动,留下包括区区在内的"革命对象",或爬上爬下打扫卫生,或触及灵魂续写交代,或代人誊抄大字报。在工人毛泽东思想宣传队的苛严管理之下,"对象"们楚河汉界,明哲保身,一般已没有自由交谈的习惯。于是,平日里革命气氛炽热的一幢二层办公小楼鸦雀无声,顿成"死屋"。在人际关系中实行这种南非曾经实行过的 apartheid,实在是很有效的统治术,值得借鉴。

这时,散步途中某生发来手机短信,说是摔跤肿腿被抽去淤血若干,自觉虚弱不堪。我却不免又想到"文革"抽血的故事。那时献血动员都以抗美援越为由头,全是政治任务。我虽"白"(被责"白专"),再幼稚的左派也还知道,血总是红的,所以两年之内,为越南兄弟献过两次共500cc的血。那时抽血都由校车拉到南京西路某弄堂到底,进屋后手臂往黑色套筒里一伸,针头一扎进,里边一个唧筒式的装置随即开动。那装置一开,动静很大,使你觉得似非吸干你全身的血不可,于是一阵眩晕。待血抽毕,赏牛奶一杯,猪肝票一张(当时此物稀罕,凭票购买),政治任务就此完成。记得每次抽血,现已远在美国的郭兄和我总是榜上有名,因为两人同属"对象"。"动力"中参加献血的,包括"文革"火线入党的,包括工宣队员们,据我记忆,反而屈指可数。明乎此,当年下乡劳动,"对象"们在田头"做煞",精明的"动力"们总是一头钻进伙房去做相对轻闲的火头军,也就没什么奇怪了——贱贵有别嘛。

(原载 2006 年 2 月 28 日《新民晚报》)

惊 回 首

当年反右斗争的批判会分大、中、小型三种,以年级为单位的一般属中小型,大多在如今的第一教学楼找一间教室举行;全系范围的属大型,常移师工会俱乐部礼堂(当年为接待苏联元首伏罗希洛夫元帅来访所建,在交谊舞被毛主席的"好学生"柯庆施禁止前用作周末舞厅,所以地板上常年留有滑石粉痕迹,现已改作老年活动室)。这儿记述的是某次大型批判会的实情。

因为是大型批判会,议程较一般为多。先是勒令已被揪出的孙大雨教授交待。请注意,无论是"反右",还是十年以后的"文革",当事人的交待没有一人一次是"老实"的。于是,交待之后,便是揭发批判——全是事先准备好的檄文朗读,其间加上几处征求群众响应的修辞问句,如"这种反党、反社会主义的言论,革命群众能容忍吗?"(当然不能,故称"修辞问句"。)孙先生解放前夕好像曾是左倾的"大学教授联合会"的头面人物,为营救被国民党特务秘密抓捕的进步学生出过大力,凭借这点红色资本,听这些黄口小儿居下讪上,便要时不时报以反诘,由此引来群众阵阵怒吼。继孙之后,被批判的是某位复姓西门的俄语教授。西门先生似乎早年在苏联的孙中山大学就读,也算是个历史上的赤色老左吧。凑巧,那日批判他的一位姓黄的教授与西门有点"脚碰脚"

（沪语：半斤八两），被批的自然不服。当时已经渐成八股的批判辞，总是由浅入深，一步步引向高潮，所以起初西门除了摆出一副掣头偏脑的样子以外，倒也没什么其他过激的反应。可是等到批判渐入佳境，黄某疾言厉色之际，西门终于忍无可忍，突然厉声大叫："黄XX，你以为你是什么东西？方志敏烈士写到你叛变出卖瞿秋白的事，都忘了吗？"真是一言激起千重浪！西门突然口沸目赤，血脉贲张，黄某则目瞪口哆，台下我们这些全然不谙党史中还有如许秘密的小字辈都面面相觑，窃窃私议不止。这位俄英皆通、平日里笑容可掬、系运动会上背一架照相机免费给大家摄影的黄教授，居然是叛徒，而且出卖的居然是当年党内的"拿摩温"（Number One）。这阶级斗争真是激烈啊！（顺便说一句，以上这种情景在十年后的"文革"批判会上再不会重演，因为哪一个批判对象敢于回嘴反扑，必有小将上去一顿拳打脚踢，非让他立时噤声不可。）

西门和黄教授的口水仗结局如何，细节已忘，大约总不外乎西门被逐出会场，因为黄教授那时还暂时栖身在革命群众阵营，直到后来的"文化大革命"（"文革"初期，黄教授被揭发曾出卖刘少奇，当时刘还没被揪出，为此挨过一顿毒打）。可是经西门搅局，批判会有点开不下去了。这时，只见主事者对一位扎马尾辫的青年女教师耳语一番，马尾辫便一步跃上讲台，慷慨陈词，说完文学教研组的"四尊大炮"如何向党发起轰击之后，突然话锋一转，扬声问道："在这个房间里，坐在我们大家中间，还有没有这样的'反党大炮'？我说有！林疑今就是！"我记得当时随着马尾辫的指向，惊回首，突然看见一个"黑洞"——那便是林疑今先生大张着的嘴。林先生有才，翻译了海明威的名著《永别了，武器》，又颇具男子汉的阳刚美，棱角分明的脸总是刮得干干净净，留下青灰色的髭晕。一样戴副眼镜，可在林的鼻梁上，那镜片在明净中透出尊严和智慧,不像主事者鼻上那种啤酒瓶瓶底似的混浊又深不可测。显然,林先生没有想到这把火会在这天烧到自己头上。经我解读,那个"黑洞"里充塞着惊愕、困惑、委曲和绝望,也许还有愤懑和抗议。只是我当时资浅齿少,had the advantage of him(指我认得他,他并不知我是谁),没法问他:"你什么名字不好起?干吗要叫'疑今'呢?"而那个"黑洞"从此也便成了我回忆起"反右"运动时挥之不去的意象或图标。

(原载2007年12月6日《南方周末》,题为《"黑洞"》)

饿过肚子吗?

由猪肉打头,CPI窜升再窜升。食肆里却照样高朋满座,觥筹交错,服务生那程序化机器人式"欢迎光临"的招呼语依然嘹亮。店外,车马骈阗,锃亮的"宝马"和"大奔"们傲视着在车堆里尴尬觅路的行人。

贵近鄙远,饥荒时代怕是已被尽忘。那些年一共饿死过多少生灵,至今不知确数。从各种渠道搜得的信息看,有的说饿死的人接近于英格兰人口的总和,也有说像是又经历了一次日本侵华的浩劫。从一滴水见太阳,对于当年的饥荒,在从维熙的《走向混沌》和巫宁坤的《一滴泪》里,都有具体而微又相当忠实可信的描写,诸如在野地捕得鼠蛇立即饮血茹毛;形销骨立或浮肿得变了形的噍类幽幽走着,忽然一个趔趄,倒毙路旁……读者完全可以从中读出饥馑荐臻确是远远"猛于虎"的。

当然,那是大墙里边发生的事,对全社会未必具有典型性。笔者当年正读大学,尽管学生中也搞人分九等那一套(入学之处填写的第一份表格,就要求学生在27种不同家庭出身栏内做多项选择——这么说来,应当是人分27等才对),吃食倒是一样的。家庭成份再不好,学生毕竟是日后可用之才,所以校园里虽也时有浮肿病、妇女病等病例发现,食堂还是按时开门的,只不过荤腥剧减到每周一次,另加重要庆典日。而所谓荤腥,不是猪尾巴就是鸭子头。开荤那天可是人人翘首以望的。猪尾巴里的软骨照样嚼烂咽下;鸭子头更是美味,我们先是啃皮(包括喙上薄皮),继而剥离颈骨上附着的少量缕缕精肉,叼出喉管,再"哧溜"一声,啄出一对鸭眼。这时,鸭头已成骷髅。饕餮们的最后一招便是"咔嗒"一声,咬开天灵盖,用可怜鸭子的一小块脑髓大快朵颐。那时食堂吃饭实行取食划卡制度。有恶饿学生划过卡以后,用一种叫做"退色灵"的药水,把那小小钩子符号隐去,再到食堂领取第二份饭菜的;有跑到五角场去偷偷从事粮票、布票,还有什么饼干票、香烟票、火柴票等买卖的。后成 D. H. Lawrence 专家、现已移民加拿大的某位老兄,偷了学校的书去卖给废纸站,被同学抓了个正着。形格势禁,当年的党委书记(后于"文革"时自杀)倒也不主张过于为难这些犯事学生,作大报告时从不用一个"偷"字,说是"拿错了东西,还回去就是了"。

　　正是饿殍载道之时,我们被派往崇明岛去围海造田。因为艰苦,女同学全部留校不去。劳动是高强度的割芦苇;生活是住窝棚,每逢下雨,除了在棚内用脸盆接漏,还得不断挪移地铺,免被打湿;崇明蚊子威震上海,来此一亲密接触,果是名不虚传,可以隔着厚厚的咔叽衣裤,把你叮咬得奇痒钻心,谁要是夜里非上茅房不可,后果可想而知。但是,崇明之行留下刻骨铭心的记忆还是一个"饿"字:一顿饭每人两个"黄金窝头"(由玉米等杂粮制成,故名)加上几片臭冬瓜,后者腌得极咸,据说因此才有"下饭榔头"之效。某日,笔者实在饿得受不了了,割芦苇时已经失去准心,一镰刀在半统套鞋上划出一道长长的口子,内心一紧张,居然昏厥过去。幸有一旁的翟象俊兄(今日外教社版《大学英语》的主编)见了,赶来扶持,复赶往炊事班交涉,给我讨来一个窝头。就是这个窝头,把一阵低血糖对付了过去,留下我今天的这条老命。

　　后来,高层改弦更张,托他们的福,形势终于有了好转。

但没过几天太平日子，说是又要搞运动了。这次的名目是"四清"。下到农村，大学师生必须与农民实行"三同"，即同吃（不得自带干粮，不得下馆子）、同住、同劳动。在农家搭伙，有的一日两顿，有的虽吃三顿，但是两稀一干，加上自己是客人身份，不敢随便添粥加饭，因此饕餮难饱，还曾有过整整一周恭无所出的难堪经历（上述翟兄与我同病相怜）。饿得慌了，偶遇去镇上办事的差遣，便偷偷溜进馆子打牙祭。记得要的总是大肉面。那肉往往是肥多精少，也不知闲置了多久，硬邦邦的，非像狗叼猎物时那样，甩头啃咬半天，才下得肚去。谁知我正聚精会神对付大肉的当儿，那厢支部书记恰好缓缓踱来，阴阳怪气地问一句："又在违反'三同'纪律啦？"

中国有句古话，叫做"饱汉不知饿汉饥"。写这篇小文的目的就是提醒今日的饱汉，在距今并不久远的从前，挨饿曾经是中国人极为普遍的经历，连"国之骄子"的大学生群体也不例外。为部分解决倒悬，从当时仍属海外敌对势力的香港寄入内地的猪油、花生等邮包，也不禁止了。看着剔牙打嗝走出饭庄的食客，我又想起另一句古话："仓廪足而后知礼仪。"相信今人必然会按照社会达尔文主义的规律，不但在礼仪修养方面，更在思想、信仰、担当等方面，大大超越我们这挨过饿的一代。

（原载 2007 年 9 月 27 日《南方周末》）

奋战"劳卫制"

车过复旦大学东门外的国定路,同车的几个上世纪五六十年代的老大学生,不约而同回想起当年在此奋战"劳卫制"的往事。

"劳卫制"是"劳动保卫祖国制度"的简称,是一种各项体育运动必须达到的指标体系,好像还分作两级。谁达标,就颁发证章一枚,与校徽并排往胸前一挂,尽管在潇洒的今人看来非常"老土",当年却显得神气。至于能否就此劳动卫国,似也不曾有过检验实证。

像当年除"四害"、批资产阶级"巨人"(如巴尔扎克、托尔斯泰)等校园活动一样,奋战"劳卫制"采用的也是毛主席提倡的群众运动,时称"大兵团作战"。各个班级、年级以及各系之间还要展开竞赛,相互激励。校园生活的兵营化程度由此可见一斑。奋战"劳卫制",班上总有那么几个难以达标的"钉子户":有跑步时上蹦胜于前行的;有男生跑不赢女生的;有爬绳及半臂力不支倒栽葱掉下,险些脑震荡的;有垫上运动向前连翻三五个筋斗发现身体还在原地的;有跳箱(现在的跳马)腾跃不成,一屁股坐定其上的……几个跑800米老不及格的女同学更惨,不管你出现低血糖症状,还是跑得一脸陶土色,只允你在运动场中央铺开的草席上休息一会儿,缓过气来,接着再跑。现在矗立着文科大楼的地方,当年是运动场。奋战"劳卫制"的那些日子,这儿彻夜灯火通明,锣鼓喧天,不达标的不得回寝室;达标的忙不迭去向党委报喜。于是就常出现跑道上一人疲步踯躅,气喘吁吁,拉拉队前拽后推,呼啸促进的胜景。人到了身体疲劳的极限,脑瓜子反而好使。也不知是哪位智囊出了个歪点子,把"钉子户"们从运动场拉到了国定路。这儿当年是荒凉仄径,旁观者稀,惟有从北边偶尔传来几声苍凉的火车汽笛声;小桥往南是个斜坡,尤利顺势冲刺,再将百米距离悄悄缩点水,这样不少100米短跑不及格的同学,都是在这儿最后达标的。

这会儿出租车正好驰过桥面,行驶在下桥缓坡处。前面出现大群学生,有骑车的,有步行的,考试业已结束,结伴去打牙祭的应该不在少数。校园生活尽管还有若干兵营化的遗形,毕竟华尔兹在代替广播操了。望着胸次开爽、英姿焕发的大学生们,车里的人在疑惑:历史果然会在遗忘中失落殆尽吗?

(原载 2007 年 7 月 19 日《新民晚报》)

交　　心？

　　反右斗争期间以及结束后,学校里一直在开展一场称之为"红专大辩论"的运动,就"只专不红"、"先专后红"、"先红后专"、"只红不专"、"厚今薄古"、"厚古薄今"、"厚今不薄古"、"厚古不薄今"等绕口令式的论断,日夜开会,打口水仗。青年血旺好胜,学生扎堆总要竞争,犹如今天在网上一言不合就要"拍砖"一样。而在当时,哪个多得几个5分,人们都要斜眼乜视,像是身旁出了个活生生"只专不红"的反面典型。那样,竞争就只能转移到别的领域去,譬如说,政治运动是否全身心投入,开会发言是否积极,是否申请入党入团要求进步,是否靠拢组织,除"四害"(蚊、蝇、鼠、麻雀)干劲如何,"大炼钢铁"和"大兵团"批判托尔斯泰、巴尔扎克等资产阶级"巨人"时能否连续几周几月开夜车而不叫苦,劳动时能挑起多重的担子,出大力流大汗的同时是否触及灵魂,"劳卫制"("劳动保卫祖国制度"的缩写,一套体育锻炼指标)是否达标通过,等等。

　　大辩论是毛式民主的重要手段之一,因此这场"红专大辩论"进行得如火如荼,日夜开会不说,正常的教学秩序随时会受到冲击,停课辩论也是常有的事。问题是"又红又专"以及"厚今薄古"等的结论早就是硬语盘空,无须辩论,那还多费什么口舌?原来,这是一种诱发异见、警心涤虑的洗脑术。

辩论到最后，谁也拿不出一个又红又专的楷模来，只是让组织上掌握了学生中各种各样的思想动态而已。也许，这才是辩论的真正目的。

　　与大辩论同时进行的还有一种向党"交心"的活动。那就是跟支书约定时间，汇报自己最隐秘（当然也往往是最丑恶）的思想。一个支书要接受五六十人的交心，确也够他/她忙的。记得我们班的交心活动从学校开始，一直持续到后来到上海大中华橡胶厂劳动。在校交心时，由支书根据自己的工作负荷，排定接谈的对象，然后约到宿舍操场上（现在矗立着光华楼的地方）沿跑道边走边谈，那情状在不明就里的人看来，活像广东人所谓的"拍拖"。重点问题人物在跑道上非兜上个十圈八圈不可，今夜谈不完，明夜继续。到了橡胶厂，全班借宿徐汇中学，交心地点便改在那儿望得见徐汇天主堂的操场。一天劳动结束，洗漱甫毕，支书来宿舍叫出一人，余人便相顾私语："交心去了。"

　　原先说好，交心是忏悔式的告白和解脱，是信赖组织的追求进步标志，谈过了算数，然后便是"丢掉包袱，轻装上阵"。其实哪有这等便宜的事情？交心者为表精忠，也为了在热血青年的竞争中不落人后，往往挖空心思袒露自己的丑恶思想，有时经对方一诈（"你的思想实际上跟右派没有什么两样"），张皇失次，无中生有，不屑唾面。如我们班有位贫下中农弟子，交心时说自己从小就鄙弃家庭，与同学同行时迎面遇见穿着寒碜的母亲而不认，却一直附膻逐秽，羡慕做资本家的远房叔叔。果然，几天之后，在徐汇中学的某教室里，就召开全班大会了，先由交心人作"主旨"发言，随后由同学们发言批判帮助，责他忘本异己，而从此这位贫下中农子弟也便从积极分子名单中被一笔勾销了。多少年以后，我曾问这位当事人，远房叔叔如何富有，惹得他励志仿效。他一笑，答道："还不是说说罢了。"六月债，还得快——这还仅适用于危害较轻的交心内容。有些交心中忏悔的反动思想更为严重，那就是"秋后算账"时的重磅炸弹了。记得当时放过一部东德电影《马门教授》，主题是纳粹反犹，也拍到纳粹军官家庭生活的几个镜头。一位青年教师看了，交心时说，那法西斯比之我们周围的一些冷血动物，还多些人情味。不料这句交心的私密话，居然入档库存了十几年，到"文化大革命"批判此人时方始抛出，果然激起革命群众义愤，引来全场震耳欲聋的口号声。

（原载 2008 年 10 月 2 日《南方周末》）

忘记意味背叛

近来有学生对我"回忆与随想"专栏文提出质疑,认为写来写去都是些陈芝麻烂谷子,大人先生们未必喜见,莘莘学子的兴奋点也不在此,牛奶、羊奶,或许还有狼奶,喝多了,谁稀罕你那淡淡的辣椒水?颓龄秃笔,多写何益?瓦釜之忆,蟋蛄之声,我却还不想就此搁笔噤声,因我记着革命导师中排行老三的列宁的教导:忘记意味着背叛。上世纪60年代,一出话剧《以革命的名义》演红大江南北,青年学生包场必看,灌输的就是这种列宁主义真经;后来到了"文革",各单位举行"忆苦思甜"报告会,会上押尾的节目必是集体吞咽糠秕和着野菜的"忆苦饭",意图也在儆戒忘却,杜绝背叛。

忘却是罪过,记忆是武器。

可是,那年头是从泛意识形态角度,而非道德层面,讨论"背叛"的,所以"革命的"背叛事例照样多得不可胜数。笔者所在的外文系不过涔蹄水耳,居然可以一记的背叛是非也不少,兹择其中数端披述于后。

A君追求女生不得,心怀怨怼。碰巧这位女士生性疏宕不拘,某日温课完毕,快到开饭时分,把一本私密的日记留在课桌桌肚,径奔食堂而去。不知是有意窃取还是无意捡得,反正这本日记最后落入A君之手。人家的隐私,你独自躲在阴暗角落窥探一番倒也罢了,不知是否出于更为歹毒的目的，A君读完竟把本子上缴党委。"文革"祸起，日记的内容便被抄录成大字报，张贴在校园的主干道上，算是"黑话连载"（其实日记写得时而凄婉动人，时而契机入巧，看得不少人"中毒"），女士旋被作为"反动学生"遭到批斗。女士不堪其辱，在宿舍坠楼自尽，却又觅死不得，被弄到二军大附属医院，据说不施麻醉便打钢钉接骨。这边，A君和其他扎红袖箍的同学还要"追穷寇"，赶到医院，在病床旁召开"现场批斗会"。A君在"文革"后摇身一变，又玩了个三级跳，终于从外省回到沪上，混了个教授，据说现已富埒王侯。有钱人开车，他比有钱人更有钱，雇司机开私家车。我也该死，有眼无珠，阅人不深，在了解这段故事之前，曾邀他一起从事学术项目，还为他提升博导写过推荐鉴定。但自从听说他的叛卖劣迹之后，再不屑与之为伍。叵料造化弄人，某年竟与此人一同列入一个什么模范光荣榜，真是羞煞我也！由是便峻拒这种荣耀，说什么也不去领奖，弄得校方对我颇有微词。后来大概那A君也听到些风声了，据说在网上贬我骂我。我倒反而高兴了，因为伟人有言："凡是敌人反对的，我们就要拥护……"

某个年级有位B君，好像是那一届中最年幼的小弟弟，长幼懿亲，曾与班上最年长的大哥有象舜之谊。阶级斗争年代，天有不测风云，那位"象"兄因言获罪，被同学连续批斗。众目睽睽之下，"舜"弟作为知情人当然必须揭发。"象"兄在白茅岭劳改17年后终获平反，因为业务已经荒疏，回到上海，竟没有一个合适的单位可去，是当时的《英汉大词典》编写组向他伸出援手，把他吸纳进温暖的集体。此时，"象"兄才对我细讲当年"舜"弟是如何狠批老大哥的。"象"兄是明白人，知道并完全理解"舜"弟为了自保，必须撕破脸皮，慷慨激昂。"但是为什么要无中生有，添油加醋，落井下石呢？最后把我送上漫漫劳改路的竟是这位小弟弟的揭发加诬陷！我非耶稣，但他绝对是犹大，""象"兄这么说。叛卖即立功，B君毕业后被分配到某部，一路攀升，直到当上联合国长官。长着势利眼的人们欢迎这么一位高官校友回来显亲扬名，忙着张罗荣衔赠上。又是造化弄人，当时我正扮演着院长一类的角色，授衔时必须在场。可是心里想着业已退休在家的"象"兄和他的幼子（婚姻被劳改耽误多年的结果），我就是不去捧场。

另一个年级有位女同学"茉莉花"，虽不是什么"巧笑倩兮，美目盼兮"的佳人，但秀外慧中，雍容尔雅，很受男学生们注目。一日，突然开来一辆警车，不由分说，把"茉莉花"抓起就走。后来，在押解回校接受批判时，大家才知道，"茉莉花"是被她的嫡亲姐姐——一个在另校同样读英文的大学生——叛卖给"文革"当局的，说是抄家之后，"茉莉花"对伟人像片有大不敬动作，因而作为现行反革命被判处10年徒刑。下一次见到"茉莉花"已在"文革"结束之后。案子平反了，陆国强、徐烈炯两兄筹办的复旦版《现代英语研究》期刊正需人手，就把她留在编辑部了。我见她时，"茉莉花"还是像当年一样，恭恭敬敬叫一声"老师"，然后埋头继续工作，看不出音容凄断的样子，也没有瘗玉的冤屈或愤懑刻写在脸上。但一位女教师告诉我，长年的监狱劳役，"茉莉花"已因鸡胸而身体变形。再后来，她移居美国，从此音讯杳然。我出于好奇，问起过那个背叛她的姐姐现在怎么样了。无人知晓。

这样的故事还有很多。

年轻的朋友，你说倘让这些陈年的叛卖和恩怨就此湮灭，let bygones be bygones，我们对得起那些受害者吗？历史还是历史吗？

（原载2008年1月31日《南方周末》）

"人之子"
——小小说

客观地说,他是个很吸引女生眼球的男性,虽说不上是现代潘安或陈平,1米75以上的个头,五官端正,气度轩昂,在书呆子堆里,也算是鹤立鸡群了。他还擅歌,在诸如联欢会等场合,视主题与听众不同,引吭来上一曲《唱支山歌给党听》或《叫我如何不想他》,往往赢得满堂彩。难怪有女学生在被人偷窥了去的日记里,曾强写对他的暗恋,结果一传十,十传百,他除了暗暗得意以外,倒也还能自持。有人因此佩服他,也有人私底下说他傻冒,不解风情。哪知过不多久,已有妻室的他闹出一桩绯闻,男女双方受到不大不小的处分。他的检讨是振振有词的:"吾妻有女疾,房事不能,因虑本人的雄性荷尔蒙久积不发而影响工作,致有此错。"读到这份检讨的上司无不掩嘴窃笑,放他过关算了。

公平地说,他在启明大学算得上是个人物。"文革"期间"四个面向"那阵子,虽然曾被革出校门,但乘着后来改革开放的春风,蹲得那位不知就里的新校长,同意他杀回马枪,不但重返启明,而且绕过对他知根知底的原来系科,捭阖纵横,拳打脚踢,直到官拜上品,高冠博带。知情者说,所谓"蹲",亦称"校车政治",即不断在那位乘坐校车上班的新校长面前露脸,搀扶,让座,用"阴个来西"(English)与之交谈……穷鸟入怀,仁人所悯。果然,不久"我胡汉三又回来了"——有人听他如是说。

这个他,就是"人之子"。

"人之子"原是他中学时代应试一篇命题作文《我的父亲》时采用的副标题。虽说"人之子"一说迹近废话(除非骂别人是"狗娘养的"),可被某位颇信人本主义的老冬烘看中了,大加褒奖。于是,这三字便成了他的雅号,有时写文章也就用它作笔名,直到大学里批判人道主义了,他才顺应时势,把第一个"人"字改作"党"字。与此同时,同学们都看见他一手拽个拖把,一手提个水桶,去为政治指导员独居的寝室打扫卫生。箕帚之事,从不间断,终至为组织所纳。

不久,"文革"爆发。是年8月,溽暑难当,加上运动初起,来势熏灼,"人之子"被撩拨得肾上腺素奔突激荡。那日,各系在宿舍操场一坨子一坨子地批斗"反动学术权威",辱骂、责问、口号、批斗等话语暴力此时已经不足以表达对于来自上峰的指令的忠诚,有人便想出了用墨汁淋洒的侮辱毒计,犹不过瘾,只见"人之子"从近处寝室拿来一条竹制扁担,大吼一声,朝那"牛鬼蛇神"的腿弯猛地扫去,对方顿时倒地不起。这一来,像堤坝决口,肢体暴力便一发而不可止。是夜,启明大学出现自杀第一例,好几个风烛残年的老教授都是被拽着拖着给扔出校园的。人说,写启明大学的"文化大革命"史不可不提这阵"斗鬼风",写到"斗鬼风"不可不提"人之子",诚箴言也。

孰料"文革"政治波谲云诡,刚表扬"人之子"立场坚定的某红卫兵司令部不旋踵间被对手夺去了权力,"人之子"一下子也变成可疑人物,被吓得忙不迭住进医院避祸。初时,同学友好以为他患了什么重症恶疾,纷去探望。有好事者再三究诘,始知为割除痔疮而来,继痔疮之后复求割除包皮。如此赖过几个星期,心想人们对他以前的政治选择应已遗忘,祛除疥癣之患以后,摇身一变,回到校园当又是革命好汉一条。谁知还是有人不肯放过他,说他是"变色龙"、"小爬虫","四个面向"一来便把他踢出启明大学,下放到中学教书去了。

上文写到"人之子"如何荣归母校,归宁之后的他果然大展拳脚。经过如此历练,毕竟已非池中之物。游蜂戏蝶也好,为亲属谋出国违反外事纪律也罢,即使启明层峰震怒,到最后总也奈何他不得。据说每当遭遇麻烦,"人之子"必会祭出一件法宝,暗示其所作所为皆与什么以安全或联络为名的莫须有黑箱作业有关。此乃尖利暗器,一出手往往逢凶化吉,反招奖擢。

"人之子"的玲珑乖巧在杀回启明之后,功夫益深,有目共睹。对于他并不喜欢但可能有用的同仁,他偶尔碰上,会伸手搂肩,嘘寒问暖之余,说出谀辞而毫不自觉肉麻:"老X,您真伟大!"有洋人见状,事后偷问同仁,是否与"人之子"有断袖之谊。一日,他衔命翻译某件艰深古文,自知力有不逮,便假借上命,"转包"于人,越日即持译文去缴卷,上心因此大悦。有知情者听得"人之子"传授经验:"这可不是什么窃取别人'劳动成果'或'知识产权'?此谓'分解劳动'是也。"

"人之子"的又一绝技是在华责夷,遇夷贬华,一样的慷慨激昂,致使华洋双方,还有国内的"自由派"和"新左派",皆引以为营垒中人而得两面讨好之效。识者称中西误读之多,部分原因,即在"人之子"辈售奸不止,大行其道。"人之子"闻言,不但不愠,反作经验谈:"弄它一个虎掷龙拿不两存,我等方可赌乾坤。"

就这样,"人之子"至今窃幸乘宠,浊乱校园。斗筲问鼎,非诳语也!

2007 年 11 月

大年初一推粪车

今天住在大都市的人可能都不知粪车为何物了,所以需要先解释几句。

虽说是"东方的巴黎"、"远东第一大都会",由于历史局限,上海的污水排放系统一直落后,旧城的中国地界不用说了,就是在租界,大批的石库门房子也无抽水马桶。于是多数上海人只能依靠原始便器"响应自然的召唤",排泄物每天一大早由穿街走巷的人力粪车搜集,然后集中到泊在苏州河上的粪船,不知驶往何处去倾倒处理。一度,上海街头有两种颇具地方特色的吆喝声,即清晨高亢遒劲的"拎出来!"以及深夜苍凉凄厉的"长锭(即锡箔、冥币)要哦长锭?"前者用于招呼各户"倒马桶",而倒马桶这事之重要,有流行歌曲为证:"粪车是我们的报晓鸡,多少的声音随着它起,前面叫卖菜,后面叫卖米。"眼下电影里描写旧上海生活,总爱搬出"栀子花,白兰花"的叫卖声,其实在老百姓的记忆中,是不大典型的,除非在风月场所附近。

闲话叙过,言归正传。

那年头对于事关民生的城建着力有限,官方也承认"欠债甚多",所以到了上世纪60年代,上海街头"拎出来"之声依然可闻。这时候中国出了个雷锋,最高领袖号召全国学习。"青萍一点微微发",校园里不知是谁最先想到粪车工人的辛劳,出于革命激情,去助推粪车。列宁说,榜样的力量是无穷的。的确,几个人一带头,道自微而生,推粪车一时蔚然成风,且形成一种现在人们称之为 peer pressure(同侪压力)的势头,大有要学雷锋就非去推粪车不可的意思。那年农历初一,我们几个按预约于清早4点聚齐在大粪码头,一人随一位粪车工人出动收粪。出身资产阶级的小姐本来是有备而来的,戴上了手套和口罩,遭众人一哂,也只好丢了装备,豁出去做一回普通劳动者了。原来,这"拎出来"的活儿虽不像田头挑重担、码头扛大包那么累人,却自成一种独特的磨练。除了那两三个小时内似乎吸进了此生所能闻到的全部阿摩尼亚以外,最叫人难堪的是倾倒时——特别是粪车渐被充满之际——那"黄龙汤"(中医古方中对粪水的婉称)不加选择地往你身上泼溅:衣服、脸庞、耳朵、口腔、头发。粪车工人积长年之经验,对倾倒角度、用力深浅以及如何因势利导等专业方法都有一套心得,故而能做到闪避有术,从容不迫。但粪水好像也会"欺生",对准初次干这活儿的我们劈头盖脸袭来,非沾满你全身不可。待粪车装满,推过凹凸不平的路面时,如何使其中内容满而不溢,更像是一门学问。劳动于上午八九点钟结束,大家对比着身上所沾黄渍的多少,赶着回家洗澡去了。

那时正搞"听说领先"的外语教学法试点。寒假一过,第一堂课就上"革命化的春节",主要内容便是推粪车。试点班不用任何文字教材,请系里擅长丹青的一位郭重梅老师,依据我们的叙述加上她本人丰富的想象,画出几幅连环画,上课时往黑板上一挂,再给学生一串 China English 的生词,如 to push a night soil cart(推粪车),便漫无边际地对起话来。至于教学效果如何,只有请今天专攻"二语习得"的专家们来评判了。

回过头去想想大年初一推粪车的往事,撇开反智主义的大环境不说,让自命清高的知识分子亲历被人视作最低贱的劳作,实地体验草根生活,今天看来依然觉得并非一定是什么坏事。眼下,民生改善,报载上海的污水排放标准已直逼东京和纽约,早已没有粪车可推,岂有"黄龙汤"之亲炙者乎?但是,回忆往事的同时,一句当年耳熟能详的指示浮上脑际:"劳动人民知识化,知识分子劳动化",这又不免使人生出一些疑问来。指示里有两个主体:劳动人民和知识分子。当然,还有个隐藏的第三个主体:提出指示者。两个主体应当如何变化,都说得明明白白了,那么第三主体往什么方向去"化"呢?我想到了当年国中饿殍遍地时据说从稿费里拿出一个"小手指"即可自建游泳池的大伟人,想到那些住行宫、别墅和庄园的达官贵人,那些拿了几十个亿的民脂民膏作玩资的"革命同志"。改革开放后,曾有机会参观这些豪宅的内部,见到过里边大而无当的卫生间和大小分别解决、蹲坐皆宜的高级便器。有的设计别具匠心,坐其上一边出恭,一边就有体贴的清水温馨冲洗身体有关部位。要是让这些第三主体也来推一次粪车,会是何等景象?想来先要派出大批便衣沿线踩点,真到推时,怕也是非得由成班成排的警卫簇拥着扈从才行吧。

(原载 2008 年 3 月 13 日《南方周末》)

遥想当年毕业分配

从学校毕业走进职场,天经地义,历来如此。

我在一所国内还算小有名气的大学教书,教的又是当下"与国际接轨"时代应用性较强的"术科"(虽说主观上希望也是"学科"):英语语言文学,所以毕业生暂时尚未落得"毕业即失业"的下场,反倒是据说"供不应求"。到了四年级下学期,也许个别的还在忙着自我包装,自我推销,四下投寄履历,求未来的雇主"请自隗始",多数往往已是"名花有主",有的甚至已提前到就业单位开始工作,课也不来上了。有能耐的更是多个职业 offers 在手,挑肥拣瘦,举棋不定,为"选择的过剩"而苦恼。如个别佼佼者,先占好直升研究生的名额,"左契"在握,但"翅在云天终不远",同时再谋出国、赴港深造或其他更有诱惑力的机会。我笑他们像买紧俏货的主妇,在这边等待购物的队伍中放个小凳,占好地方,再去下一个目标寻猎。他们倒也并不生气,反说这叫谋于未然。我遂嘿然。

"选择的过剩"使我遥想起"选择的贫乏"。当年我们大学毕业要找工作,不用个人煞费苦心,全由组织上大包大揽,名曰"统一分配"。记得五年制学业结束的那个初夏,毕业班全蛰在宿舍等待。除了已先期被派往西藏参加对印自卫反击战的六人,余下的约五十口分别在各自的寝室里玩纸牌,聊大天，不时吼上两嗓子"到祖国最需要的地方去"。平素互有好感的男女同学忙着公开"敲定"，因为据说分配是照顾"鸳俦凤侣"的。至于有没有人以"表决心"的名义找领导谋肥差，一般的学生就无从知道了。那时，所谓的"肥差"好像莫过于留校，因为这意味着留在大上海，又说明你的业务能力出众，至于"近亲繁殖"之类的讥诮，当时还闻所未闻。焦躁等待中，也有偶尔呼朋引类去五角场吃喝一通的，类乎今日里的毕业宴。当重压得到释放的时候，酒精上头，也会眼圈发红，甚至嚎啕大哭。只是当年学生戒备心理的门槛比今天的学生高出许多，说话不敢出格，更何况分配去向尚不明朗，胡说一通，倘被汇报上去，分配方案一改，把你弄成"发配"，兹事大矣。

　　终于，有一天，通知下达，说是翌日开会，宣布分配方案。记得那是在今日第二教学楼底楼的一间教室，五十余口人齐齐早早坐定，气氛紧张中掺杂着期待。我想要是谁能发明一种"大脑活动探读仪"（mind-reader），这时开动起来，看穿每人的"小九九"，一定会很有意思。俄顷，从外面走廊，由远及近，传来木屐的笃笃声——那还是"前塑料"时代，大家多穿笨重的木制拖鞋。那是支部书记来了。没有高调的开场白，他一清喉就读名单和分配去处：XXX，一机部；YYY，浙江省衢县教育局；ZZZ，右派分子暂缓分配……宣读既毕，最后说一声"希望大家服从统一分配"，会议结束。

　　走出教室，回到寝室，有人唱起哪一部旧电影里的插曲"月儿弯弯照九州，几家呀欢乐几家愁"，那凄楚悲凉的意味，今夜特别逼真。确也有几位随即去找支书，表示去指定地点就职有多少多少困难，更有异想天开愿意互换工作的。当然，也不出众人所料，那方案是"硬道理"，听党的话，不能打折扣，即便是鸳鸯也照样棒打分离。结果，全班无一不服从国家统一分配，各自回去打点行李了。据说有一位去总支办公室领取报到证准备离校时,曾对总支书记出言不逊。为此,后来领导凡说到这位同学,总要加上一句:"临到毕业,个人主义大爆发。"那鸳鸯的结合,毕竟有些功利和草率,区区几年后就传来夫妇失和的消息。

人生如寄。我班1962年毕业的六十几号人,已确知不在人间的有七位。福寿康宁,固有天命,但强行派你背井离乡去做你不喜欢甚至不适应的工作,大材小用,选士失当,乱点鸳鸯谱,螺丝钉安错了位置,且不说对事业的损失,就个人论,是不是也煎人寿?不知今日"选择过剩"的青年学子读了这篇小文之后,会作何感想。

(原载2008年11月27日《南方周末》)

我曾替曹荻秋捏一把汗

　　那应该是1966年8月初某日夜晚的事了。是日,复旦大学的造反派红卫兵把时任上海市市长曹荻秋揪到学校来批斗,主要是逼问曹,毛主席在刚刚结束的八届十一中全会上,有没有写过一张《炮打司令部》的大字报。其实,关于这张大字报,当时社会上已经传开,消息灵通的红卫兵岂有不知之理,逼曹公开承认,乃为谋无遗谱之计,有了上方宝剑,从此把走资派(包括曹本人)一一拉下马来,可保师出有名。

　　批斗会在登辉堂(现改称相辉堂)前的大草坪举行,主席台设在堂外的阳台上。那时,复旦学生的人数远不如扩招以后今日之多,一方草坪也占不满,所以台上各色人等的表演,可以看清个大概。我看台上的造反司令"找机会"——那位红卫兵头头姓名的谐音,当时流行取绰号,不是还有后来当上什么委员的"乘赶风"吗?——大义凛然,咄咄逼人;那厢,满头银发的曹荻秋虽还芒寒色正,竭力维持着一位方面大员的最后一丝尊严,看得出枪法开始有些乱了。当被逼问到8月5日毛主席大字报真伪时,曹先是清嗓,然后用浓重的四川口音,慢条斯理说道:"主席这个东西,"略顿,"要以中央下发文件为准。"我在台下听到曹的前半句蓦地一惊,颇为他捏了一把汗,因为如若断章取义,那不是恶毒詈语是什么,非被革命小将饱以老拳不可。也许当时大家的注意力都专注于真伪问题，也许没人如我这般留意语流顿挫之类的语用技术性细节。反正，曹逃过一劫。批判会后，造反大军游行至上海戏剧学院作革命串联，一路高呼："炮打司令部，保卫毛主席！"无数遍的呼喊难免不发生机械反应和口号疲劳，稍不留神，一位生物系姓蒋的实验室教辅一个发昏，竟把两个宾语来了个错置。这下可不得了啦！那晚上，可怜的蒋教辅比曹市长更倒霉。

  从此，我便很注意"东西"一词，不敢滥用。"东西"原是个方位词，不知怎地，时至近现代，像是成了万应词（all-purpose word），指物，指人，指事皆可。香港岭南大学的刘绍铭先生作文取题《文字岂是东西》，我很赞同：文字不是东西，人当然更不是；董桥以"此何物耶？一东西耳！"说事，指称男子身上某部件（详见《留住文字的绿意》），更上不得台面了。我读后回想起曹荻秋说"主席这个东西"的往事，不免心有余悸。近日，北方有位教授写了篇《民主是个好东西》，激起不小的争论，催我进一步思考"东西"二字的能指和所指。看来，"东西"滥用久矣。还是年轻一代敢于创新，近年来，在网络和手机语言里，频频出现以"东东"代替"东西"的情况，且有识者告我"东东"者必佳物也。曹荻秋若前瞻有术，早知这个用法，把"东西"说成"东东"，当年也不用我替他捏那把汗了。

（原载 2007 年 9 月 27 日《南方周末》）

"文革"中看电影

那是八亿人民八个样板戏的"文革"年代。因为戏少,为疏解文娱饥渴,更为洗脑,就一戏多演,连带无线电加大街小巷的有线喇叭,无休止地播放其中的唱段,搞"饱和轰击"。一次,学校请来一位御用才子宣讲,说江青同志如何呕心沥血,巨细靡遗,精益求精培植那些样板戏,一会儿指示正面人物服装上的补丁也应该打得整整齐齐,以免褴褛而损害高大形象(如不信,可看李玉和的铁路职工制服),一会儿指示那儿的布景和灯光都要"出绿",弄得内景像个户外大草原。那种讲座可不像今天的于丹或易中天,爱听不听由你,那可是师生必修的功课之一,要点名排队入场。照例,听完之后,随即放一场样板戏电影,就算你看过了 n 次,也得克服"审美疲劳",虔诚正襟危坐,苦捱两小时,准备看戏之后,各回所属"连队"(当时都搞军事编制,"全国人民学解放军"嘛)认真讨论。无怪乎,一些"文革"的过来人听说今天的教育部规定,作为国粹教育,样板戏京剧进入中小学课堂,都面面相觑,怛然失色,以为要"王政复辟"了。

这边银幕上正唱得起劲:"狱警传,似狼嚎,我迈步呃呃呃呃出监……",那边后座突然传来一声高过一声的"呼噜"。黑黢黢的剧场中,大家齐齐往后望去,主要倒不是寻找声音来源,而是想把这位不虔诚的观众赶快弄醒,免得麻烦。打呼噜的是我的老师伍况甫先生,一位类似19世纪英国查尔斯·兰姆(Charles Lamb)的人物:自己终身不娶,侍奉寡姐。这位伍先生与他的胞弟、同样供职于我系的一位曾经锋头甚健的伍教授,迥隔霄壤。况甫先生永远穿戴着比自己身躯小一至二号的衣物,上身的"人民装"绷得连纽子也扣不上;圆口布鞋挤脚,行路如踮地;脑门覆一顶污渍斑斑的"解放帽",根本遮不住那肥硕的后脑。大一时,他来代课教过几节语音,那发音字正腔圆,远胜其侈谈美学和文论的胞弟,而且一肚子的"杂学",诸如olive乃地中海盆地特产,不是中国人熟知的橄榄,应称"齐墩果"或"(地中海产)油橄榄",panda叫熊猫是俗称,学名应作"猫熊",这些信息我从学生时代牢记到今天。我怀疑他是学过拉丁的。

　　伍况甫先生开会时永远挑最远的离群一隅落座,寻常不发言,也极少与人交谈。孤形只影,那时开会又无不"马拉松",久而久之,便形成了小盹的条件反射。这时,只听见剧场里一个尖利的女声大喝:"伍况甫,侬要死啊,看革命样板戏打瞌睏!"那是来自纺织系统的"工人毛泽东思想宣传队"(简称"工宣队")一位队员的怒叱。事后,伍照例被一顿狠批。要知道,当年如对革命样板戏大不敬,小则"吃生活",大则"吃花生米"也有可能。上海不是有个说书先生在茶楼讲样板戏,难免添枝加叶,摆些小噱头,结果真给枪毙了嘛。不过,"熟则生狎"(Familiarity breeds contempt)是条规律,譬如我的一位师弟打桥牌得一手多张同花好牌时,就会唱出"我家的表叔数不清",成功将某种花色"打大"(即英文里的establish)时,得意忘形,脱口而出便是:"大吊车,真厉害……"师弟唱戏,天机尽泄,所以屡战屡败。

　　江青曾三令五申,正面人物与反面人物相比,正面人物为主。可是《沙家浜》里有两个反面人物特别受欢迎:草包司令胡传魁和阴阳怪气的刁德一。说也奇怪,群众就爱看他们两人的戏,看两个汉奸跟那个既有女人味又有点江湖气的正面人物阿庆嫂斗智。我们下乡劳动,工余唱戏娱乐贫下中农,唱别的段子,无人要听,这时田头倒是会齐声起哄:"来一段《智斗》!《智斗》!"我曾暗自思忖,要是"文革"再拖它几年,想来这段戏也非给江"旗手"删了不可。

"文革"时偶尔也放过《列宁在十月》之类的旧片子。观众喜看爱学。列宁不是爱两手拇指插在西装背心里大发宏论吗?学生红卫兵就学样,只是西装背心变成了夏天的男式汗马甲。双手一插,自觉成了革命导师,说话便肆言无惮,百无禁忌,有的学我们这儿的革命导师,用湖南高腔喊出"yīn mǐn vǎn sēi"(人民万岁),有的用各种方言仿学污言秽语,包括"标准沪骂":××。如我记忆不谬,"面包会有的"这句名言也是当年这样流传下来的。还有个哭哭啼啼的《卖花姑娘》,据说是北邻慈父领袖夫人的杰作,可与此间"国母"的大手笔有得一比,也算热过一阵。

放批判电影时的盛况最为令人难忘。看《不夜城》之前先把主演孙道临揪来批斗一通(巴金因为一直被关押在复旦,自然陪斗);《兵临城下》、《早春二月》、《清宫秘史》……每逢放这类内部批判片时,礼堂门前早早已是麇至沓来,人头攒动,据说还有自己仿造戏票——原来造假并非今日始——混进场内,一场映完,兴犹未尽,赖着不走,续看下场的。曾有传闻要放《第四十一》、《一个人的遭遇》等苏修片,本以为一人传虚,万人传实,等着一饱眼福,但不知什么原因,终未成真。倒是在1974年前后吧,随着邓公复入中枢,突然在正规影院放了三部《山本五十六》等供内部参考和批判的日本电影,是因为"小毛头"林立果他们搞了个唐德刚先生所称的"童子军帐篷笔记":《五七一工程纪要》,其中提到了这日本电影里的"联合舰队"、"江田岛精神"等等,看了电影有利于批判,还是有什么更深层的用意和玄机?这就非你我草民可知了。反正那真是一次"文革"中难得的"眼盛宴":超宽的银幕、七彩的画面、蔚蓝的大海、灰色的巨艨、缀了各色勋表笔挺的洁白海军制服、海空立体、关于二战的"宏大叙事",一下子就把那呕心沥血的八个戏比下去了。电影散场,我曾听人小声感慨:"这才真叫电影哩!"

(原载 2008 年 10 月 16 日《南方周末》)

扑击，腾跃

说起"文革"红卫兵，今人都与打、砸、抢联系，其实过来人记忆犹新：不全如此。红卫兵闹腾最厉害的时候应是运动初起，也就是1966年春夏交替之时。最高领袖刚给清华附中的小将写了信，并亲自在天安门城楼戴上"红卫兵"袖章，青少年于是给撩拨得头脑发热，有恃无恐，恣肆横行：抄家，烧书，铜扣皮带打人甚至杀人，要把北京及其四郊的"四类分子"赶尽杀绝。从他/她们喊出的响亮口号"老子英雄儿好汉，老子反动儿混蛋"，不难想见首批红卫兵是些怎么样的贵胄之血。上海人干什么都不像北人那样淋漓血腥，开始也就是在南京路上剪剪行人尺寸过窄的裤管罢了，这才有北京打手结队南下"传经送宝"的后话。我所在的复旦大学，最早的红卫兵是"誓死"保卫党委的，对"反动学术权威"抄家，拳脚交加，横拖倒拽，好像也是奉命行事。苍波无极，由秋入冬，另一拨子红卫兵开始得势，自诩是悟得"文革"真经的"造反派"，反把前者叱之为"保皇派"，他们对于批判多属"死老虎"的老教授们兴趣不大，却非要把当权派拉下马不可。这一派后来果真成功地夺了权，可还没怎么来得及得意，"现在是小将们犯错误的时候了"。于是，造反派的"坏头头"一样被拽上台去批斗。反正，雨露雷霆，莫非天恩，拜领就是。

好一场玄黄翻覆，乾坤再造！这中间惨烈求死、破家灭

扑击，腾跃

族的故事还真不少。我写过亲族和师长中几位的自尽细节，自以为是迟到的悼惜，即使不能摧裂肝肠，至少也有惕厉作用。不料，有年轻朋友告我，悲剧离他们太远，他们不解我怎昏耄若此，为什么不写点别的，帮助他们在花样年华黾勉事业，享受生活。也有人干脆叫我好好去编词典，少叙往事。

不错，新愁耿耿，哪顾得旧恨茫茫。另外，我写到的都是不惑中壮之人，弱冠读来自有"间离效果"。那就来说说当年弱冠年纪的事儿，看看此类小叙事能否存入今日少壮的记忆。我不说遇罗克、张志新这些烈士的事迹，就讲讲发生在我身边的一件真事：

时间：1967年寒冬某日清晨。

地点：复旦大学学生宿舍7号楼。

主人公：杨雷生，外文系三年级学生。

事件：坠楼自杀。

上文说过，随着"文革"深入，学生红卫兵队伍一再分化，终成门户林立。当时，正是尊奉最高指示"复课闹革命"的阶段，我每天要到外三学生宿舍去教英文《毛选》，渐渐与学生混熟了。杨雷生资质聪颖，反应敏捷，出身蓬蒿，是个"老造反"，在学生中似有相当威信。他喜好英文，问求甚切，课后缠我详解时，用废纸替我摺过小船，权充烟灰缸，终于把《别了，司徒雷登》一篇的英译文记了个滚瓜烂熟。当时教师地位不但微贱，而且岌岌可危，随时可以纤毫借口给打翻在地。杨雷生对我执礼仍恭，"老师"二字当时不让叫了，就亲切叫我"谷孙"，他的一帮哥儿们大多学样直呼我名，倒颇有些美国师生间以 first name（名字免姓）互称的味道了。

我只管教英文，不知道此时学生内部争斗已经非常激烈，两派相互从对方营垒揪捕"反动学生"而着魔似地搜集对方的"防扩散"黑材料，诸如某日某人说过"领袖有啥了不起，衣领加袖子而已"、"有了红太阳，冬天不用穿棉袄了"，等等。

这派性互斗的玄机在于先发制人,虽然人同此心,心同此理,同类的言论在所有的学生中间曾不胫而行,大家视若平常不过,可是一当派性互斗的序幕拉开,事情就发生变化,谁先占领制高点揭发,对方必定倒霉。杨雷生就是在这样的消耗互斗中,被戴上"反动学生"的帽子,受到隔离审查的。那天,我照常去上课,突见平素与杨相契的侨生彭某,剃了个溜光的头,脸呈陶土之色,表情如天坼地崩,耳语般告我:"杨雷生刚刚跳楼自杀了。"详询之下,始知这天一早,杨被人押着,到饭厅打回早饭,进入7号楼往隔离室走去的半途,杨突然一个转身,把手中一碗滚烫的稀饭,朝着后面押送的学生脸部,猛力扑击(一说只是往地下一扔,并无扑击),未等后者反应过来,已以冲刺速度直奔7号楼东首走廊窗户,一个腾跃,头部朝下,俯冲自尽。窗下是条丁字形的石板路,头部着地,冲力伴以加速度,"只听得像热水瓶爆裂般的啪一声",果然立时毕命。待我赶去,尸体已被移走,一汪新血也已冲刷干净,只有溅散的血滴依然清晰可见。

接着,当然立即停课,全年级召开杨雷生的"身后"批判会。有人出示杨生前喜爱摩挲的小刀——暗藏凶器;有人追述如何跟踪杨去邯郸路邮局投信,又如何到市区杨家拦截邮递员投递,终于将"黑信"成功缴获——其实信的内容完全无害,只是对资助自己上大学的寡姐表示感谢,至多"解构"作一封绝命书而已,兼有一句"疑似"订立攻守同盟的话;有人曾与杨过从甚密,这时历数死者的反动言论,尤有说服力,发言义愤填膺又慷慨激昂,说得两片嘴唇都抽搐不止——我看是怕这把火延烧到自己身上……两军对阵,战必双亡。不是吗?过不多久,轮到把杨生逼上绝路的学生们挨整了,有的在毕业离校之后,还被揪回隔离,一拘就是一年有奇;有的在改革开放后考回母校读研或出国深造,未及庆幸,所谓"文革"犯事的材料,紧身追来,遁避无门。

扑击，腾跃

杨生这个活泼泼的生灵就此陨灭，未在历史上留下一丁点儿的痕迹，连"洪炉点雪"也算不上。这些年来，在香港遇到上文提到的侨生彭君（已是书局老总），在汕头遇到曾与杨雷生并罪蒙难的关君（已是教授），甚至遇到杨生当年对立派中人（已是大款）时，每嗟杨君之余，我总要想起他给我摺的纸船，想起那扑击和腾跃，虽说丈夫各行其志，总要在心底责他过于刚烈鲁莽，又会自问：今日世上还有几人记得杨雷生同学？如此委弃身命，终极原因是什么？这样的悲剧还会在某个早晨重演吗？

（原载 2008 年 11 月 13 日《南方周末》）

卫星上天之夜

1970年4月24日,我正被拘于复旦大学学生宿舍7号楼内,名曰"抗大式学习班",实为隔离。至于何日可以学成,那是绝对不告诉你的,以便充分利用那柄"达摩克利斯之剑"——悬而不决的威慑力量。

话说那天夜空突然传出天籁般的《东方红》簧琴音乐,接着播报我国第一颗人造地球卫星发射成功的新闻。消息传来,校园顿成鼎沸。学习班的几个"学员"这时候血也热了起来,心想此乃全民盛事,便也蠢蠢欲动,兴冲冲往外跑去,要跟革命群众同乐一番。不料脚还未迈出楼门,早有缇骑过来喝止:"哼,你们也配?!"

革命群众要游行庆祝,手头没有锣鼓,怎么办?缇骑这才想到我们几个:"勒令你们跑步到系办公室去取来!"这时不知是谁弄来一辆黄鱼车,于是由缇骑押解着,我们几个飞车去取回了系名大旗、各色彩旗和一套锣鼓家什。"咚咚呛,咚咚呛",看着革命群众的队伍渐行渐远,我们几个被剥夺了欢庆权利的灰溜溜回到"囚室",或学习《敦促杜聿明投降书》,或续写交代材料。鉴于革命群众游行归来需要漱洗,在缇骑监督下,著名学者林同济先生和我两人持10个水瓶,被派去打热水。见林老迈,我自告奋勇,一手各4,拎回8个水瓶。缇骑倒也并不干涉。

从供水站到宿舍楼总也有五六百米的距离。走在这像是噍类靡遗的空旷校园,我突然意识到那种"排异"政治的威力。我说的"排异"当然不是医学意义上的,而是那种"摈弃"、"疏离"、"隔绝"、"非我族类"、"心灵流放"、"革出教门"的意思。我想到了古希腊的陶片流放,想到了奥威尔的《1984》……想归想,脚步可不得放慢。游行队伍回来,我们还得驾上"三套车"归还锣鼓去呢。今天,有的年轻人争着要做"另类"。英文里的 alternative rock、alternative medicine 等也颇带一点创新的意思,可在我们那个年代,当个"政治另类"可不是闹着玩儿的。

回想起来,这种"排异政治"确实厉害,可能是针对"人是社会动物"(鲁滨孙还需要个"星期五"呢)这一特征设计制定的。把你逐出人群,孤悬在外,久而久之,你始而会怀疑自己的归属,继而觉得自己丧失了基本的人格和人性,终至绝望。近读《炎黄春秋》上袁剑平先生《"文革"前高考"不宜录取"政策回忆》一文,读者可以看到这种"排异政治"决非形成于朝夕之间,而是"古已有之",到了"文革"只不过"于今为烈"罢了。才鉴足以辨物,思理方能研幽,要建设名副其实的和谐社会,不好好温习温习往事,从中汲取刻骨铭心的教训,行吗?

(原载 2007 年 8 月 2 日《南方周末》)

尼克松"添乱"

1972年尼克松访华,在老美那边,称作"破冰之旅";在我们这儿常见的说法是"小球(指此前的乒乓外交)推动了大球"。

其时,林彪已经折戟沉沙,"文革"渐成强弩之末,国家的"经济已经到了崩溃的边缘"("文革"结束后的官方断语),那千疮百孔倘被鬼佬偷窥了去,岂不丢脸?尼克松也真会添乱,偏偏选中这个时候来。于是,自上而下,层层传达,补苴罅漏,忙得不亦乐乎。市中心不少沿街大楼粉刷整容,真正应了那个英文词儿 face-lifting 的意思(后逢又一盛事,沪上忽盛行屋顶"平改坡",由临街建筑入手,当时颇令人想起"文革"遗风)。尼克松添乱那阵子,笔者正参与《新英汉词典》的编写。一日突接紧急通知,说是去完成重大政治任务。到得密室,见到全增嘏、葛传槼等老先生,始猜到必与翻译有关。果不其然,"重大政治任务"者,实为苦力的干活,就是把一大摞的简介文字从汉语译成英语,文字介绍的均是尼克松们要去或可能提出要去一游的地方,譬如说上海市少年宫。这翻译的事吧,虽有一定难度,但还远远难不过汉语原文文字三番四次无休止的改动。大概是负责接待的公公婆婆不只一家,既有上海市的"革委会",又有外交部吧,那些头头脑脑们你改我的,我改你的,各行其是,下发到翻译"苦力"手里便莫衷一是,非重复劳动不可。常有这样的情况:一篇简介尚未译成,第二甚至第三稿已至,而所谓改动,有时只有个别字句,根本不涉宏旨;翻译事竣也不得回家,叫做"就地待命",等候上头哪一位"福至心灵"而大笔一挥改动几字时,译文可以立即随机应变。那时还没电脑,不知做这来回传递活儿的是谁,想必大多数犹健在人世。当年的翻译"苦力"在此向你们这些快递"苦力"致敬啦!

记得最能说明所谓"内外有别"的是巨鹿路菜场那份简介。鸡肉禽蛋,名目繁富,供应丰赡,自然不在话下。最有意思的是上头那些甄奇录异的笔杆子越改越来了劲儿,最后,菜场不但鲍翅俱全,还供应熊掌!当时译得口水涟涟,食指大动,其实在那票证满天飞的时代,谁有品尝那些珍馐的口福?倘把时间往后推移三十年,谁敢卖熊掌,动物保护主义者非把你这菜场砸了不可。即使在当年,不谙又不问外情,只顾自炫,是不是也可以说明一点民族性中不那么优秀的部分?

尼克松添乱,留给后世的笑话不少。有一则是针对江青的。说的是此人以"国母"身份招待尼克松伉俪看样板戏,主客在剧场一见面,她劈头一句:"Good night!"弄得老美丈二和尚摸不着头脑,以为戏未开锣,主方预祝晚安,下逐客令了。大家都嗤笑今日我们的公示英语中错误迭出,然而位极人臣者尚且不懂装懂,不说洋文好像就憋得浑身难受,所以还是别老找今日吃翻译饭们的岔子吧。

言归正传。尼克松一行终于莅临上海了。是日,全城所有"问题人物"都要集中到住处居委会,不得外出(倒也免了去原单位应卯)。市中心的欢迎人群是经过严格审查筛选的,且被教会如何"不卑不亢",招手(注意:不是挥手)和微笑时咧嘴的幅度都得中规中矩。当年负责接待的官员,相信大多在世,如能写出几篇信实的回忆录来,一定好看。

最后,必须声明,笔者当年做翻译"苦力"时,还是戴罪之身,所做之事都在幕后,上不得台面。"臭老九"中改造得比较好的"革命知识分子"方可参加第一线接待。不过,"臭老九"本性难移,听说有位第一线上的华东师大同行,不知怎地违反了"外事纪律",立时三刻就被撤了下来,受到重罚。也真希望读读这位仁兄的第一手回忆!

(原载 2007 年 8 月 30 日《南方周末》)

"天地翻覆"那一年

那年元旦,中国人从广播中听到伟人新作《词两首》。三十年有奇过去,诗里写了些什么,忘得差不多了,就记得最后两句:"不须放屁,试看天地翻覆。"

伟人平时豪奢放逸,说话似患语言征服症,时不时爱用上"屁"啊、"屎"啊等字眼训人,来取得惊世骇俗的修辞效果,以表示其卓尔不群、高高在上的独特地位。但是,如此不雅的龌龊话入诗,尽管也有谄人叫好,读书人,甚至普通老百姓,听来总觉得刺耳,是种"耳污染"。

话虽脏,至理存。那一年果然先有吉林陨石雨。随着一阵天崩地裂的巨响,一颗"老妖星"(说它是"老妖",因据考证这颗行星已有46亿年开外的星龄,先于地球形成,早已成精)的碎片不偏不倚砸中中国大地。后来,又有400多年世界地震史上破坏性最为严重的唐山大地震。持续40秒钟的地动山摇,相当于400枚广岛原子弹在距地面16公里的地壳中猛烈爆炸,一座百万人口的城市顷刻间被夷为平地。我国官方在迟去多年后宣布的数字是,地震中有24万人死亡,16万人重伤,直接经济损失在100亿元以上。围绕那场地震,奇闻不少:什么震前家犬伤主,黄鼬哀号,老鼠发愣,蚂蚁搬家,金鱼尖叫,河鱼倒立等等。最匪夷所思的是,当局在震后对外宣布,不接受任何国际援助,中国人要一边批邓(小平),一边

"地大震,人大干"。

果然"天地翻覆"了,伟人的科学预见一一实现。

中国人相信天人感应,"天地翻覆"之后,殃咎必至。这一年周恩来、朱德、毛泽东三巨头相继逝世,毛死后不到一个月,"怀仁堂事变"发生,"四人帮"被拘。这接二连三的政治地震,又应了伟人的元旦谶言。本文要写的是瓦解冰泮、风飞电散的大叙事中,一个普通老百姓——我的小叙事。

先是那年1月8日周恩来的死。周一死,哭倒多少中国人,因为一部关于善恶、忠奸、贤鄙的账本早在老百姓心中藏掖着了。周是建党、开国元老和国计民生的大管家,从底层的远处看去,为人刚正、温仁、敦朴、清越,其高标逸韵在层峰无人可及。"文革"派折腾了整整十年,唯周忍辱负重,千穴百补。可是大权在握的一小撮人自上而下传达命令:周死,不准戴黑纱,不准外国人来吊(尽管联合国安理会那帮人吃饱了撑的,还为周起立默哀),不准遗体进人民大会堂供群众瞻仰。最后,弄出一份低调悼词,推出当时已被批得朝不保夕的邓小平去读,读完把遗体弄上一辆大客车直放八宝山。这才有首都人民"十里长街送总理"的悲壮场面;这也才有三个月后天安门广场的清明抗议怒潮。上海剧作家沙叶新写过一篇文章,题为《知心朋友》,说的便是周死后,因单位下令不许戴黑纱,他憋了一肚子的悲愤,在小吃店跟陌生人撞了一下,双方正准备大打出手,发泄一下,恰在这时双双看到对方臂缠黑纱,顿时干戈化玉帛,说起了知心话。那天笔者的感受也是如此。从学校回家途中,在河南中路北京东路换乘公共汽车时,恰见一支浩浩荡荡的工人游行队伍,大卡车上装的高音喇叭播放着哀乐,缓缓走过。我的眼睛湿润了,一边禁不住喃喃自语:"工人阶级到底是老大哥。看你们敢不敢镇压?"回到家里,借我妻巧手,制成一只精致的小花圈,叫小女陆霁第二天送到幼儿园去,也算是对当局的一个小小的挑战。

应当说,悼周在很大程度上,是对"文革"暴政表示抗议的一种宣泄。那时,对这些年陆续问世的党内斗争内幕还不甚了了,对周印象一直较好,当然有时在新闻纪录片中,看到国宴场合,周要忙着先替江青拉出座椅之类的镜头,心里也会生出反感:"唯之与阿,相去几何?"但尚无人质疑周的政治策略和手腕的合理性。关于周的膀胱癌,这些年看到的官方资料显示,周病确诊之初并非不治,实有人为耽误之嫌。且拿巴金的《家》来打个比方:克明打头的那几个觉新的叔伯们若是得病,要不要治,怎么治,都得由高老太爷发话,始可行得。如此一人操纵子女生死大权,在巴老那封建家庭里尚未见描述,何况是人造卫星已经上天的现代共和国?近读美国达特茅斯大学医学院教授吉尔伯特·韦尔契(Gilbert Welch)2004年专著《应做癌症测试吗?》,发现美国专家提出了癌症早期确诊势必形成"拐点"(the tipping point),病人由此形成心理压力,从而加速病变过程的观点。当然,高老太爷时代不可能有如此超前的意识,让克明"既来之,则安之",讳疾忌医,照样操持大家庭一应家务,确实有点过于残忍了。至于那年周死后的春节放鞭炮,是否有何深意,只有等知情人来解密了。

第二位撒手人寰的是朱德。那年7月,我在"五七"干校,传来噩耗。朱给人忠厚长者的印象,虽然也曾与伟人齐名,1949之后的头几年,肖像还常与伟人像比肩悬挂,其实早就是个养养兰花的象征性人物了。庐山批彭,朱话音未落,那厢伟人已撩起裤管,用手势隔袜搔痒讪他是言不及义了。"五七"干校收听朱德追悼会实况时,我就亲耳听得一名"工宣队"员在我后座嘀咕:"什么东西!? 大军阀、饭桶、老不死一个!"这时,我想起南昌起义,想起井冈山时期《朱总司令的一根扁担》,想起史沫特莱的报告文学作品《伟大的道路》,忍不住回头朝那嘀咕传来的方向盯了一眼。堂堂一位老革命受此侮辱,若地下有知,岂能不裂眦嚼齿,狠狠报复一下此等婢作夫人的丑类？果不其然,未及盈月,唐山地震的余波传到"五七"干校所在的海岛崇明,就是前面嘀咕的那个"工宣队"员传达灾害预报,说是崇明有可能发生海啸,要"五七"战士夜晚移床到户外睡觉；另外,每人发排球一只,说是海啸来时可作救生圈之用("臭老九"们嘴上不说,心里无人不笑)。传达既毕,那"工宣队"员借口开会,直奔码头,到大上海避难去也。

如今轮到大伟人本人了。中国的事情有时像要依靠个人之间的生死竞赛来决定——谁死在谁的前面或后面,是颇有些深远讲究的。周、朱相继去世,政敌更是扫除在前,伟人这才放心瞑目。那是个双"九"的日子。中国人视"九"为数字之极,双"九"应主大吉。那日下午接到通知,4:00 开会收听重要广播。一听中央台播音员那如丧考妣的调门,大家都已预知广播报丧,不免纳闷吉日何来凶讯。这时,有人已经带头啜泣起来,有人觉得啜泣还不足以表示哀恸和忠诚,干脆悲声大放。哭不出来的大多数人,则肃立着低头默哀。在这样的场合,"哭,还是不哭,这是个问题"。我看那领哭的两位教师,一位在"文革"清队时曾被长期关押；另一位倒一直是申请入党的积极分子,只是不知什么原因,始终未被党所接纳(改革开放后移民美国开珠宝店去了)。两人的哭是出于由衷的悲伤,还是因为觉着一种解脱和委屈兼而有之的复杂情感？反正两人哭个不停,大家也只好长时间陪站在他们身后作悲痛状。肃立拖到何时结束以及如何结束的,今天已记不起来,所能记得的只是一个顽固萦绕在脑际不去的英文短语"long overdue"。之后几天,学校设了灵堂,我们每天都要列队到那儿去转一圈。队伍蜿蜒,肃穆无声,我蓦地看见一位同事不知何故剃了个溜光的头,想扮孝子,还是隔夜河东狮吼给绞去了头发？想笑又不敢笑。

此后不足一月的某日，我们正在学校开会批邓，忽接家人电话，说是有位从前的学生，一个高干子弟，从京城打来长途电话，报告"四人帮"被一举擒获的消息。小道消息口口相传，连工宣队员们都来套话，欲闻其详。待到文件正式下达，举国欢腾。每次游行，虽要从江湾步行到人民广场远程来回，我从不缺席，还要拖上朋友同事。哪个嫌累不去，还会遭我数落："'四人帮'当道时要你游行，你敢不去？"如此激扬可用的民气，苍天有眼，中国告别过去，拥抱未来，应该是大有希望的。

这就是"试看天地翻覆"的一年——公元1976年。

2007年12月

树欲静而风不止

"树欲静而风不止,子欲养而亲不在"(后人也有把最后一字改作"待"的)——这原是孔子问皋鱼何故号哭时,弟子的回答,表达的是子女报效养育之恩不及的愧疚。后来一位伟人推陈出新,只用前半句,意指阶级斗争不以人的意志为转移。因为迭次运动,阶级敌人越剿越多,从"地、富、反、坏、右"五种人,一路打到排行第九的普通知识分子,这半句话于是也就风靡全国,深入人心。凡是领导阶级斗争的人,即便他是半文盲或文盲,念叨这半句,莫不流水行云,心口都不会格楞一下的。

我这儿倒有个给这半句话做一脚注的适例。

"文革"期间,我们受命编《新英汉词典》。那时做文字工作都要以"革命大批判"开路。领导词典组的"工人毛泽东思想宣传队"便把几部"文革"前编成出版的旧词典当作靶子,每部词典以20页为一单元,打发编写人员各人负责一个单元,从中剔剥出封资修的毒素来。翻开郑易里老先生那本《英华大词典》,在第一页 a, an 条下便赫然出现"我们需要一个林肯式的人物"这样的例句,于是即刻招来诘问:这儿"到处莺歌燕舞",需要林肯,想干什么?何况林肯这家伙代表美国北方的资产阶级,比南方的农场奴隶主更加伪善。"谋事在人,成事在天"、"人不为己,天诛地灭"、"己所不欲,勿施于人"等古已有之的谚语和老话,也被一一"揪"了出来,狠批之后,被改写成诸如"'谋事在人,成事在天'是客观唯心主义的梦呓"之类的中国特色英语,明知譖譩浮言,无人入耳,更何况就此浪费篇幅多多。五位革命导师中曾经排行老四的斯大林说过:"语言是没有阶级性的。"这话也要用毛泽东思想的显微镜和照妖镜好好重新审视一番。编写组内的葛传槼先生虽然戴着"反动学术权威"的帽子,其实是位不问政治的"字迷"老好先生。在他的《英语惯用法词典》里,例句大多涉及衣食住行或者吃喝拉撒睡的日常生活,实在剔剥不出多少"毒素"来,可葛在他那部"流毒甚广"的词典前言里说过,英文句子里出现老王、小梅这样的专名,总觉得不如 Henry、Helen 等自然,那就批他的"洋奴哲学"。葛先生本人受命批判周扬等"四条汉子"。老先生急着想自保过关,说是因为世界观没改造好,思想与周扬们一致,所以早在走资派下令以前,自己就在走资本主义道路了。葛的自我批判被认定是为周扬们开脱,于是又是一顿猛批,批得老夫子急眼了,忙不迭用他的嘉定方言声明再三:"我不是说我好,也不是说周扬好,我是说我不好,比不好的周扬更不好。"绕口令似的"葛派"言语惹得怒目金刚的"工宣队"也不禁扑哧笑出声来!

  十年过后,我们正编一部规模更大的《英汉大词典》。某日,突接命令,要全组停工数日,专为"文革"产品《新英汉词典》作一次"消毒"手术,具体的做法是把《新英汉词典》化整为零,分解作20页一个的小单元,单元分派到人,逐字逐句细读一遍,把其中带"文革"余毒的内容剔剥出来,删除之后,代之以字数大致相当且最好是摘引自英美辞书的"超时空"中性内容填充。当年那些带有"文革"时期中国特色的自写例证,如"批判刘少奇的反革命修正主义路线"、"反对苏修、美帝争霸世界"、"斗私批修"等当然在剔除之列,而用科学的语言显微镜和照妖镜一审视,其他问题也层出不穷。这些"问题例证"中,有的英语佶屈聱牙,有的内容暴慢乖戾,如"喜儿打了地主一记耳光"、"半夜鸡叫说明地主的贪婪",不看英语表达,光读汉语译文,谁能想象如此迂怪不经的东西会出现在英汉词典中? 剔剥还算容易,后续的填空可就难了,量体裁衣,隐括通变,弄到最后虽说没开出天窗,书还是在一定程度上破了相的:动手术处字符时显稀疏不匀。幸好,《新英汉词典》编写过程中,大家还曾设法"曲线救书",尽量保证了工具书的实用性,这才没被扫进历史的垃圾堆。

同样是 20 页为一单元,同样要求剔剥毒素,受命操作的又基本上是同一批人——这算什么? 历史的嘲弄,还是宿命? 一场接一场的运动,学校里早就放不下一张平静的书桌了。由此也不难看出"树欲静而风不止"这半句话当中的"树"和"风"各指的是什么了。

(原载 2007 年 10 月 18 日《南方周末》)

追记里根大总统听课

那是 1984 年 4 月 30 日下午的事情，老皇历了。

美利坚合众国第 40 任总统罗纳德·里根访华过沪，要借复旦大学发表演说，并与师生代表见面。所谓"听课"，只是个名目，他需要的是一个场所，让学生在此向他提问，便于他在大礼堂发表主旨演说之后，继续他那闳中肆外的表演。

翻查当年的日记，我是 4 月 21 日夜领受任务的。自次日起，便与学生一日一练。先要说明，这三四十个学生，并非都是我班上的，而是由有关方面从各系遴选抽调来的，好像还有自己的临时支部。带头的那位，毕业后成了学校的重要干部，却始终与我相契，直到他上调市府，复去充当京官。记得写过一篇《仰俯之间，不媚不谄》的小文，就是替他送行的。

话扯远了，赶快回到正题。我接到任务后最关心的是讲什么课。得到的回答是，随便什么。随便什么？难道美国书刊上对里根的非议责难攻击，也可以讲？"哦，这个不合适。"那几日恰逢我们给莎士比亚做寿，有个学术活动，叫做"复旦午后莎士比亚"(Fudan Shakespeare Afternoon)，所以脑子里装的全是这事。面对多数非外文系的学生听众，普及一下老莎，怎么样？上级曰然。我于是匆匆炮制了一份关于老莎的 Five W's，长度约足以撑满一个小时。上级旋给了我这个 five w's 一个 high five(抬手击掌称好)，其实后来知道谁也没看我写的劳什子讲稿:自作多情,多此一举。

那么,成天练什么呢?改学生问题的英语表达,练学生提问时说的英语的口音。安排了提问的学生总共三四人,在我听来,英语都说得很准且溜,我说这不用练,打个格愣什么的,反显自然。可是上面传下话来,说是大总统有些耳背,提问的学生嗓音要洪亮,咬字要清晰。于是由我这个不用练教的老师和众多轮不到提问的学生充当陪练,就听那三四位一遍又一遍不住地从头来起:"Mr. President..."记得"彩排"那天,老校长还亲来检查。性急的狗仔队全然不顾五个 w 中的 when,也早早赶来捕捉尚未发生的新闻了。我友中叔皇的女儿时任《解放日报》记者,她是捷足先登第一人。

终于到了锣鼓锵锵,大幕拉起的那一天。嚯,校园和附近的街道和宿舍,安保特工麇集蜂萃,莫计其数。既有身穿深色西服、佩戴胸卡又塞个耳麦的威猛大汉,又有手臂上缠个红袖箍的居委会大妈,个个都是鹰瞵鹗视,一副如临大敌、防芽遏萌的态势。幸好那时还没发生过 9·11(大总统倒是已有遇刺经历),出示证件,就可进得校门。Wow,校园里几乎个个都是西装革履,衣着光鲜。就我还穿着一件涤卡中山装,显得太背时了。只见那外办主任像看什么稀有物种似的,朝我打量再三。经他这么一看,我倒反而释然了:有什么啦?就算学一回季老季羡林吧。就这样,穿过一道安检门,来到 3108 教室。

大总统在学校里要"跑"三个"垒":物理楼接待室会见教师代表;大礼堂作主旨演讲;3108 答学生问。每个"垒"上都有一位校领导坐镇督阵。来校采访的数百名记者,每人只能蹲守一个"垒",选定后不得再挪动。所以听我"表演式"讲课的金发碧眼儿还真不少。我讲着讲着就忘情投入了,门启处,进来个不相干的工作人员,听众以为是总统驾到,一阵骚动,我就说"狼没来,虚惊一场",引起满堂哄笑。压阵的那位领导大概不懂英文,回头看了看,发现没有失控迹象,也就罢了。我这儿海北天南讲八卦谈兴正浓时,窗外车队驶到,只听得砰砰碰碰一阵关车门的声音,我只好说:"这回狼真的来了,小的只好让出讲台了。"接着,VIP 们鱼贯而入,鼓掌,握手,摄影,学生提问,总统回答,长枪短炮"可亲""可亲"(拟按相机快门声)……15 分钟光景之后,大戏圆满落幕。贵宾扬长而去,学生作鸟兽散,留下我一个傻乎乎站在讲台上:我准备的课还没讲完呐。这时,有个美国记者大概看我落寞可怜,走过讲台时扔下一句"谢谢",还说大总统要是也在听课,"恐怕很多听不懂呢。"大概算是安慰吧。

很久以后,我同一位美国文化领事(只记得中文名字好像姓李)吃饭时说起这段往事,蒙他告我,诸如"中美两国年轻的一代在你看来有何区别?"等学生的提问,其实早就预先传至美方,别人早就替大总统拟好了答稿,而大总统又是好莱坞出身,背功一流(李君说他是 word-perfect),流利回答自不在话下。至此,宾主双方抚掌大笑:"原来是一场粲然可观的中美合演的好戏啊!"

我呢,只不过在戏里跑了一回龙套。

(原载 2007 年 11 月 22 日《南方周末》)

寻找电灯开关

写过一篇《追记里根大总统听课》的文章之后,此文好像不能不写,个中因由听笔者慢慢道来。

那次听课之后,留下一张大总统与我的合影。这时,刚好有人介绍我认识了一位年轻的白宫学者(White House Scholar),他说可拿照片去找里根签名,果然也做到了。里根的字似不如他行状之潇洒,还微微有些左倾。

我去美国当1984—1985届的资深富布赖特学者时,随身带着这张照片。那边的朋友见了,总爱打趣。譬如说,"指定驾车人"(即所谓 designated driver)在派对上馋酒之后,开车时怕被交警拦查,便会做着夸张的惊恐表情,一边问我:"陆,带上你那张'老狼'(Old Ron)照片没有?"意思是倘若遭查或可用它来做个护身符什么的。当然,这是开玩笑。倘被查到,照罚不误。

我在加州大学伯克莱分校的合作教授 G 君挈眷外出度假,要我守屋喂狗,约好把钥匙放在门口的足垫底下。我到达时已是夜晚,取了钥匙,开门进屋,一夜无话。翌日起身,已是天光大亮。见他家门庭处昨晚主人离去时已打开的照明灯还亮着,我就想去把它关了,可那灯的开关却怎么也找不着。经过好一番搜索,我终于看到屋子外墙上粘着一幅里根的硬板纸漫画人像,肯定是从哪本书报上剪下的。漫画主人公全身赤裸,有几根稀毛直竖,使人想到猪鬃。那电灯开关竟然就藏匿在主人公的私部,或起或伏,主管着灯火的或明或灭。美国式幽默好拿人体排泄甚至性事说事,这我早有领教。这回把文章做到大总统头上来了,可见这位文学教授的想象力更胜常人一筹。顺便说一句,这位 G 君后来去了东海岸,在某长春藤名校成了名教授,还是时下流行的某种文评流派的领军人物,最近又发循迹旅行讲授莎剧的奇想。

9·11 以后,英国一家叫 Granta 的文学杂志,以"我们的美国观感"(What We Think of America)为专题,向美国以外的全球作家征文,我就写了上面这个寻找电灯开关的故事,居然入选 24 篇佳作之列,刊载在这份杂志 2002 年的春季号上。也是顺便提一句(绝无自炫之意),这入选的 24 篇中,还有英人品特(Harold Pinter)和莱辛(Doris Lessing)这两位后来的诺贝尔文学奖得主的文章。

G 君拿国家领导人开个玩笑——按中国人标准,略嫌恶俗不假——要是给他来个上纲上线,肯定就是忤逆犯上,要吃不了兜着走的。沪上有一位我很钦佩的剧作家,也是位幽默大师,多年前曾在他写的戏里刻画过一个矮个子角色。碰巧,当时国家领导人当中,有两位个头稍矮。剧作家忍不住想幽默一把,便调侃说戏里那矮个子是"和党中央保持一致"的。这一下,麻烦来了,这句台词非删不可。其实谁都知道,剧作家是谑而不虐,全无恶意。在我看来,反而有帮助领导亲民的作用。即使让领导层的当事人听到,他们大人大量,想来也断不会计较。可是检禁大员怎么就非动用剪刀不可了呢?

大楼摩天,磁浮疾驰,"神州"奔月。唉,怎么就是咱们的意识总还是舒舒服服停留在"前现代",升腾无日呢?难道中国的文化已经钙化,将永远如此严肃而沉重?

(原载 2008 年 5 月 8 日《南方周末》)

性情中人，又弱一个
——纪念高邻贾植芳先生

本年4月24日夜8点左右，正在灯下写日记，接到我生朱老弟电话，称中文系陈引驰先生的女弟子盛某告他，贾植芳先生逝世。我即在尚未写完的日记里加了一句话："性情中人，又弱一个。"寻常名人去世之后，我不太爱作文纪念，怕有攀高接贵之讥。我认识一位出版界中过气人物，大凡文坛折一闻人，必要出来写一写与死者的故交如何如何，铅刀一割，便是一篇悼念文字，而不知不觉中，作者自我提升，似乎也要跻身名士风流了（我不够厚道，把这位仁兄称为"专业哭丧户"）。

但贾植芳先生长谢，深感非写点什么不可，即使是作为断烂朝报式的文字。

我与贾先生相契是在上世纪90年代中期我迁入复旦第九宿舍之后的事。两人住处仅一径之隔，用英文说，可称within shouting distance。那时，或许是"新居综合症"作祟，或许是更年期提早来临，我正剧受心脏早搏频发之苦，住过两次医院外，在家老是卧床打点滴。听到窗外一日数次传来手杖击地的笃笃声，知道是贾在侄女搀扶下疾步行过，内心不免产生一丝嫉妒：贾老长我二十有奇，如此健旺好动，我却一蹶难起。后来，我对他说起过病中感受，曾被嘿笑着责为

"小器",还告诫我"心不平,疾不养"的道理。

贾先生夷险一节的传奇经历,早就读到过。我激赏他晚年提出的"端正写'人'"论。叨在邻居相熟,便倚小卖小地缠他写个"人"字来看看。他不肯,但同意我的说法,即这个"人"字,因为笔画太少,从汉字书法技术上说,很难写得端正好看。而从譬喻意义上说,端正的人就要永远说真话而不说一句假话——出于众所周知的原因,这又是无法做到的。他表示同意,让了一步,问道:"假话绝对不说,做得到吗?"我答道:"再加一句:因人视事,努力又尽量说真话,方为端正。"他表示同意。这也算是我对他"端正写'人'"论的一点诠释吧。贾先生为示范不说假话,还告诉我,尽管世人把他看作敢作敢言的清流,他其实也"浊"过,解放前有一段做过黄金和古玩生意。我说这没什么,写《呼啸山庄》的爱米丽·勃朗蒂还炒股呢。记得我还因此称他"文坛晋商",他不以为忤,一老一小反而抚掌大乐。

贾先生有颗活泼泼的善良童心,叫他"襄汾老顽童"也不生气。一次,讨论到我的笔名,我正从如何将小女名字拆字置换,娓娓道来,说得起劲,他那厢微眯双眼打断我,顽皮地模仿沪语说了个名字,我听不懂,他便取过笔来,在纸上写下"六谷粉"三个字,写完咯咯大笑。外文系硕士生张沛君论文答辩,把他请来做考官。贾先生得知张生祖籍也是山西,问着问着,不觉忘情跑题,就关羽当年的出生地河东解县是否属于山西地界,一直讨论到答辩之后的晚餐上。即使写《狱里狱外》如此严峻的主题,面对大恶,他偏记得人的小善,说是当年押他入狱去的某公,在小汽车里犹不忘送他两包中华牌香烟带上。说到外文系往昔人事,他总要幽默地讲自己错过作伐,没把某某某和某某撮合成眷属。我曾受业于他说到的当事人,深知两人的矜持,认为他是"乱点鸳鸯谱"。可这固执的老人,见我一次,就要重申一次遗憾。我觉得,在他善良的意识中,在他那"单向"的幽默思路中,这段姻缘该是极佳的结合。

贾先生热爱生活,长时期以来,烟酒"二毒俱全"。在他晚年,我多次"毒害"过他,常往贾府送酒,并说明"己所不欲,'必'施于人"。在他生命的最后阶段,二毒被强迫戒去,手杖的笃笃声听不到了。黄昏,当我吃完晚饭外出散步时,总见老人坐在靠近九舍门房的一张藤椅上"放风"。说起戒酒戒烟,老人眼中会闪过无可奈何又沉潜刚克的神色,像是又在回忆当年酒酣耳热、吞云吐雾的洒脱时光。某次,也是在这样的场合,老人回忆起,当年被发配到学校印刷厂强制劳动时,外文系的"难友"潘世兹先生总是自带午饭,"熏肉、牛肉,吃得那个考究啊!"我问,潘有没有夹出几片佳品与他同享,要不就是他走筷自取。不知是没有听懂我的问话,还是思想重回老弱的大脑蜷缩蛰伏,他没回答,只是把目光从我脸部移开,投向别处,那么杳远深邃但又略显茫然的目光,那种苦往哀来的深潜意味,蕴而莫传,更积伤惋。我走出宿舍大门,开始寻常的散步,一边想起老人那未经装修的绝对原生态的住处,想起出版社个别同仁为稍解老人晚年困窘而特约旧影结集,稿酬从优,实济艰馨。贾植芳的名字,多少人依以扬声,然而又有几人能为长者折枝?!

4月29日贾植芳先生追悼会在上海宝兴殡仪馆举行,吊客无计,从宽敞的大厅溢出到前厅,奇怪的是竟无一位显贵到场。可我的学生告诉我,他看见校医院的胡功华医师哭成了泪人儿。这时,我想到,这可算是一场最合老人心意的亲人、学生和志趣相投的同仁的草根葬礼了。礼毕回到第九宿舍,没了贾植芳,我想复旦大学的一个时代也快结束了!

2008年5月4日

(原载《悦读 Mook》第8卷,二十一世纪出版社 2008 年 7 月版)

初 出 国 门

时移俗易,通变适用,从上世纪80年代起,国门启处,开始向英美成批外派留学生和访问学者。在这之前,不算50年代派往苏联和东欧的留学生,公派去西方进修的名额是少之又少,屈指可数的,非又红又专的极个别精英莫属,如后来当过复旦大学校长的杨福家院士。而80年代派送出去的,虽也须经过政审,要集中由教育部派员洗脑训话,有的还得通过业务考试,毕竟设立的关卡已不像以前之森严,得以渐成"波澜"之势;再往后,"前进"、"新东方"等英语补习学校先后应运而生,自费留学,蔚然成风,时至今日,中国或可算是全世界数一数二的留学大国了吧。我的学生出国留学,一到假期返沪探亲,来往之频令在我家帮佣的"胖阿姨"瞠目,尝云:"来来往往比我回趟安徽还容易哩!"

眼下,教育家们都在讨论留学"低龄化"的优劣,而我们当时初出国门都是四十上下的中年人了。新奇感很浓,也兴奋,但可塑性已差,不善机变,由于此前锁国太久,对西方的了解可能远不如今天的"小把戏"们。记得行前还发几百块的置装费,可到友谊商店购物,结果穿着厚重的西服和大衣乘飞机,降落在旧金山,从舷窗望出去,发现那些引导飞机滑入停机位置的地勤全穿着短袖衬衫,这厢便已热出一身大汗。第二站到纽约,在此转机去华府,换飞的两个航班间隔只有半个多小时,在人丛中拉着那滑轮箱觅路疾行。那种箱子,当时可能还是国内初产,质量不过关,不是轮子滑得不听指挥,就是拉手脱落,于是又出一身"急汗"。那狼狈相至今历历在目。

接着就是"文化震撼"问题,笔者亲历或目睹的好玩事情还真不少:厨房水槽下的 garbage disposal,原来是个"泔脚捣碎机",要呆上一段时间才会使用,而洗碟机和烤箱之类的几乎一次也用不上;灶上的 pilot light 是引燃用的,可千万别误以为凡明火都不安全而去想着法子灭了它;人家来请你周末出游,你这儿西装领带打扮齐整,使休闲便装而来的主人大窘;钻进汽车大剌剌坐进后座,弄得驾车人独在前座,像是给你当专职司机;到了风景点,忙着摆 pose 拍照,以便印出寄回与家人共享,以至被某些洋人讥为"可亲"(仿按相机快门的声音)一族;因为生活费有限,专跑"跳蚤市场"或"救世军"淘旧货;更听说有的为了节约房租,宁可国人自己扎堆,违反当地法律规定,在狭小空间挤住多人,房主来巡视时就得赶快拆床,以免发现(类似今日的"群租");去洋人家作客,如有宠畜吠叫着张牙舞爪地扑上身来欢迎,头几次非被吓退不可;因为听力不过关,一屋子人突然哄堂大笑,唯我一人不知乐从何来,待到别人笑完,才像定时炸弹延时爆炸,迟迟突发"咯咯"一声。初出国门时的种种困惑,被洋人看在眼里,也会误读。就拿夏日周末还要穿西装打领带一节为例,我就无意中听到过这样的疑问:"中国人不出汗吧?"

慢慢,华洋相处日子长了,我发现其实不管在世界上的什么地方,人只要做得实在、透明,总能得到理解和接纳,亦即英文所谓的 Honesty is the best policy 也。譬如说,点菜时你被菜单上的法文、意大利文菜名弄得一头雾水,进餐时又被由外及内的刀叉和由小到大的餐盘搞得手足无措,最好老实发问而别不懂装懂;别人乐不可支而你完全懵懂时,问一声"What's the joke?"也没什么丢脸的。当然,业务能力更是赢得认同的实力之所在。记得生平第一次在美国国会图书馆演讲时,听众中一位先生从州名Illinois的-s发不发音开始,问到印第安语在美语中的"遗形",又从美国印第安问到英国凯尔特,复从美国英语与英国英语问到大陆汉语与海外华语,我动员起全部的知识资源,总算没被问倒。后来才认识这位名叫高克毅(笔名乔志高)的老前辈。

初出国门之后回国,在当时也是个不小的问题。譬如说海关规定只准带入几大件,超过指标的必须纳税,而小小一块手表也算在大件之列。进关时哪像现在这般宽松?记得第一次回国时,海关关员勒令打开箱子,兜底翻查,连盛在Zip-lock密封塑袋里的咖啡,都要一只一只捏过,检查内中有无硬邦邦的异物。其中一只被捏破,结果一箱子衣物染上咖啡,浓香扑鼻,大半年不散。超额大件被扣于机场海关,要当事人从单位开出证明,纳讫税款,始可领回。为此,回国之后,冒酷暑汗流浃背地二返机场海关的情景,至今记忆犹新。

写这篇回忆小文,意在重温从上世纪80年代至今,虽经坎坷曲折,我们在改革开放的道路上毕竟走过了相当一程。还有一层意思,那就是华洋要相互接纳或容忍,必须问津谙俗,尽量避免误读,坦诚相见较"傲慢与偏见"为好。

(原载2008年6月4日《南方周末》)

三十五年一贯制

写过一篇《尼克松添乱》，说的是为了给来访的外国人留下富足的好印象，菜场吹牛卖熊掌。那事距今已三十五年有奇。本以为改革开放这么些年，高楼大厦鳞次栉比，人们见多识广，开口说话都爱甩两句"阴个来西"（English），这风气多少总应该有些开化，不会再要刻意渲染中央帝国的伟大了。谁知今天听到最近在沪举行的特奥会上，作假的事照样层出不穷。不禁要对着这公然违反"实事求是"四个大字的"三十五年一贯制"发一点唏嘘了。

话说沪郊某县组织前来参加特奥会的外国运动员到中国普通家庭访问并用餐。嚯，这下可忙坏那儿的领导了。先要划定负责接待的家庭，把那几家掌勺的都叫去集训烧菜。然后，逐家发放统一的桌布、餐具，甚至还有砧板，复送上饺子或馄饨的菜馅。到了运动员来访那日，先是装模作样地中外一起动手包饺子或馄饨，联络感情。可洋人到底不谙中国厨艺，听说能像模像样包出成形作品的没几个，多数是歪瓜裂枣，可能入水即破。不打紧，原来上面早把准备工作做得无微不至，已经送来够吃的成品；你们自己包的，不管模样俊俏或丑陋，统统收走。果然，待到饺子或馄饨上桌，个个皮薄馅足，一咬一口汤汁。可有个外国运动员偏执成性，非要在食盘中寻找他本人辛劳的作品，当场被主人打了个马虎眼忽悠过去了。最妙的是,这顿饭吃完,该县领导干部人手各得辛劳费7千大洋!(录受惠者自白。)

　　从这个例子,我联想到前不久上海街头妙龄女郎,用流利的英语(该不会是我们教出来的学生吧?),诓骗瑞典来客到酒吧挨宰的事实;联想到去年"平安夜"复旦外文学院陆某因剽窃被揭露,诸亲好友以为犯事的是我而把我手机和座机打爆的令人哭笑不得的情景;联想到为对付上级评估,原已改过的学生试卷,要求教师用红笔重描的荒唐事;联想到为获取学费并和香港等地大学竞争国际性排名而招来的大批邻国学生,连一句正确的英文句子也写不来,期终考完改卷时却要教师非得遵循"不得大面积不及格"的规定不可;联想到因ATM机出错狂喜取款,结果被判无期徒刑的那位青年;联想到"华南虎"照片引出的轩然大波;联想到任你高官洒泪扼腕,多有诡谲无行内幕的n次矿难;联想到……

　　我发现这一起起严重嘲弄"实事求是"原则的事件,似乎已不仅仅只是改进党风的问题了,而是要深究我们民族的集体无意识,特别是其中的廉耻心。有人说消费主义是推进历史的驱动力,价值观向善与否,那是人们关心了多少世纪都没起作用的旧招、空招、废招。那就让消费主义的暴风雨,伴随着"坑、蒙、拐、骗"四路凶神,来得更猛烈些吧。

　　接下去马上要开奥运会。区区不才,建议有关方面及早成立一个"反丑闻委员会",不但查禁兴奋剂,杜绝裁判、赛程、赛场不公之类的体育有关事宜,其他什么票务啊、接待啊、联欢啊、旅游啊、赛事评论员的人品操守啊,等等,我看可予监督的事不在少数。要是事事、时时、处处都提倡物质至上,抱着乘机捞一把"推进历史"的心态,保不定就会让自己的寡廉鲜耻,面对全球媒体,来一次大曝光。在中国举行过一次世界大学生运动会,动足脑筋,做足手脚之后,得了个第一,而且金牌数比第二、第三摞加在一起还要多,被外部世界当作反面"佳话",对鼓舞民气也没见起多少作用!

但愿我是杞人忧天。另外,我也知道自己在此沉溺于乌托邦。不是已有人说我是"老年痴呆"(dementia and dotage)了吗?

2008 年 7 月

提升及其他

1978年,"文革"后第一次提升职称,那时我38岁,正在校外编写《英汉大词典》。从校内传来消息说,我跳过讲师,被破格提升为副教授。正在真假莫辨时,又有消息传来,说是同批提升副高的人中,一位大二那年教过我的老师,时年54岁,去党委兴师问罪,说不能与自己学生为伍,要求或是把我拿下,或将他"扶正"。提升的事,远在借淮海路上海社科院一隅编写词典的人都未闻其详。破格提我,说实在的,大出意料。将我拉下,顺理成章。我记得当时就是这样向上面表态的。后来听说主张提我当副教授的主要根据,一是《新英汉词典》主要设计者和定稿人之一的资历,而这部编成于"文革"的词典,并未随着"四人帮"倒台而被扫进历史的垃圾箱,且在国内和东南亚卖得不错;二是我所在的外文系以外的单位,有资深人士竭力举荐,说我在"文革"中为"资本主义国家经济研究所"、"自然辩证法小组"等机构翻译了数以百万计的文字,有的印成大字本呈上("上"达何人披阅,至今不知),有的与尼克松访华这样的国家大事有关。那时翻译无名无利,译出数量又巨大若此,想来知情人可能觉得给这个译者一点报偿也不为过吧。这些提携我的资深知情人中,是不是可能有新闻系的郑北渭先生和经研所的余开祥先生,我并没去打听,更不会像今人那样送礼"拜码头",反正本单位以外的呼声,似乎是决定我最后破格提升的主要权重。以今天的标准衡量,一部词典、一批翻译,全不入流;另外用笔名写过一篇题为《从动荡的美英资本主义社会看当代英语》的文章,虽有万字的长度,全是罗列语言事实,堆砌资料而已,不要说"卑之无甚高论",实在全然无论,这副教授提得确实不称。破格提升后,人模狗样地被邀往江西大学、杭州大学、上海交通大学等处"讲学",肚子里本来就这么点货色,当然还是以提倡实用为主,最多涉及一点 Otto Jespersen 与 Geoffrey Leech 来华之后开始"恶补"的交际语法之比较而已。那些小儿科的东西,在语言学家杨惠中教授和老友任绍曾兄等面前显摆,不啻是不自量力,班门弄斧。

  时光荏苒,副教授混到了1980年元月。这时,教育部不知哪个管事的突然福至心灵,下达了一个什么鸟通知,说是全国45岁以下的英语教师都要参加一次"托福"考试。我才40,自然逃不过。可是当时连"托福"是个啥东西,多数人都还稀里糊涂。记得是年沪上年轻的英文副教授,就华东师大的万培德和区区两个,老万好像年龄过线,可以豁免,那么我就是这次非参加不可的"托福"考生中唯一一名副教授了。考得不好,岂非颜面丢尽?兼之轮到考试那天,适逢我二姐刚刚去世,阴雨不止,天人共哭,正是"肠一日而九回"之际。硬硬头皮考"托福"的结果,据说是得了647分,与四年级学生张国强并列外文系的第一(听力考得不如张生,惭愧)。Whew! 但是,若又以今日标准衡量,一个"托福"破成绩算什么,更何况离开满分还有距离(当年满分几何,今日已忘)。以实用能力为依据提升英国语言文学副教授,自然失之偏颇。话说回来,一味注重谈虚言玄,根本不管当事人英文的实用能力,听、说、读、写、译尚未过关,急奔学术的某扇偏狭小门而去,不死即僵,怕也教不好学生。

  1985年,我在美国加州大学伯克莱分校做富布赖特学者时,消息传来说,我已提升为正教授。围绕此番提升,有没有是非龃龉,一概不知。倒是后来1993年提博士生导师时,我知道外文系学术委员会是没有通过的。我师程雨民先生当时是这个学术委员会的主任。据说是他把我落选的情况提到了校学术委员会,请求复议。以老校长谢希德为首的不少专家学者以复旦仅有《中国历史地图集》和《英汉大词典》两项得国家社科一等奖为由,认为陆某合格,这才硬生生给拔上去的(今天看来,如此做法全然不符"程序民主")。我有自知之明,这顶帽子戴着就是不舒服,一有机会,必将这番原委,宣示他人,直至今日。

不舒服归不舒服,我从1993年到现在,共带过11名博士研究生和8名硕士研究生,其中4人先硕后博,1人中辍。"同学少年多不贱",虽说我教给他们的东西有限,但这些学生都大有出息。有的经过合法程序(指与我提升相比)当上了文学教授兼博导;有的活跃于国内外的双语辞书界;有的成了上海滩顶尖同传;有的于我虽是"庶出",在北大这样的一流学府编出英国十五大家的选本,从人文关怀转而戮力于今日中国之思想基础建设;有的在国外一个月精读James Joyce,偿我屡读屡辍的遗憾,代我还去心愿。距我最近的一位,在完成博士学业之后,经过与人pk试讲,留校任教。他从我这儿学去一样不太合乎时宜的东西,就是想做闲云野鹤,教好书的同时,读一辈子杂书,以讲师终老,甚至给发配去当图书管理员,都无所谓。要他服从今日国内学术界横行的或显或潜的规则,他觉得有悖真正的学问之道;要他跟着人事部门的指挥棒转,心有不甘,认为违反他读书的初衷。

我在这里把自己提升的真实情况写出来,无非表明一点:我当年提副教授就有争议,提博导更是硬性擢拔,如以今天的标准度量,无一合格,甚至有山寨版"冒牌"之嫌。但即使职称的光环去尽,我还是我:书还是爱读的,文章还是要写的,人文关怀不会失落,学术的热烈追求和思辨的纵深熏陶永无止境。所谓"闲云野鹤"者,也决非空睇风云,长唳无已,而是对眼下急功近利、狂躁进取的一种间离,对荧迷闹汩的一种自我惕励罢了。

(原载 2008 年 12 月 25 日《南方周末》)

可怕的反智主义

主要是因为专攻不同，寻常不看国人写的小说（报告文学除外）。这次，收到北岛主编的第 82 期《今天》"七十年代"专刊，出于好奇，翻到眼下国内争议颇多的某部小说的作者所写的一篇回忆文字，居然嗅到了一种强烈的反智主义。我原以为，作家——即使是爱写"天书"的后现代——应是天然亲智的，老祖宗说过："知不知，上；不知知，病"（见《老子》七十一章），我的理解是，智或知（两字原通）是个好东西，最好大智若愚，而不要因为偏见而反智或不懂装懂。

事涉上述回忆文字里对于上世纪 60—70 年代被遣送到"农村广阔天地"的城市知识青年。"知青文学"兴盛过一阵，诸如《今夜有暴风雪》、《血色黄昏》、《孽债》都改编成电视剧播放，影响很大。至于报道体的作品，如《知青档案》、《中国知青部落》、《一百名知青话当年》等，我也读过一些，联想到我本人送别两位在"文革"中失去爹娘的亲族下乡时，上海北火车站高音喇叭传出的革命乐曲如何曾与动地哭声混成一片的景象，又联想到内弟如何给一艘超载的粪船拉纤，从太仓跋涉来沪的景象，我始终对"知青"这个词儿怀有一种怜悯、同情甚至是无端歉疚的感情。前几年，我们这儿不少大学生的父母都曾是"知青"，那时我当院长，入学或毕业典礼上讲话时，都不忘向在座学生家长们致敬："不说其他，你们至少是反智主义的牺牲品,曾被迫远离课堂和系统的文化知识。现在,虽然迟到,你们的梦在你们孩子的身上实现了。"

可是,我们这位作家眼里的"知青"是怎么样的呢?"知青"有粮票,"于是,他们给乡村带来了一些农民的急切之需,农民就自然感恩戴德,不让他们下田,不让他们种地,最多最多,就是让他们在田头看看庄稼,吹吹笛子;举起柳枝,哄赶一下落进田里的飞鸟和窜进庄稼地的猪羊。""他们吹笛散步,指着从他们面前过去的农民,偷偷笑着说些什么。到了吃饭时候,午饭或是中饭[此句笔者不解,或许植字有误?],村里各家讲些卫生的农民,还要给他们烧饭——那个年代的术语,叫做'派饭'["派饭"源起"知青"?"知青"都有"派饭"吃?允笔者存疑]。""知青派饭,轮到我们家里,却总是要顿顿细粮白面……直至饭后的知青从我家的大门里出来,用手绢擦着油嘴,款款地朝村里去了。""村里不断地丢鸡丢狗,甚至有整头的山羊、绵羊,都会突然丢失。而羊头、羊毛、却在知青点的房子周围,赫然地扔着。""是个男的知青,强奸了村里一个女的孩子["女的孩子"四字,原文如此]……女孩从知青点里哭着出来,就在村头投河自杀。"因此,作家"记住了他们在村里的不劳而获和偷鸡摸狗;记住了他们在我们乡村和度假一样的生活……毛主席为何要派这些城里的孩子,到这儿祸害乡村的人们……也就在我不慎["不慎"二字,原文如此]的一天,他们果然走了。"

也许作者写这篇回忆文字的主要目的在诉说农村的不幸,要拿城市作为一个他设定的参照系。也许作家对兴盛一时的"知青文学"甚有反感,想来个奇兵突起,标新立异,殊不知如此一来,反而把一个本来已经开始明朗化的"知青现象"本质弄得奸弊倒错,驳杂莫辨,还把作家本人根深蒂固的反智主义暴露了出来。媒体报道,作家新作是讽刺知识分子的,据说某凌霄高校果中请君入瓮之计,发表了严正抗议。

可怕的反智主义

我本来很想读读这部大作,因为自己也讨厌假斯文和伪学术。但是看过这篇回忆文字,始知竦秀始于分毫,从诟詈"知青"到讥剌风雅有种一脉相承的东西,所以反而不想拜读了。

这种东西,说得好听些,是对乡土的割舍不去的忠诚,虽然这种忠诚失之褊狭。但就其本质看,是对城市以及城市所代表的一切的刻骨敌意。刻意表达这种敌意的同时,自从"剪刀差"以来的人为政策导向,反被轻轻放过。是的,城市里有罪恶,农村就没有吗?农民生来与土地有缘,难道因此就天然只可能拥有朴实这一种美德吗?"四清"时,我在沪郊吃过"派饭",那农家对同吃、同住、同劳动的大学生和"工作队"一日只供两顿,自己避开众目在灶下再吃第三顿。这在作家看来,也许是沪郊靠近大上海,农民受到了虚伪侵害的恶果?真要写人性,就不要泾渭分明地割裂城乡,更不要把文明作为城市罪恶的渊薮之一强写,把自己推到反智主义的歧途上去。

作为作家,染上反智主义是会致命的。别的不说,不好好磨砺文字功夫,写出如下我信手摘来的文句,看来就值得上海《咬文嚼字》刊物的诸公好好磨磨牙齿了:

"人胖得完全如了一个洋的娃娃。单是这些,也就了然了去,而更为重要的是……"

"一个害怕对方而不敢登台的一个懦弱的拳手。"

"她开始怀疑于我,最后我们姐弟经过相争相吵……"

"整日的浑身,都是穿着干干净净、洋洋气气似乎是城里人才能穿戴的衣衣饰饰。"

"我依依然然地努力学习,依依然然地按时完成作业。"

"我喜出望外,战战驚驚[原文作繁体];……"

"正是这一抚顶,让我的学习好将起来。"

看样子,我们这位据说已经出产过500万字的作家还是亲智一些为好,即便只是为了改进文字表达的缘故。

最后,我在这儿引古希腊索福克勒斯的几句合唱队终场诗赠送给这位作家:

"哪里没有智慧,哪里就没有幸福;
即使没有智慧,也要对神敬畏。
口吐狂言总要受到惩罚,
骄矜的人啊,到老年才学得聪明起来。"

(原载2008年12月5日《东方早报》)

学好外国语,做好中国人
——陆谷孙教授访谈录

问:入学(复旦)时的情形、感受?

陆:不像你们现在那么兴奋,没有现在那种什么请客、谢师、拜师。那时候都没有,好像是一件比现在平淡得多的事情。

问:那在您高考之前,是否亲戚朋友都来关心一下?或者考完以后安慰询问一下?

陆:除了父亲从北京来信督促外,好像没有。那时候这不是一件需要炒作的事情,很低调,是生活里面很平常的一部分:到了这年龄就该上大学了。哪有什么父母陪同住宾馆高考、媒体连续饱和报道之类的事?每个人到了这个年龄总有这么一个阶段。我觉得国外也是这样,不会像我们这样千军万马过独木桥,然后么是一个黑色的6月(笑)。你们也都经过这么一个阶段。我们那时候的情景与感受和现在很不一样。现在,有好几个月,从媒体看,高考像是个全民兴奋点。前几年多报道高考状元之类的成功故事,后来又给落榜生提建议。你越要他振作,他越没法振作!今年报道清华加分录取神童作家。这是畸形教育的一种畸态,无怪教育部新闻发言人都要不干了。最近老同学聚会,有人说我们1957年考大学,录取率比现在低,难考得多,不知是真是假。反正那时没有大呼隆。

问:复旦是在什么时候变得很有名的?

陆:那倒忘了。反正当时复旦在上海已经是比较有名的了。虽说以前是所"野鸡学校",经过解放初的院系调整,各地大学的精英,比如浙江大学的苏步青,都调来复旦了。院系调整以后全国缩成一共只有七八个英文系。当时完全是指挥性质的,战争年代的思维定态,完全是行政命令,原来教会学校的到我们这里来的很多,一时群贤毕至,复旦的师资力量变得很雄厚,所以应该说复旦出名是很早的事情了。前几年我做外文学院的院长,院里开会经常讨论我们排名到第几啦,大家要警惕跌落啊什么的。我就说"复旦大学再怎么自由落体般地往下掉,也掉不到哪里去,它始终在这个水平上落,上海这么一个城市决定了它的地位,所以干嘛成天关注着排名啊?"这几年时兴招收国际学生,我教过一些,那英文,破啊!80个学生中,8个不及格,都是所谓的"国际学生",我怕这样下去,复旦会不会成为"国际野鸡学校"?

问:进入大学前对复旦的印象?

陆:也没什么特别的印象。我记得也从来没有考前参观、咨询之类的事。因为整个入学的过程是个低调的事情。

问:当时人怎样评价复旦?

陆:我觉得复旦如果以前有什么特点的话,就是比较着重周扬提倡的"三基":基本技能(像实验的基本技能)、基本知识、基本理论。所以我们学现代英语的三门:语音、语法、词汇,那是很细致深入的,从实践到理论;从最基本的语言事实入手,强调流利中求准确,先过实用关,再进入到概况,再进入到语言史、文学史,同时精读文本。不像现在,英语远未过关,就去攻这个主义、那个流派,英文反而学僵掉了。那时按部就班,不疾不徐,非常强调基本的东西。所以复旦培养出来的学生,按以前的说法,后劲比较足。刚出去的时候可能并不怎么突出,但是若干年以后,他就做得比较好了,厚积薄发。然后比较成功的人就脱颖而出了。跳过时间的跨度,今天的复旦,有些人的评价是比较"小资",不像北大、清华那么大气,似乎不大关心国家的命运、民族的前途——其实这也是一种误解。我看复旦BBS上也不是这样的,其实对大事还是挺关心的。相反,有所名牌大学某些人的话语让人有"分裂人格"的感觉:在国内一个腔调,说什么上网采用实名制要立法;国外另一个,被洋人误作是中国新闻自由的希望!我看这不怎么大气吧。希望复旦再不怎么大气,也少出一些这样的"变色龙"学者。应当承认,这几年复旦版的"变色龙"也出现了,时势使然吧。

问: 刚到复旦的时候心里有什么感觉?第一印象是什么?

陆: 也没什么太特别的感觉。那时候根本没有像现在这么多的建筑群,往往是一间房七个床位住人,一个床位用来放脸盆什么的。我们刚进来的那时候住的是现在的10号楼,就是本部现在那些楼,但那时候是灰砖、木地板。那时候的教学大楼只有一栋,就是现在的一教。其他的教学楼,还有物理楼、理图楼、新校门都是后来建的,我们都做过小工呢。

问: 那只有一幢教学楼怎么够呢?

陆: 有很多低矮的临时建筑,我们都曾在竹棚里头上过课。现在数学系后面还有一排小房子,你们不妨有空散步的时候去看看,那也就是我们上课的地方。我们开同学会的时候,还去那里寻旧呢。沿500号往相辉堂走过去的那条路上,左边你会看到一排小房子,那时候的小房子都是上课用的,还有竹棚。记得周五、周六下午总要政治学习,那时候的主干道就是现在的"南京路"(光华大道)。两旁的梧桐树当时都没有,是我们学生手栽的,现在长这么大了。那时候是泥沙路,所以一下雨都是泥浆水。二教是我们参与建造的,学生劳动,不但要到农村、工厂、工地、码头,还要到学校的工地上劳动。我们进来的时候只有两栋大楼:化学楼和生物楼,那边有四栋灰砖的宿舍,然后过去就是一教,再过去都没动。复旦原来就是这么点大,原来周围非常荒凉,坐落农村,从边门出去就没人了,女同学都不敢往那里走的,只有谈恋爱的人在那边走。后面是铁路,有时候铁路那边传来的汽笛声很苍凉,而头上军用飞机的轰鸣声(因为靠近江湾机场)又很闹猛。第一印象就是这样。

问:那时候的院系分布情况是怎么样的?

陆:那时候的院系很少,如果我没记错的话大概是10个左右,没有院的设置,只有系。但是那些名师都已经在了:中文系、历史系、哲学系、经济系、数学系、化学系、生物系(那时候也没遗传工程啊什么的),还有新闻系……各个系都能拉出一支队伍来,很强的,在全国都很优秀。外文系的教师阵容也相当齐整。

问:那时候的复旦一届招收多少个学生呢?

陆:那时候,从英文系来讲,比现在多。像我们现在每年只招50名左右,当年我们进来的时候一届就有60余人。里面除了我们从中学考上来的,还有一些"调干生",就是他已经在部队、机关工作了几年,然后他选择念大学。

问:就能进来了?

陆:也要通过某一种选拔程序或者考试。还有,1957年,好像赫鲁晓夫已经作了秘密报告反对斯大林,所以与苏联的关系实际上已经开始疏远,原来学俄语的有一部分人转过来学英语。这样的折腾你们是没法想象的。开始的时候是一边倒,全部是俄语,很多教英文的只能从字母训练起改学改教俄语。然后一看中苏交恶了,再回过来教英语,放弃俄语。过分紧跟政治形势对教育的影响太大了,教育不能这样被意识形态和政治因素左右,摇来摆去,折腾啊。

问:您所在系的老师的学历和学生情况、家庭背景如何?

陆:学生的情况、家庭背景也是很不同的,有从农村来的,还有像我这样的城市学生。我算我们班年纪比较小的。一拨子人年龄较小,还有一拨子人的年纪都比较大,长我们10岁的也有,是工作以后再来读书的。进校必先填表,家庭出身、个人成分都要划定。就拿家庭出身来说,从"产业工人"到"反动官僚",有40多种,要学生打钩做多项选择。

老师的情况么,都是从旧社会过来的,有本来国立复旦大学留下来的人,也有上海的几所教会学校,诸如圣约翰大学过来的,还有沪江等私立大学转过来的。

老师的学历,那当然不少都留过洋。包括中文系,如朱东润老师。按照一般想法,学中文的不用到外国留学,嘿,朱老就是剑桥的。那么从外文系来讲,出国留学回来的当然更多。老师的家庭背景,自然是所谓"剥削阶级"出身的居多。学生毕业后的去向一般是国家机关和高校,也有刚读了一两年就往北京调的,去学其他语言,这些人当中做官的较多,有后来官拜大使、部长、国务委员的。但当年被选拔进京的主要看工农家庭出身,太子党还不占便宜。我们班有位干部子弟(还送过我他父亲打江山时留下的驳壳枪——当然是废弃后拆得只剩骨架的)就没被选中。

问:您当时为什么选择英语这个专业?

陆:可能因为父亲是学外语的,从小听他讲故事时用外文说出故事人物的名字,我也比较喜欢外语。我在中学学了6年俄语。其实老师的影响也很重要,像中学时候教我俄语的老师真是一个非常好的老师,说学会一门外语就多了一条"雅洁克"(俄语"舌头"的意思),极为严格,一点点小错误都逃不过他的眼睛。我还记得这位老师叫汪恩光,可惜在"文化大革命"时自杀了。

问：那时候有冷门、热门专业之分吗？

陆：区分不大，重要的是学生的志趣。不像现在，好像专业好不好总跟你的职业挂钩，与日后收入的多少挂钩。那时候这种功利的考虑少一些。我们毕业那年正好发生中印边界冲突，一个命令下来，我们班有6个人马上奔赴西藏前线。各个系都能找到有志于这个科目的学生，而我觉得这个是招生里面最最重要的，看你有没有这方面的志向和兴趣。入学后也是可以"跳槽"的，念得实在没劲了，你就说"不行，我要转系"，这点好像也比现在要宽松一点。

问：当时普遍的入校动机是什么？

陆：我想是报效祖国吧，"向科学进军"是1956年的口号。

问：系别之间的关系如何？

陆：那倒没有留下什么很深刻的印象，因为当时规模小，一年级刚进来的同学统统住10号楼，跨系认识的同学就多。记得历史系有一个叫王知常的同学，"文化大革命"时当了"四人帮"写作组的头头，个子矮矮的，复员军人，好拉胡琴唱几句京戏。当时我们都经常和王知常开玩笑，摸摸他的头，叫他矮子"梯也尔"——镇压巴黎公社很有名的刽子手。我们和他当时关系也挺好的。还有物理系的王以铭，现在听说当大官了，当年他是校合唱队指挥，我们都叫他"瞎指挥"，全是亲切的绰号。

另外校与校之间的联系，例如我们外文系和华东师大，甚至上戏，我们有时候会长途步行去开联欢会。比如有个演员叫焦晃，就是在当时某次联欢会上认识的，后来一直跟我关系很好，他建议我每天梳头三百下，发会变黑。所以校与校的这个联系也比现在密切，就是跑来跑去开联欢会，然后对方会来回访。

问：学校与学生之间、老师与学生之间怎样沟通？

陆：那时候老师与学生之间沟通也并不太多，就是上课。

学校与学生之间的沟通就是每周两次政治学习,周五和周六下午。所以当时复旦的一景,就是周六的"南京路"。到了下午1点半的时候,都是学生蜂拥去登辉堂,上海同学身上都背着一个包,准备会一结束,马上冲到校门口,搭公共汽车回家去了。1957年入学之初还算好,到了下半年以后就不大让人回家过周末了,因为各种各样的运动开始了。"教育与生产劳动相结合,教育为无产阶级政治服务",党的教育方针嘛。背一个包跑去开会,可到最后,党委书记杨西光边抽烟边讲两个多小时之后,王零(党委副书记、后来的党委书记)上台宣布"明天学校除'四害'",打蚊子,不许回去(笑)。1957年我进来的时候正好是一个"反右"的低谷,第一波的"反右"已经过去了,但是后来又来个"反右补课",就是说没反干净,这个我们正好挨上了。所以,同样是无穷无尽的会议,讨论民主问题啊等等的,有的人心直口快,说看电影《斯大林格勒大血战》,那个总参谋长站在旁边拍马屁:"斯大林同志英明啊,英明啊,英明啊。"这个电影镜头,看了就恶心。你说这话就是右派了。我们外文系学生参加接待外宾,弄得神神秘秘,什么时候看见党员和积极分子擦皮鞋了,就知道他们要去接待外宾了。其实所谓"外宾"大多也是希腊船员一类的,那英文说出来够呛。非党员是没有资格的。你若提这方面的意见,弄得不好,也会打成右派。所以后来我们班也打出三个右派,完全因言获罪,没有其他道理。有的热血青年,一解放就响应号召,参加军干校,有的还去抗美援朝。这种人都有被打成右派的,不管你以前有什么光荣历史。

问:当时的课程是如何安排的呢?

陆:那时候也没有实行学分制,不像现在的学生那么紧张。我问现在的学生,好像都没有闲暇读书。我问,你们有没有可能一年看20本书啊?他们都说,不能。他们教科书都对付不过来。还有很多人是忙着去考GRE、托福。而我们那时候既没有GRE,又没有托福。所以我觉得当时的课程安排比现在的自由时间要多些。我现在回忆起来,我当时居然还有时间去读那种叫《旅顺口》的书,写俄国人与日本人借中国这块宝地打仗的故事,从俄文译过来的,把中国人同时为日俄作间谍,女人卖身给日俄士兵,矮化丑化得厉害。那时候我还有闲空去图书馆借来各种各样的小说看,我觉得那段时间是我看小说看得很多的时候,而且很多是经典。看经典一定要有时间,要有孤独和静谧两个条件。就像我文章中写的,看经典是一种仰视。而大部分经典总是有些悲剧色彩,悲悯庄严,抚慰灵魂,催人落泪。我一般不大喜欢喜剧,除非像莎士比亚的《无事生非》,真正写得绝妙。安徒生的童话,比如《卖火柴的小女孩》,契诃夫的《万尼亚舅舅》等等,看了以后,你就会发现有一种爱永远蕴藏在心底——同情心。现在好像拼命在唤醒人们对弱势群体的同情心,而对有些人,似乎用不着去呼唤,悲天悯人的意识是被视作当然的。包括对动物,不会去虐待它。所以,当时由于课程安排得比较松,所以喜欢看闲书。我现在还喜欢看闲书。

问:您最喜欢的课是什么?

陆:这倒很难说。

问:您最喜欢的老师是谁?

陆:一位叫林同济的老师。华东师大历史系的许纪霖为他编了部《林同济文集》。首先,他英语好,他在美国是学政治学的,娶了个美国妻子回来。他的兄弟姐妹(开始时一位除外)统统都到美国去了,就他一个人不走,在这里伺候他的老母亲。他是国立复旦大学留下来的。解放前骂郭沫若,是个"战国策"派,主张强人统治、威权政治。他的信念基于中国国情,不是一点没有道理的。他认为民主政治不一定全是好的,有时候变成群氓暴民民主。苏格拉底为什么被杀?耶稣为什么被杀?都与暴民政治有关。所以,他有他的观点。

暴民政治如果加上今天的"人肉搜索",结果会怎么样,你们可以想想。一解放,他这样的人当然是反动文人,他也有自知之明,不再搞政治学了,就教教外文,搞搞莎士比亚吧。这位老师上课,珠玑迭出,那绝对是精彩,旁征博引,英文又好,我们称之为"议会式雄辩英语"。林先当右派,"文革"中被整得更惨。1981年出国开会前,胡耀邦接见。胡问他:"林先生这次出去后,还准备回来吗?"他说:"我当然回来,因为中国穷,所以我要回来。"而当时他的弟妹都在国外,他要出国是一点都不难的,就像钱锺书要出国没有任何困难一样。我看了杨绛的《我们仨》以后,触动最大的一句话是"我们是倔强的中国老百姓。"这就是一种朴真的故园情结,他们讨厌那些把爱国主义放在口头上的论调。杨绛说,我们不但自己不唱那种高调,还讨厌听到。但我们是倔强的中国老百姓,对于中国文化实在割舍不了。我想我父亲也是这样。那时候"船王"董浩云就要他去香港,然后由香港再去法国,作为常驻代表。他就是过不惯那样纸醉金迷的夜生活,香港人又特别喜欢打麻将。他喜欢到北京去过四合院的生活。这种都是文化对他身心造成的牵扯,他离不开,扯不断这个根,倘若一离开就会枯竭。我受父亲的影响太深了。林同济先生也是这样的人,虽然英文很好,夫人都是外国人(后来离婚了)。我记得自己曾经在《万象》上写过一篇《秋风行戒悲落叶》,怀念我的几个师长,其中有他。

问:当时复旦的学风如何?

陆:我觉得很好,与现在的复旦学风相比有所不同。那时候的学风是自己并不感到自己是什么重点大学的学生,那时候还没有重点大学这一说呢。所以,大家都在那里打基础,总觉得自己渺小,要充实再充实。也没有作弊的,作弊可是个大大的耻辱啊。与现在的学风相比,现在的学风有一点骄气,有一点浮躁。当然,也有好的,尽量吸取各种不同的知识,但速成不等于急于求成,最好所有的学术报告我都听到,到处张罗,到处抢座位,到处缠名人签名。对于求索签名,我最不能理解。难道也是与国际接轨(所谓追逐名流 autograph)接出来的?当然,复旦学科相对齐备,又讲融通,对学风是有好处的。我看我们外文学院同学有一些华而不实,对于有些基本的东西到本科四年级还弄不准确,甚至 unlearn 了部分中小学就学过的东西。他们好像觉得英文只要嘴巴里哗哗哗不停地讲,再加上一点外国人的肢体语言就可以了,也不去管讲得对还是错。所以我提倡把准确(accuracy)放在流利(fluency,特别是 sham fluency)之上,虽然学外语最先做到的可能是不怎么太溜的流利。

问:当时同学们学习的细节是什么?

陆:一个细节是到图书馆抢座位,就是我们亲手参与建造的图书馆,即现在的理科图书馆。因为当时只有这么一个图书馆,这个给我印象很深刻。但也有像我这种始终待在寝室里的。你们都去抢座位了,寝室不是反而空了么?(笑)

还有一个细节是打蚊子。夏天黄昏的时候,大约五点以后,每人拿个脸盆,脸盆内壁涂满了肥皂水,就在寝室里面,挥舞脸盆去捕杀蚊子,很有效的啊(笑)。抓住很多蚊子呢,然后还要数,数你今天打了几个蚊子,然后报给室长,一级一级上报到学生会的主席,然后评比,某人今天杀蚊子多少。冬天还要到粪缸旁边去抓蛆,你们敢不敢啊?(笑)像你们现在都是娇生惯养的。我们那时候男女都一样,滴水成冰的大冬天,我记得,应该戴手套的那个天气,就拿双筷子,防止那个蛆开春以后变成苍蝇,就夹着蛆放到盛装的容器里去。

还有打麻雀。一教和500号的楼顶都曾是我的岗哨。趴在上面,拿个饭碗或者拿个脸盆,等麻雀飞过来时,挥舞着敲。每个制高点都有人的,全民动员打麻雀,等麻雀飞不动了就坠地而死(笑)。

学好外国语,做好中国人

问:为什么要打麻雀?

陆:你去问毛主席。那时候除"四害",认为麻雀吃粮食也是害虫,到后来才恢复名誉的。

所以劳动记得很清楚。

还有一点就是谈心,向党交心,跟党支部书记绕操场边走边谈心,有点像忏悔。可是交心的内容有些成了后来整你的材料(笑),到了"文化大革命"全部都端出来了。

问:获得知识的主要途径是什么?

陆:自学,我看大学学习的本质就是自学。极而言之,所有形式的学习本质都是自学。

问:图书馆、阅览室当时的利用状况如何?

陆:我觉得当时利用状况要比现在好,至少从我们外文系来讲,外文系有利用价值很大的书刊,虽说旧了一点。可现在你去看看,有几个师生"泡"图书馆、阅览室的?即便是旧书,你又读过多少?曾有一位研究生,现在苏州某大学当了院长,他曾钟情于这儿的旧书。我们图书馆也衙门化,馆员像官员。你去看看美国大学的图书馆,那才叫服务师生进而造福学术呢。

问:学校、社会哪些方面对你的帮助最大?

陆:这个问题太大了吧?我觉得帮助最大的应该是:学习是一个很宝贵的机会,不像你们日日夜夜都可以学习。我们那时候学习的时间太少太少,很宝贵。一年级以后就老是下乡劳动。下乡劳动开始的时候很不习惯,都是细皮嫩肉的,包括那些调干生,包括农村出来的学生们,他们都已经不劳动了。我们到附近的郊县劳动,挑担子,开始根本挑不起来,硬是要用两只手撑着扁担,后来越挑越自在,到最后能挑一百多斤呢。然后无数次各种各样的劳动,比如本来说下乡劳动两个星期的,后来改成一个月,一个月以后改成三个月了(笑)。

问：那读书怎么办呢？

陆：读书就在乡下稍微读一点书，不讲什么系统，学《北京周报》和《中国建设》，都是中国式英语。老师也在那儿教，修改学生用英文写的贫下中农家史。那时候主要是劳动，"大跃进"，然后乡下拉回来以后就在本部10号楼邻楼的空地——现在还在——建小高炉，土法炼钢。一个一个小高炉，炼出的所谓"钢"都是没用的，木锤敲下去就碎了。

就做了这些事情，所以在无数类似的事情里面，你就会感到学习的宝贵，能够有时间让你学习真是应该好好珍惜。

问：当时班级同学的关系如何？

陆：要比现在紧密得多，现在的同学各管各，不怎么来往，特别好的朋友也少，集体活动搞不起来，尤其是到了高年级。我们当时的班级凝聚力还是很好的，不管你心里究竟是怎么想的，但从表象上来看，一定要争上游。我们系里开会的时候经常像军队一样，大家坐好以后，挨个儿报数。比如反右派，把队伍开到会场以后，然后拉歌，像你们现在的军训一样："二年级，来一个。"唱的都是那时候流行的革命歌曲。像我们班毕业的时候，我们用英语演《雷雨》，我们整个班动员。演一次《雷雨》很不容易，要很多演员、导演、服装、道具、舞美、化装等等。

问：那您当时在里面演什么角色呢？

陆：我演周萍（笑）。

问：当时的男女生比例如何？

陆：那时候男生绝对比女生要多，也不是什么大男子主义，女生就是很少。而现在外文系每年招进来只有六七个男生。我们当时60几人的班，大概至少有40个是男生。

问：当时男女生一起搞活动吗？

陆：当然。记得有一场很荒唐的运动，叫做"全民劳动卫国制度"，体育锻炼都有指标的，比如跳远要多少米，女生800

米跑多少时间,男生1 500米跑多少时间。通过规定指标以后发个徽章给你,通过的人就帮助还没通过的人。特别是女同学,有的800米跑不下来,就把席子放在操场上面,不达标不许回去。你第一次跑不成功,在这里休息一下,喝点水,然后再跑,跑到及格了为止。也就是整个年级要"一片红"。后来没办法了,就跑到国定路,国定路当时有座桥,有个下坡——边门出去的那个。然后我们把女同学带到那里去跑,下来的时候有个顺势,成绩会好一点(笑),而且男同学跟在女同学旁边陪跑,鼓励士气,所以男女同学关系很不错。

我们都很喜欢演剧,男女同学一起演。还有就是一个民兵操,好像是一个礼拜要有两三次一大早集合操练,就类似你们现在的晨跑。早上规定几点,然后大家集合,走步,打靶。也不像你们现在这样,从宿舍到规定的礼堂或者操场,由老师打个钩确认你已晨跑。其实我看见不少学生是骑自行车去的,快到目的地了下来,象征性跑一程。

"大跃进"的时候还有一个特别荒唐的做法就是"大兵团作战",集体搞科研,批判资产阶级的"巨人"。文科几个系:中文、外文、历史、新闻,合在一起,组成几个组,专门批判托尔斯泰和巴尔扎克。为什么不批莎士比亚?到今天也没弄懂。像我所在的就是巴尔扎克组,有新闻系的、中文系的,其中的有些成员后来都成了很好的朋友了。《文汇报》的首席记者叫郑重,他就是新闻系参加这个批判组的。

问:学生会起怎样的作用?

陆:学生会在当时好像不怎么起作用。当时是党总支决定一切,包括转到外交口培养和去西藏参加自卫反击战等,党总支决定了就宣布。

问:当时课外学生活动如何?

陆:没有现在的丰富,这倒是一个事实,不会有那么许多社团和讲座。当时好像是各个系分别组织的活动。比如外文系,就把北京、广州的那些大人物、大教授请来。当时以系为单位来办讲座比较多,没有像现在这样 3108 教室的大报告,旁边站满了人,那时候这样的盛况很少见。不过,我发现近年来学术报告也成"熊市"了,要说盛况,那也是大一学生好奇捧场的多。话说回来,那时候学术本身就不是一个很重要的内容,那时候要"又红又专",实际上是要"红",要知识分子劳动化,能够跟农民"三同"(同吃、同住、同劳动)的,能够不怕挑担的这种人。像我这样的人都挑 100 多斤的担子。开始我们下乡的时候,大热天支援夏收、夏种、夏播,男同学就打赤膊。农民就说:"大学生,侬今天这样,夜里有你苦头吃了。"因为太阳暴晒要脱皮的。果然是的,火辣辣的,过两天,一扯一层表皮就掉下来了。后来就习惯了。

  那时候很强调劳动,但也不能光劳动,要触及灵魂。我劳动关过得很好,本来是城市人,现在能够挑 100 多斤。那时候也没澡洗,就用井水冲凉。井水洗澡的时候,农民又讲:"你们这样以后要落下毛病的。"那么冷的水,不去管它,就冲啊。你想当时劳动一天要出多少汗,穿那种蓝色的中山装当劳动衣,衣服后面都变成白花花的了,都是盐分。但仅仅劳动好不行,还挨批,说我是"大力士挂帅",你说做人难不难。

  问:您如何界定"校园文化"这个概念?

  陆:我认为校园文化是校园中各种文化类、社交类活动的综合,而且有共同性的精神动机在背后。这个东西不能太功利的,有志的人,所谓"同好",聚在一起,搞戏剧的搞戏剧,集邮的集邮,吃素的吃素(笑),这样多好呢。当年,我也做过复旦大学学生会文娱部的一个干事,每个礼拜六就是往地板上撒滑石粉,那时候让人跳交谊舞的,那是刚进学校的时候,后来这个交谊舞就被禁止了,尽管在中南海他们继续在跳,所以我做文娱部干事的时候就是做这个"劳役",把地板弄得滑一点,人家跳的时候舒服一点,然后放音乐。一点都没有报酬的。

　　当时的校园文化也没有现在那么多社团。我有一个小侄女考进复旦,当时跑来说:"有那么多社团,我加入哪个好呢?"我说:"你自己看着办,最多参加一个,或者什么都不参加。"我觉得说到校园文化,最好的还是办读书会,搞份小杂志什么的这种形式。实际上,我觉得社团里面的精髓应该是读书会和研讨会,深入触及思想的。但可能有些人就怕学生搞起这种社团来,他们宁可让你们唱唱跳跳,吃吃喝喝。可以搞一些适当训练口才的演讲会,但最好是在读书会上,而不是现在流行的这种竞赛性辩论会。我最不愿意看现在这种试演训练了半天的辩论会,很虚假,电视上看见这种节目,马上就换台。辩手会像弹簧一样地跳起来:"对方辩友如何如何",说一些没有意义的空话,只是为了拖延时间,然后又马上坐下。我不要这样的辩论,我要的是像你我现在这样的采访讨论,完全即兴的讨论,完全没有准备的,看你的口才有多好。所以应该以无准备的演讲会、读书会、讨论会、研讨会为主,可以适当地有些演剧、收集文物等,但是不能太多。像现在有素食会,以后还可能有什么减肥会、选美会,不应该像社会上那样发展这种协会。

　　问:您有什么爱好吗?

　　陆:没什么特别的爱好。当时就是看书和听音乐两个爱好。听交响乐,当时我求我爸爸给我买个60元的电动唱机,他都不肯。

　　问:那您怎么听音乐呢?

　　陆:就在学校广播台,还在系广播站做主持加DJ,放什么《天鹅湖》、《悲怆》、《新大陆》啊,任我挑。现在喜欢看体育比赛,享受"代偿性"的(vicarious)乐趣。世界杯、欧锦赛的电视转播,不管半夜还是凌晨,几乎一场不拉。

　　问:当时有哪些流行语?

陆：当时不像你们现在"灌水"又"拍砖",现在发展到"打酱油"和"俯卧撑"。当时的流行语就是"又红又专"、"靠拢组织"、"驯服工具"、"齿轮和螺丝钉"一类的。

问：当时有什么轶事?

陆：很多。比如每个礼拜各个小班要轮值两次到食堂洗碗。就是到食堂吃完饭以后,首先将桌子打扫干净,将鱼刺、骨头等垃圾统统弄掉。然后全班人在食堂后面洗学生用过的碗,那时候的饭是放在一个一个搪瓷碗里蒸着给学生吃的,而不是像现在这样要多少就打多少,所以那时候的饭很硬,然后你得把碗洗干净。各个小班轮流,所以当时好多广播台的曲子,像《荒山之夜》,还有好多俄苏歌曲都印在了脑子里,与食堂相联系。因为我们打扫鱼骨头的时候总是广播台放结束曲的时候,有一首中国歌曲经常放:《让我们荡起双桨》,现在你们还知道的吧。这个歌一放,条件反射,我们就开始洗碗了(笑)。

问：当时有哪些好友?

陆：当时的好友到现在还很好。我们整个班级还搞信件摘编,我们班一个在北京的同学带头的,然后我们每个人都给他写信。他把每个人信中的重要事情摘编出来。

其中有些同学已经去世了。那是十年前了,搞了一次班级聚会,能来的都来了,大概二三十个人,蛮有意思的。

现在我的好友么,其中有一位也在复旦教书,我写过一篇文章,其中有一句"刺"到他了。演《雷雨》的时候,他在后面做效果,是我们的"雨人"。这位是我的好朋友,我们在一起的时候可以无话不谈。我们各自读了好书,交换来看。他还替我订阅他认为值得一看的报刊。所以,我的朋友不是什么高官一类的,都是普通老百姓。我与这儿摆书摊的"毛毛"也是朋友,还替他照看过生意呢。我的外来工保姆也是好朋友,校车队师傅中也有朋友。

问：当时学校的景致如何？

陆：当时小桥流水已经有了（即现在的燕园），不过好像也没什么人去那里"小资"一番。谁如果流连忘返，就是"小资"一类，只"专"不"红"了。在集体中劳动，投入火热的生活，那你才是当年的大学生。

问：什么是触动您一生的事？对您的影响是什么？

陆："文革"中期1970年我被关起来。实际上当时我已经不是学生，开始教书了。1966年"文化大革命"开始，一层一层地抓牛鬼蛇神，清理阶级队伍。我是"干净"的，不是剥削阶级出身，又没有海外关系，劳动很好，又很听党的话。他们让我去教旧高教部的"听说领先"试点班，我当时只拿44元的研究生助学金。研究生应该自己念书的啊，但是叫我去教每周16节课，每天晚上还要两个同学一组到我的宿舍来，全部用英文对话，提高他们的英语口语能力。他们9点半告辞，我洗脚准备夜读的时候，传来"笃笃笃"的敲门声，进来的是位马列主义老太太，管我们这个试点班的。她说："我们一起学《毛泽东选集》吧。"（笑）

尽管这样驯服听话，但是1970年的时候外文系有问题的人实在抓不出来了，本来每个系抓百分之几大概都有额度的，结果百分之十几抓完以后，又来了一个运动叫"一打三反"，总归要抓几个人的喽，结果没有人抓了，只剩几个小虾米了。大鱼先抓，小鱼次之，最后只剩下虾米，我就属于虾米。给我的罪名就是"只专不红"。你看，挑100多斤担子的"只专不红"；不计报酬全心全意教试点班，每星期16节课，培养的人很多，包括现在很多出名的人，都是我的学生，这样的人"只专不红"？那个时候，这些都不管了。那个时候来领我学《毛选》的马列主义老太，她倒解放了，还成为"三结合"革命干部了。"你怎么也不拉兄弟一把？"却说我"只专不红"，是"修正主义苗子"。

另外印象比较深刻的是我们几个比较喜欢英文的人,被打成"裴多菲俱乐部"。大家趣味比较相投,喜欢看名著的,比如凡·高的传记、兰姆的散文、《罗马帝国衰亡史》,等等。这种书大家各自看了以后就彼此介绍,实际上是读书会性质的,而且我们还喜欢读了以后写,用英文写。写完,大家相互看,然后你说我的好,我说你的好,是互相学习长处的好机会。后来"文化大革命"铺天盖地的大字报,说这个"裴多菲俱乐部"里有两个人互相吹捧,一个人演过"变天戏"《雷雨》,另外一个演过"西洋鬼戏"《哈姆雷特》,结果弄到后来把我关起来。就是我女儿出生后满月的这一天,我被关到外文系学生住的7号楼,不能离开校园。家属带了东西来探望,都要经过检查,等于是一种隔离。关了我五个礼拜以后,发配我去编《新英汉词典》,不然我不会去编词典的,我永远在教学第一线。我是一个教书匠,当年我上课比较受学生欢迎。

我记得那时中国第一颗人造卫星上天,我正被关在里面。关在那里头就是成天写交代。所以,许多人出走外国后选择不回来,也有他们自己的道理,希望幻灭了嘛。你读读米兰·昆德拉就能体会到。

问:你的同学毕业后都走向何方?

陆:我们的毕业和你们的毕业完全不一样。我们那时叫统一分配。夏日里某天下午,宣布开会。记得是在二教的某个教室开会,就是宣布"某某某你到哪里,某某某你到哪里",说完了就散会。当时都是学校分配的,自己一点也没有发言权的——"选择的贫乏",现在是"选择的过剩"。

问:您是如何在1 049名复旦老师中脱颖而出,成为最受学生欢迎的老师的?

陆:具体我不清楚。连我的学生于某也不知道此事而未去投票。可能,我有两点比较突出。第一,我比较透明,尽量说真话,不说假话(请注意"尽量"二字),比较本色;第二,我这人不摆什么架子,我上课经常开讲的第一句话是上一次讲错的什么东西,有哪个同学给我指出来了。我不摆架子,也不文过饰非,就是我自己讲错的,包括中文念别字,有时候很丢脸的,但我敢讲,我从同学们那里学到什么我就讲什么。哪个英文字念错了,重音本来该在哪里的,念错了就承认;第三,我不拘泥于课本,福至心灵宕开去的情况比较多,又会及时收回,有点大开大合的味道吧。可能就是这个原因。

学术这东西像爱情一样,是一把烈火,不能乱玩的。玩错了,就认。我的一位同乡,文笔很好,就是受不得一点批评。我曾为我的一位"宿敌"写过一篇序。他曾把我们编的《英汉大词典》骂得狗血喷头,但我觉得他骂得有些地方还是蛮有道理的。可是编写组同仁不希望他骂,所以曾经让我在淮海路请他吃了一顿西餐,想封住他的口(笑),结果焉知这个人不但不封口而且骂更加起劲了,他觉得骂骂就可以吃西餐了(笑)。但是,我觉得这位先生骂得还是很有点道理的,所以最后我们居然成了好朋友。他要出一本骂另一部词典的文集时,就来找我给他写一篇序言。我写了,我说我是在他的骂声中长大的(笑)。

也许这些就是我比较受学生欢迎的地方。我比较老实,比较平民化,是一个"倔强的中国老百姓"(笑)。记得有一次,也是在3108教室演讲,有个研究生递了一张条子提问,是用英文写的。他问:"你的成功的秘诀在哪里,请你用不超过十个英文字的话回答我的问题。"我脱口就说:"Indifference to success",也就是不在乎成功。我从来没有考虑过我要成功,真的,我到现在都这么想。我没有这种成功的自我意识。我觉得你们这一代对于成功太在乎了,言必称 Bill Gates 和"哈佛女孩",现在再加姚明、刘翔。我们那时候谁敢梦想成功呢,全身而退已经蛮不错了。所以这些也许给学生留下了深刻的印象。

问：您还记得第一次上讲台的情形吗？

陆：记得。我第一次上讲台由于是教仅低我两级的五年级，所以我把要讲的话每个字都写下来，老老实实地背出来，对着镜子演练。我现在也跟你们坦白，因为我那时候口语也不好，又没有洋人教过口语。第一次上讲台我记得很清楚，把全部的东西用英文背出来。实际上这样很有好处。我对我的一个研究生也讲："你不妨试试我的这个办法，至少半年，你每次讲课的讲稿都背出来，后来口语自然就会好起来，不过讲稿要写得漂亮。"当然，讲课不是口语的全部，与人对谈，那是另一种本领。这种本领，不出国，没有跟洋人挚友对着炉火，喝着啤酒，听着 Bob Dylan，促膝深谈，是很难获得的。

问：您的教学和科研活动具体是怎么进行的？

陆：我教课到现在，没有二十几门的话，十几门课总是有的——不同的课。本科二年级、三年级、四年级、（过去学制内的）五年级，还有研究生，我都教过。所以，教课的种类很多。当年那个时候他们有点把我当成板凳替补一样，哪一班教师有事了，就叫我去救场。所以，教书是比较受欢迎的。

至于科研活动，完全是偶然才开始去做的。1970 年给关了五个礼拜以后，怎么打发呢？当时已经开始招工农兵大学生了。他们进来必须有老师教他们，而教他们的老师必须是"又红又专"最好的。而我没有资格，所以就发配去编词典了，就这样开始的。所以《牛津英语大词典·补编》的主编就说我："He is the only dictionary maker made by a revolution"——这是全世界唯一一个由革命造就的词典编纂家（笑）。实际上也是这样，不是这样我不会去编词典的。

《新英汉词典》我还是起了比较大的作用的，我是主要的设计者和定稿人之一。葛传椝先生是我的老师，名字理应放我前面。我做研究生的时候，葛先生出题考试，考得我好苦，从早上8点钟考到晚上6点钟,午饭还是由同学通过铁栅栏递进来的。他到年老时没人讲话,经常往我家里跑,我有时候正在忙着做事情,怎么办呢?就叫我女儿谎报"爸爸不在"。这些坦白的话后来我都写在怀念老师的文章里面了,现在想起来很后悔自责,但当时实在是没有时间。

所以我的科研有些意外偶然发生的意味。另外,当然,我也写过一些自认为理论性较强的文章,都是到无法不写的时候才写的。这是我的特点,我宁可多写些小品、杂感。我一直认为大学里有两种人:一种是学者型的,一种是文人型的。我好像更倾向于文人型。如果真的要我写那种充满术语的艰涩文章,我也不是不能写,但是我自己觉得写出来没有趣味,只是因为到国外开会或者其他需要,那我只能写一篇,有时还能在外国学术期刊发表,而那是非英语国家的人很难打进去的。但我更看重的是在英美杂志上发表。当然,参加学术会议,作文有那种特定的游戏规则,也得遵守。我的一篇莎学文章用上不少术语和大词,曾被老师徐燕谋先生狠狠骂了一通,可剑桥的《莎士比亚概览》却采用了。

问:刚编词典时有哪些有意思的事?

陆:那时候很"左"。1970年的时候是《新英汉词典》,1976年起才是《英汉大词典》。编《新英汉词典》的时候是非常"左"的时候,当时有人说你们不要按着ABCD的顺序编词典了,你们只要编两份词汇表,一个积极词汇,一个消极词汇。例如:"革命"是积极的,"无产阶级"是积极的,"修正主义"是消极的,等等。倒是颇有点英国最早期拉丁-英语难词词汇表那种传统的意味呢!那我就问他,"吃喝拉撒睡"是属于积极的还是消极的?所以当时非常"左"。编词典的时候必须排除这些"左"的干扰,然后长期埋首于蝇头小字。尽管"工宣队"里也有很好的人,到后来大家的私人关系都不错,但是他们太"左",一味强调"急工农兵之所急,想工农兵之所想"。如果我们的词典不吸收新鲜语料，那么早就没有生命力了，早就进了历史垃圾堆了。幸亏包括我在内的几个人坚持排除这些干扰，像"走私"一样，把一些"四字母"词、犹太知识分子的依地绪语、新的如与"水门事件"有关的词语往里面加——"曲线救书"。《新英汉词典》是靠着这样的一股力量站住脚的，而且在全世界许多国家发行，如新加坡等，并且也得到了《纽约时报》的注意，就是因为这个道理。然后累计出版超过1 000万册，变成上海译文出版社的摇钱树，一头"现金母牛"，英文叫做 cash cow（笑），连续多少年，他们都是靠这本书发奖金的。

所以，《新英汉词典》能站住脚，我觉得的确很不容易，没有一点"走私"的东西在里面是不行的。后来的《英汉大词典》稍微好一些，我做主编的时候46岁。记得是在衡山宾馆开的会，我被任命为主编后，当场保证"三不"：第一，不出国；第二，不在外面写书、编书；第三，不在外面兼课。三点都做到了。然后，我在那次会议上提出开始倒计时，1989年出上册，1991年出下册，结果都做到了。这是我很开心的事。

问：当时的社会舆论对英语的教学有什么看法？

陆：至少我们编写词典的时候英文还没有像现在这么热。我说现在的英语教育和测试变得像一宗产业，不过上面不是也强调"教育产业化"吗？现在批判这个说法了。最先谁提的，你们去查查。说到英语教育，我觉得目下中国最大的问题，或称"中国特色"，就是把本来浑然一体、有机体的语言，人为地肢解作什么"商务"、"文秘"、"金融"等细缕。你说像 *Blink*（《一瞥顿悟》）和 *The Tipping Point*（《拐点》）这类国外企业高管必读的书，就一定属于"管理英语"吗？要学好并喜爱英语，请把语言当作一个有机整体吧。

问：您最喜欢怎么样的学生？

陆：我最喜欢的学生是读书有激情的学生。比如从我这儿借去一本书，两三天就读完还给我了，然后说："你把下一本借我吧。"还有书痴学生对我说：自己三两天不读书，已自觉"面目可憎"。我最喜欢这种学生。

我最不喜欢的学生就是我借一本书给他，然后就没消息了，石沉大海。然后过了一个月，他突然来了，说："那本书我看了一点，还没全部看完，现在还给你。"

当然，我也不是主张每本书都要看完。比如我现在在看一本列宁的传记，我就跳过了他的童年。我比较感兴趣的是他怎么回到俄国搞革命，他那种列宁主义的要点是怎么逐渐形成的。我现在知道列宁是他106个笔名中的一个。他的列宁主义实在与原教旨的马克思主义很不相同，俄国毕竟有民粹主义、十二月党人那些个传统。

我一直觉得大学是通才的培养，大学是培养不了专家的。通才做好了，然后再往专门里面发展开去，掘进下去，那才是很有希望的。

问：你的第一篇学术论文是什么？

陆：第一篇学术论文是《从动荡的美英资本主义社会看当代英语》，还是在"文革"时期发表的。两个礼拜写出一万多字。论文当然是以引用毛主席语录开始的，因为当时"文革"还没有结束，所有的论文都得如此。然而，在这篇文章中，收录了许多语言信息，就是我在"文革"期间搜集到的所有语言信息，我都尽量将它们包含在里面。"文革"时复旦有个"资本主义国家经济研究所"，我有一个学生也是朋友在那里；上海"四人帮"的写作组还办了外国文学《摘译》，我有另一个朋友在里面工作。他们经常要我翻译点东西，比如美国中央情报局局长换人了，新人有什么背景等都要翻译的。江青不是还要看《埃及艳后》和《音乐之声》吗？翻译当然是无偿的。这样，我大概帮他们翻译了一百多万字。我的要求是：你要把最新的英美书刊源源不断地给我看。我就是从这里面汲取营养,然后形成了我的第一篇论文:看当代英语。当时我们办了一个内部刊物《现代英语动态》。我们外文系的"工宣队"队长不知道为什么,对我非常讨厌,总觉得我肚子里不知道装有多少反动的坏水。有一次他到北京去出差,拿了我们的《现代英语动态》4期16本,被人一抢而光,北外的、北大的,那时候没人搞这种东西,于是一下子就抢光了。队长是山东人,回来以后对我们系另外一个老师说:看来,陆某某的英语是"一只鼎"啊。从此以后,他对我就好一点了。

我的第一篇论文就是这样写出来的,而且不能用自己的姓名,要用一个像"石一歌"之类的名字,不然就是个人主义。我就用了一个笔名,以后这个名字时而还用,叫"余其歆",堂皇的意思是"喻其兴",希望我们的刊物越来越好。内心的"小九九"是把小女名字"霁"上下拆开,加上一个吉祥字"欣"啊、"歆"啊什么的。可惜我这篇文章现在找不到了,估计图书馆里现在还有。两个礼拜写一万多字,我现在很佩服自己的(笑),而且内容丰富,都是"干货",胜于后来的许多其他文章。但是论文没啥理论。

问:研究的学术中什么对您的吸引力最大?

陆:很难说。除了《英汉大词典》之外,莎士比亚应该算是吸引力最大的。我还算是在莎士比亚国际年会上发表论文的第一个大陆的中国人,那是1982年。前一年,林同济先生去了,但没有发论文,而是写了一首诗挂在伯明翰大学的墙上。1982年是我与北大的一位老教授杨周翰先生一起去的。我的一篇论文被他们接受,在会上宣讲,后来又发表。如果说这方面谁对我影响最大,那就是林同济,因为他在本科生时代,就撇开教材,教我们两个莎士比亚的独白。就是这两个独白,把我吸引进了莎士比亚的殿堂,领略到文字美、音韵美、思想美、情致美,等等。后来在我研究生时代,林续教莎剧,给博大精深的研究打开一扇门。以后读书多了,莎士比亚"从俗"的一面也慢慢领教。这么多的棱角,才组合成一个活生生的人。

问:您觉得您所在的英语学科要取得好的成绩,需要哪些努力?

陆:我觉得很需要的是一支队伍——年轻的,这些人很有毅力,目标单一,心无旁骛,不怎么在乎短期的功利。这样的年轻人每年找到一两个,就相当不错了。现在的青年学者对新事物、新动态敏感,有悟性,善于吸纳,又是电脑好手。要说有哪些不足,就是中英文造诣都还有待提高,读书的激情不足,读书非到——打个不太恰当的比方——"自虐"的地步不可。还要有尼采说的 Sietzfleish(坐臀,即"铁屁股"),板凳甘坐十年冷嘛。

学者基本的素质,我认为,大致有下面几条:第一是诚实,不懂就是不懂。然后是韧劲,咬住一个东西就不放。编词典很枯燥,约翰逊博士称之为"无害的苦工"。也就是词典编成以后不大会有人说你好的,人家都是来挑你的刺的。查词典的时候,比如某个词,查到是应该的,查不到就要骂你了。所以,编词典是 success without applause,也就是没有掌声的成功。再有,我觉得韧劲、一股锲而不舍的精神也很重要。比如我们的《新英汉词典》受到"工宣队"的催促,所以编得很快,5年就出来了。而《英汉大词典》搞了14年,一般的词典都是时间很长的,所以大概编词典更需要一些耐力和定力。好在我当年做学生的时候练长跑,还有点耐力。第四,我觉得对新东西要敏感。尽管我现在年老了,但我对于接受新事物的敏感程度似乎不亚于某些年轻人,因为英文的东西我看得相当多且及时。

问:您认为复旦校园求学风气最好的是哪个系?

陆:这就难说了。反正不是外文系。我觉得倒是刚刚改革开放的时候,也就是上世纪80年代,当年老三届没有念大学的都进了大学,这批人当中出了不少人才,复旦今天的几大"金刚"好像多出自那时。我认为复旦风气最好的大概就是那个时候。但愿"金刚"们继续专心向学,千万不要"学而优则仕",宁做李白,不学王维。

问:您觉得现在的复旦与您刚进校的时候有哪些不同?又有哪些不足?

陆:当然有很大差别,高楼大厦多了很多(笑)。

至于哪些不足,我觉得现在太不重视教学。现在复旦不是变成"研究型大学"了吗?我从根本上对这个口号提出质疑。那可是德国人针对中世纪经院率先提出来的,后来才溢出到美国。我们现在什么都要向美国看齐,是为了什么?我们的教育界出了一批"判官",拿把尺子衡量别人,重点学科看指标,比如你开了几次国际会议,发表了多少专著、论文,研究生队伍有多少人,但就是没有你有几门重点课程,有几门名牌课程,你有几门课拿得出去的,可以让外国人来听的,这种指标都没有。不要老是关注排名第几,只要按照自己的方法去办学就是了。要评"长江学者"什么了,我们的教授蜂拥而上,学生的毕业典礼上却难得看见他们"屈尊"到场;青年教师不肯改笔头作业,在外兼课太多;有人借口吃早饭咬了舌头,上10分钟课就"放鸭子"了!"学工组"("学生工作组"的简称)不代表学生向行政问责,也不为学生维权。我真怕某些做学生工作的人将来踏进官场,会不会成为陈良宇大秘书秦裕般的角色?

我认为对"三基"的忽略是最大的不足。现在每年各个系都要评估,评总分的时候教学的权重极轻,而学术研究、论文发表数之类占的比例很大。其实很多论文只不过拾人牙慧,洋人讲的,然后自己翻译一下,现在第二手的东西越来越多了,泛滥了。我说这是学术的"荒原化"!

问:复旦历史上您最佩服的人是哪一位?

陆：我比较佩服的人是谢希德。第一，我觉得她比较了解培养人才应该走什么样的道路，她由衷地尊重、爱惜人才——当然也有被蒙骗的时候；第二，我觉得她能够比较好地在政治和学术之间调节平衡。她当然有她的苦衷，但能够处理好前后左右的各种关系。她是深谙培养人才之道的这么一位教育家，与此同时，她又是处理各种关系的能手。所以，我比较佩服她，可能和我与她接触比较多也有关系。她从来不咄咄逼人，她既有中国妇女的谦逊，与此同时，又有西方女性的交际手段，有亲和力。她虽然长得很平凡，但是一位很不平凡的女性。所以，我很怀念她。

问：您认为"江湖英语"与"庙堂英语"的各自特点是什么？

陆：那本是我随口说说的，最近为此在网上被人批得不亦乐乎。我认为所谓的"江湖英语"，主要优势在于对付考试。而所谓的"庙堂英语"，我觉得，就是把英语首先当成一门技能娴熟掌握，然后再作为一门学科来学习，从而真正成为一种终身爱好。就是我学了英语以后多了一对眼睛，多了一双耳朵，多了一条舌头，甚至多了一个脑袋。"庙堂英语"教你不但知其然，而且知其所以然。当然，"庙堂英语"这个名字不大好听，如果我们改成"学院英语"也许好听一点（笑）。我也是兴之所至起的"庙堂英语"之名。但也不能否认"新东方"等"江湖英语"存在的价值，比如有人去"新东方"听课两个礼拜，最后师生洒泪而别。我就问我们系的教师：你怎么教了两三年书，也没有与学生洒泪而别啊？（笑）可见他们也有他们的魅力和成功的地方，你不能否认他们的优势与特点。

问：如果满分是100分，您认为复旦现今的教育可以打几分？

陆：对不起，刚说过"判官"的坏话。我不做"判官"。

问:您认为如何才能从根本上提高复旦的外语教学水平?

陆:就像我说的,希望我们的大学生们能听我一句话,进了大学以后,每年的"输入"不少于100万字,我指的是外文学院的同学——当然,也包括中文信息的输入,也就是一年看的东西、听的东西不能少于100万字。然后每年用外文写的、讲的、译的总"输出"的东西,不能少于1万字。我觉得这样四年下来,外文再差也差不到哪里去。我觉得这是提高外语水平最关键的。

也就是把对语言的态度整个改一改。复旦要提高外语的关键在哪里?第一,不要把外文当作是功利的东西,让我们的同学来热爱外文。跟外文无缘的人,让他通过考试就算了;真的与外文有缘的人,就把外文当成一生的挚爱。第二,就是我刚才讲的100万与1万,你要的确非常喜欢外文,没有外文过不下去(笑),有这样精神的人,外文一定学得好。

问:您认为同声传译应该具备哪些素质?

陆:第一,外文与中文的功底要一样好,对两种文化、习俗、礼仪等等都有切身的了解,能从容"互读"而不是"误读";第二,要有表现欲,心理素质一流,碰到挑战就跃跃欲试,不会怯场,善于应变。我51岁才做同声传译,以前从来没有接受过同声传译的训练;第三,当然能有机会接受专门训练,那是如虎添翼。从中英对比着眼,编码-解码啊、时态啊、数词啊、句式啊、文化意象啊,从意合到形合,从 coherence 到 cohesion,反复操练,那肯定有好处;第四,好的同传可能还应该是擅长于社交的人。要察言观色,能大致预判讲话人的思路和"言路"。

问:您认为什么是复旦精神?

陆:这个我上次看了以后就觉得很难用一两句话来概括。能否说成:复旦精神是学生出色的"三基",再给他们一

个精神家园?(笑)

　　即使毕业以后,不管你到哪里去了,总归有一个角落是属于你自己的,这就是你的精神家园。培养学生的"三基":基本技能、基本知识、基本理论,再给他们一个精神家园。

　　这也就是我对复旦的希望,我觉得应该低调一点。我希望不但不能把以前好的东西丢掉,而且要发扬光大。比如以前很重视教学,不怎么重视排名。以前谁也没有讲长江以南就数复旦,形象这个东西是自然而然形成的。解放以前没有什么第一第二,只是"某个学校比较好",有这么一个印象。另外,复旦精神很重要的一点,就是别老缠着人问今天与以前比有哪些进步。应当同时自问,与以前比,失落了什么?复旦面临大海,应该学习古希腊的爱琴海文明,应该容纳百川,应该给师生足够的话语权,应该有宽容、包容这样的特点,以别于其他院校。

(原为2007年春接受复旦大学外文学院
2003级学生代表访谈时的记录)

图书在版编目(CIP)数据

余墨二集/陆谷孙著. —上海:复旦大学出版社,2009.2(2017.1 重印)
ISBN 978-7-309-06465-0

Ⅰ. 余… Ⅱ. 陆… Ⅲ. 社会科学-文集 Ⅳ. C53

中国版本图书馆 CIP 数据核字(2009)第 005210 号

余墨二集
陆谷孙 著
责任编辑/陈麦青

复旦大学出版社有限公司出版发行
上海市国权路 579 号 邮编:200433
网址:fupnet@fudanpress.com http://www.fudanpress.com
门市零售:86-21-65642857 团体订购:86-21-65118853
外埠邮购:86-21-65109143
上海华业装潢印刷厂有限公司

开本 890×1240 1/32 印张 11.25 字数 261 千
2017 年 1 月第 1 版第 5 次印刷
印数 8 401—9 500

ISBN 978-7-309-06465-0/C·122
定价:25.00 元

如有印装质量问题,请向复旦大学出版社有限公司发行部调换。
版权所有 侵权必究